视觉文化时代的媒介体育研究

俞鹏飞◎著

人民体育出版社

图书在版编目（CIP）数据

视觉文化时代的媒介体育研究／俞鹏飞著. -- 北京：人民体育出版社，2024（2024.8重印）

ISBN 978-7-5009-6392-9

Ⅰ.①视… Ⅱ.①俞… Ⅲ.①体育－传播媒介－研究－中国 Ⅳ.①G812

中国国家版本馆 CIP 数据核字（2023）第 244412 号

*

人 民 体 育 出 版 社 出 版 发 行
北京中献拓方科技发展有限公司印刷
新 华 书 店 经 销

*

710×1000 16开本 11.5印张 208千字
2024年4月第1版 2024年8月第2次印刷

*

ISBN 978-7-5009-6392-9

定价：58.00元

社址： 北京市东城区体育馆路8号（天坛公园东门）
电话： 67151482（发行部） 邮编： 100061
传真： 67151483 邮购： 67118491
网址： www.psphpress.com

（购买本社图书，如遇有缺损页可与邮购部联系）

序
PREFACE

21世纪，是一个表征视觉狂欢的"读图时代"——林林总总的图像式文化充斥当今人类的日常生活，成为人们经意或不经意间最常接触的信息形式，从而使得各种所谓的"看"已经日常化、随意化为人们的一种生活方式。无疑，我们今天的视觉经验大都是一种经过技术加持的视觉经验，即世界通过各种各样的视觉机器不断被编码成绚丽多彩的图像系列——借诸技术，世界被视觉化了。不仅如此，视觉文化还能以"看"为主导，把听觉、触觉乃至味觉都调动起来，并打包给人们以展示全方位、立体式的文化体验，进而体现出巨大的吸引力。事实上，这种视觉化已然发展、强化为一种威胁——整个世界变成了福柯词典里的"全景敞视式的政体"——全景式的凝视成为一种强有力的视觉实践模式，已牢牢将所有主体——捕捉并试图"一网打尽"。

其实，称当下是读图时代也好，或是视觉文化时代也罢，彼此都有一个共同的喻示：视觉性的在场。当然，这种"视觉性"并非简单指向那种一般物体的可见性形象，而是海德格尔笔下的"世界的图像化"，是使物从不可见转为可见的可能总体性运作条件。就体育运动而言，这一网络使得各自本有着不同的赛道，以及不同的文化追求的身体竞技和现代传媒在人们的生活中相互联系、彼此满足，以至二者频繁的商业化互动所形成的媒介体育早已成为当下社会日常经验的一部分——其中所再现的体育形象强调经过选择的主题，反映了相关议题的重要性，以及看待与解释世界的方式，潜移默化地决定了人们形成自己关于体育乃至世界的具体的方式。

俞鹏飞是我指导的2017级博士研究生，也是我的博士开门弟子。我对他的印象开始于一次课间休息，他拿过来一篇文章请求我给出修改建议，我一看文章是关于体育美学研究领域的，与我的研究方向略有交叉，就从立论、研究方法、逻辑要求及观点生成等方面提了些简单看法，不久后得知这篇文章被体育学权威期刊《体育科学》录用了。此后，一年左右，我院德高望重的周学荣教授在一次学院会前悄悄跟我耳语会后请我小聚，并说要推荐一位优秀后生给我。就这样，那天中午我就随周教授来到学校三号门外一家具有简朴而不失时尚的小餐馆。进门后方知周教授的爱人谭明义教授和鹏飞已等候多时，并点好了菜肴。因大家彼此都很熟识，于是乎谈笑风生自然而然。不过，切入正题初始，鹏飞还是略显紧张，还是由他的导师周教授打开了话题，表明鹏飞要继续攻读博士的心愿并表示考取后请我当其导师。说实话，当时我内心里还是有所矛盾的，一者，周教授夫妇都是我所敬重的前辈学者，他俩的推荐足以说明一切，我自然很是感激并重视！二者，其时距博士入学考试尽管还为时尚早，却另有好几位后生早前也已表达了同样的心愿，其中不乏学科背景及前期研究成果都与我高度一致者。当然，最终鹏飞还是以优异的专业考试成绩，以及不俗的面试表现证明了自己，同时也说服了我。

读博初期，鹏飞读书就很是用功，在体育学之外研读了不少的新闻传播学类相关经典著作。不过，读书是一回事，做研究又是另一回事，随着读书量的不断积累，鹏飞的压力也随之增大，甚至曾一度很是焦虑，担心自己不能就所阅读过的大量理论用于解决体育文化传播中的问题，以至发际线在夜以继日的挑战中"且战且退"。在结束了博一阶段的课程之后，为了能够在学术氛围上更加有利于进一步的研究，他甚至一个人自费到武汉大学新闻传播学院旁听相关课程一年有余，在与该校新闻传播学方向的博士生们经常进行学术互动的同时，也收获了深厚友谊。这样，经过了快两年的积淀，他发现当前视觉文化的全面兴起，客观上促使社会审美空间的进一步扩展，以及娱乐休闲手段越发多样化的同时，更是催发了视觉文化产业和"注意力经济"的勃兴。但他也发觉，在大众传媒和商业力量的合谋下，视觉文化的直观性、吸引力，使其形成了对传统文字和口语的压倒性优势。简言之，历来人们所津津乐道的"眼见为实"正在向"图见为实"转变。看清了这一点之后，他便结合自身的体育学研究经历及新闻传播学的研学积累，选择了一个具有较强理论研究意义的议题——视觉文化时代的媒介体育研究，尝试打破传统学科概念的同时，从多维的研究视角重新认识和思考媒介体育与视觉技术合为一体的文化生命力，由此丰富体育文化传播的书写，最终建构一个新的学术研究框架。

在他的研究视域里，作为一种新的体育文化样态的媒介（化）体育不仅是通过大众传播媒介，以体育内容信息为载体，经过甄选、剪裁、加工、放大和重组等方式，以营造并呈现出狂欢的、精彩的媒介体育文本和作品，其还能表征出社会结构和文化象征体系。而且，伴随着视觉媒介技术的快速发展所引发的以图像为主导的内容生产、呈现与传播的视觉文化时代的来临，不单单颠覆传统报纸和电视媒介体育的传播方式，而且催生出新的视觉体育形式，诸如体育GIF动图、赛事短视频、数字表情包、虚拟影像等，并演化出崭新的"智能化、虚拟性、互动性、沉浸式"等的传播方式，并进而生成了新的巨型媒介体育视觉传播格局。然而，这一景况越演越烈的同时也正胁迫媒介体育已然产生了更加复杂的负面发展问题：视觉围困体育、体育图像媚俗化、视觉文本恶搞化及用户劳工化等诸如此类，不一而足。毋庸置疑，他的研究成果具有较强的理论性、思辨性和创新性尝试，具有一定的视觉文化与相关传播关系研究的参考价值，自然更可以作为批评的靶子和对象为有关议题的进一步开拓和深入提供一些参照与借鉴。

当然，无论如何，由于跨学科研究所导致的时间上的仓促和精力上的有限，本书自然存在诸多不足之处。譬如，关于当代中国的视觉化媒介体育研究并没有因此而形成"西方理论+中国问题"的学术特点，相反却在他理论的浅理解中形成了一些仅不甚准确的问题意识，从而导致在针对当下中国媒介体育现象的分析与表达中有失偏颇。还有，书中所运用到的大量文化学、新闻学、传播学、舆论学、美学学、哲学等诸学科的学术理论及其话语体系，尽管在跨学科研究的大旗下有利于一些问题的生成与分析，但理论"拿来"的标准有所缺失，稍有随意，以至于在行文表达中略显凌乱。

《视觉文化时代的媒介体育研究》即将付梓，期冀鹏飞在智能媒介崛起的当下和未来，就视觉文化与体育传播的互动关系领域不忘初心，继续深挖，再次打开一个新的研究视野。更希望学术路上的各位同人有机会能多多给予他更多可切磋的头脑风暴机会，更希望各位专家能够批评指正并不吝赐教。相信已成长为一名副教授、硕士生导师，并已获得国家社科基金等资助的鹏飞的未来有更多更好的学术成果分享。

是为序。

王庆军

2024年2月27日

紫金山北麓育红斋

目 录
CONTENTS

第一章 史海钩沉：媒介体育研究的前世与今生 ················ 001

第一节 研究诊断：问题的提出与研究意义 ················ 001

一、问题的提出 ················ 001

二、研究意义 ················ 004

第二节 文献梳理：国内外文献综述 ················ 006

一、国外文献综述 ················ 006

二、国内文献综述 ················ 011

三、国内外文献对比及其对本研究的启示 ················ 018

第三节 内涵诠释：核心概念与相关理论阐述 ················ 020

一、媒介体育概念的界定 ················ 020

二、媒介体育的类型 ················ 022

三、视觉文化理论的内涵 ················ 023

第四节 研究进路：研究思路与方法 ················ 028

一、研究思路 ················ 028

二、研究方法 ················ 029

第二章 理解媒介与体育：一种视觉文化的视角 ················ 031

第一节 从现场到文本：媒介构建体育神话 ················ 031

一、媒介介入：体育飞入寻常百姓家 ················ 032

二、媒介塑造：体育故事化吸睛表征 ················ 033

三、媒介改写：体育神话的符号炼成 ················ 035

第二节 从观看到消费：媒介融入体育的互为影响 ………………… 038
　一、赚足眼球：大众媒介对体育运动的影响 …………………… 039
　二、有利可图：现代体育对大众传媒的作用 …………………… 041
第三节 从分离到交融："媒介+体育"融合的延伸 ………………… 043
　一、视觉化表达：现代体育的存在样态 ………………………… 044
　二、拟态化现实：大众媒介的体育重构 ………………………… 046
　三、图像化呈现：媒介体育的制胜法宝 ………………………… 048

第三章　图像的演进：媒介体育的视觉化进程 ……………… 050

第一节 从文字到图像：媒介体育的视觉化取向 …………………… 050
　一、"世界被把握为图像"：一个视觉文化时代的来临 ………… 050
　二、"一图胜千言"：媒介体育文本青睐于图像的表达 ………… 053
第二节 从绘画到摄影：纸媒体育图片化呈现的历史演进 ………… 059
　一、绘画阶段：纸媒体育对于图片使用的早期尝试 …………… 060
　二、摄影阶段：媒介体育对于图片叙事的探囊取物 …………… 062
第三节 从影像到视像：电视体育影像化再现的叙事变革 ………… 064
　一、影像记录：电视体育的纪实性叙事特征 …………………… 064
　二、视像表现：电视体育的表现性叙事特征 …………………… 067
第四节 从VR到AR：新媒介下体育视觉真实的科技强化 ………… 068
　一、虚拟表征：新媒介下的体育影像文化再现 ………………… 068
　二、拟像现实：新媒介体育影像的符号学诠释 ………………… 071

第四章　图像生成：当下媒介体育的视觉生产 ……………… 076

第一节 图像生产：报纸体育的视觉化转型 ………………………… 076
　一、视觉走向：报纸体育的视觉化呈现 ………………………… 077
　二、视觉叙事：报纸体育的图像修辞实践 ……………………… 080
第二节 影像生成：电视体育的视觉化表达 ………………………… 085
　一、电视体育节目：电视体育的影像生产 ……………………… 088
　二、视觉狂欢：电视体育影像的意义生成 ……………………… 093

第三节　影像叙事：新媒体体育的视觉生产方式 …………………… 096
　一、视觉主导：新媒体体育视觉传播的特征 …………………… 097
　二、影像劝服：新媒体体育的视觉生产方式 …………………… 102

第五章　为利润而生产：媒介体育的视觉编码策略 ………………… 104
第一节　奇观化呈现：媒介体育吸引眼球的技巧 ……………………… 105
　一、图像表征：媒介体育的奇观化呈现 ………………………… 105
　二、图像仪式：媒介体育的奇观化建构 ………………………… 109
第二节　明星化打造：媒介体育增强用户黏性方式 …………………… 111
　一、体育明星：一个可资利用的符号商品 ……………………… 112
　二、身份认同：体育明星的媒介消费诱导 ……………………… 114
第三节　身体的隐喻：媒介体育塑造的审美体验 ……………………… 115
　一、身体叙述：媒介体育文本内容聚焦的主体 ………………… 116
　二、性感叙事：媒介体育身体叙述的美学取向 ………………… 117
　三、被凝视的身体：媒介体育身体消费的实现 ………………… 119
第四节　消费化编码：媒介体育商业化操作的内涵阐释 ……………… 120
　一、视觉消费：作为观看的消费方式 …………………………… 120
　二、意义消费：象征性消费价值的再生成 ……………………… 122

第六章　视觉的限度：媒介体育视觉传播的批判审视 ……………… 124
第一节　视觉的包围：媒介体育图像对体育的规训 …………………… 124
　一、视觉包围体育：图像泛滥遮蔽现实体育 …………………… 125
　二、视觉制造幻象：视觉割裂人与体育的关系 ………………… 126
　三、视觉规训体育：视觉意识形态对体育的改变 ……………… 128
第二节　图像媚俗化：媒介体育内容负面化的审美反思 ……………… 130
　一、泛娱乐化渲染：媒介体育视觉戏谑化追求 ………………… 131
　二、色情化路线：媒介体育视觉情色化营造 …………………… 133
　三、暴力化表现：媒介体育的视觉暴力呈现 …………………… 134
第三节　恶搞与狂欢：新媒体体育的视觉宣泄 ………………………… 135

一、视觉之"魅"：媒介体育视觉的恶搞化表达 …………… 136
　　二、众声喧哗：图像刺激体育舆论的群体极化 …………… 139
　第四节　从受众商品到用户劳工：媒介对体育用户的剥削 …… 140
　　一、受众商品：电视体育交换价值完成 …………………… 140
　　二、用户劳工：新媒体体育的交换价值实现 ……………… 142
　　三、劳工即商品：新媒体对体育数字劳工的剥削 ………… 144

第七章　超越视觉：当代媒介体育的理性重构 ……………… 150

　第一节　内在超越：媒介体育视觉传播的游戏回归 …………… 151
　　一、媒介体育回归游戏传播本质 …………………………… 151
　　二、媒介体育游戏本质的回归路径 ………………………… 153
　第二节　制度层面：强调法律规范，完善媒介体育的把关机制 …… 155
　　一、完善媒介体育图像内容监督 …………………………… 156
　　二、构建全媒体体育综合治理体系 ………………………… 157
　　三、建立媒介体育的视觉内容把关制度 …………………… 157
　第三节　受众层面：提高媒介素养，提升公众视觉批判意识 …… 158
　　一、强调体育用户良好的体育媒介接触 …………………… 160
　　二、培养用户解读图像体育的能力 ………………………… 160
　　三、呼吁用户提升批判媒介体育的能力 …………………… 162
　第四节　媒介层面：创新新型人才战略，引领健康体育传播空间 …… 162
　　一、培养综合素质和提升业务能力 ………………………… 163
　　二、强调社会责任和践行新闻专业主义 …………………… 164
　　三、发挥意见领袖作用和引领健康传播空间 ……………… 164

参考文献 ……………………………………………………………… 166

CHAPTER 01 第一章

史海钩沉：媒介体育研究的前世与今生

当今，伴随着新媒介技术的发展革新催生出新的媒介载体形式，诸如新媒体、VR/AR 等媒介，其也引发了新的媒介体育形式、传播方式和呈现方式。总的来说，当前媒介体育的传播与呈现形式越来越朝着"强视觉化"趋势发展，其新的传播方式也以摧枯拉朽之势，在媒介融合的推进下冲击和改变传统大众媒介的传播方式。鉴于此，有必要重新诠释视觉文化迅速崛起下的媒介体育的内涵与特征、梳理其视觉传播的演进历程，为当下媒介体育研究提供理论思考。

第一节 研究诊断：问题的提出与研究意义

一、问题的提出

伴随着当代中国文化向视觉文化的后现代转型，以及视觉媒介技术的飞速发展所引发图像超越文字、影像为主导的媒介内容的局面。电影、电视、广告、摄影、网络、动漫、游戏等电子媒介交汇激荡，创造出层出不穷的影像或图像，充斥着我们的日常生活空间[1]。大众的图像化审美需求倒逼媒体改革，报纸媒介逐渐追求图像为主的内容表达，从报纸的图像版面扩充到杂志封面上的青春靓丽的帅男俊女，从电视的身体视角突出和新媒体的虚拟场景，到图像和影像所营造的轻松简单和视觉馨飨的观赏环境成为当代主流，我们正处于这种视像膨胀的时代。正如海德格尔所说的："我们正进入世界图像时代。"他在《世界图像时代》

---

[1] 赵晓芳. 视觉文化时代文学图景——世纪之交中国文学的图像化审美与传播互动 [M]. 北京：中国社会科学出版社，2017：1.

里说道:"从本质上看来,世界图像并非意指一幅关于世界的图像,而是指世界被把握成图像了。"[1] 与此同时,体育世界从现场观看到媒介观赏,从理性欣赏到欲望围观的转变,新媒介下的诸如VR、AR和移动互联网视觉传播的狂飙突进,催促着媒介体育进入一种视觉文化的时代,沉浸在图像的狂欢之中,图像压迫文字,感性的视觉狂欢凌驾于身体的运动体验。

丹尼尔·贝尔在其著作《资本主义文化矛盾》中指出:"目前占统治地位的是视觉观念。声音和景象,尤其是后者,组织了美学,统率了观众。在一个大众社会里,这几乎是不可避免的。"[2] 人们渐渐通过屏幕去了解世界和交流与沟通,并且相信所谓的"眼见为实"的真相,媒介通过图像或影像紧紧地将我们吸附在其旋涡之中,以至于米尔佐夫在《视觉文化导论》开篇就说道:"现代生活就发生在荧屏上,"[3] 同理折射到体育,现代体育亦是一种荧幕上的体育,如同萨马兰奇的一句经典名言:"奥运会只有两种赛事。一种是适合电视转播的,一种是不适合电视转播的。所有不适合电视转播的比赛最终都会出局。"体育与媒介共生共存,互为发展,而媒介在生产、编码、传播体育内容过程中,最终建构了属于自己的"媒介体育"形态。同时,视觉传播正渗透在媒介体育的全部领域。

然而,精彩的扣篮瞬间、一脚大力的射门,动如脱兔的男性运动员的身体形象和高挑优雅的女性运动员气质常常闪现在报纸、杂志和社交媒体等媒介之中。这些静态的图像成就了史诗般的体育经典,不仅透露出人类身体美的天性,更展示出体育的魔力。大卫·罗在《体育、文化与媒介:不羁的三位一体》一书中描述道:"不过,是'第一手的'捕获体育瞬间的静态图片体育文本首先吸引了我们的注意力——当读者翻开报纸,图片通过其纯粹的视觉和情感力量让我们呆若木鸡,它们有能力让我们希望我们就在现场——甚至是,要是我们在现场的话,我们也能那样地见证这一时刻"[4],足见体育图像对人们的吸引力。媒介体育通过编码图像和影像,剪辑再现、蒙太奇处理等技巧,配合声影效果,烘托出媒介体育的宏大叙事和文化符号。不过,该符号与体育(赛事)本身已差距明

---

[1] 海德格尔. 海德格尔选集(下卷)[M]. 孙周兴,选编. 上海:上海三联书店,1996:899.
[2] 丹尼尔·贝尔. 资本主义文化矛盾[M]. 蒲隆,赵一凡,任晓晋,译. 北京:生活·读书·新知三联书店,1989:154.
[3] 尼古拉斯·米尔佐夫. 视觉文化导论[M]. 倪伟,译. 南京:江苏人民出版社,2006:1.
[4] 大卫·罗. 体育、文化与媒介:不羁的三位一体[M]. 吕鹏,译. 北京:清华大学出版社,2013:176.

显,不再以逼真为目的,而是一种对人的欲望动机进行了全方位、多层次形象演绎的"狂欢的能指",从而使得电视传媒在再现和传播体育的同时,将意义延伸到了视觉本体之外,并在自觉不自觉中置换了体育的本质诉求和扩展了体育的意义场域[1]。乔治·维加雷洛在分析现代体育的神话时认为,电视等媒介是将体育从游戏转变到神话的重要因素,他在《从古老的游戏到体育表演》中写道:"在今天,很难想象体育能够脱离图像世界的伴随,脱离永无止境的体育转播和评论。电视进军体育,并已经与其成为不可分割的一体。电视带来了更多的市场,丰富了比赛的时间和地点,撼动了体育的结构,使它的实践、表达和展现的方式彻底的改变。以至今天,除了体育仍旧标榜其行为的纯洁性外,一切都发生了变化。"[2] 因此,媒介体育的视觉文化形成根植于当今媒介技术的转型与传播方式的变迁,需要我们结合中国语境与视觉传播经验,挖掘具有中国意识的媒介体育视觉文化理论。

然而,当今视觉文化时代的媒介体育在世界上亮出了一道流行文化景观,随着新媒体技术的勃兴,媒介体育的话题已成为人们生活方式的重要组成部分,其影响力上到国家间的外交,下到茶余饭后的闲聊。特别是在消费主义的充斥下,媒介体育满足人们的视觉狂欢、刺激感官时,所构建出的审美泛滥、庸俗情色、扭曲体育和剥削用户等问题正在蔓延。视觉文化时代的来临是在技术变革和消费社会的双重影响下产生的,媒介技术运用视觉修辞等方法理论建构现实中的体育及其与社会中的关系,且在以体育赛事为核心的构建模式下,其媒介镜像具有极大偏向性,往往刻意遮蔽事实真相,试图建构出媒介的"激进"映像。

因此,后现代视觉文化需要我们重新审视体育传播的研究视角,构建媒介体育的视觉文化研究范式,回应时代赋予的新问题,尤其是视觉文化时代也倒逼媒介体育出现了更加复杂和深刻的发展问题,如图像围困体育、体育图像媚俗化、图像文本恶搞化等。因此,当前在媒介融合与视觉传播不断深化的时代,如何对媒介体育的视觉传播进行反思?当下报纸和电视体育的图像生产、传播与呈现方式是什么样?新媒体体育视觉文化传播又是如何进行图像生产与传播?又如何规范与引导当代媒介体育视觉文化传播良性发展,优化当代媒介体育文化生态?这些都成为我们对媒介体育现象分析和理论总结之后必须认真探讨的问题。本书以

---

[1] 王庆军. 消费时代的电视体育研究 [D]. 南京:南京师范大学,2015.
[2] 乔治·维加雷洛. 从古老的游戏到体育表演 [M]. 乔咪加,译. 北京:中国人民大学出版社,2007:57.

视觉文化的视角切入到媒介体育的研究，深入剖析媒介文本特别是报刊、电视和新媒体等新媒介背后所建构的体育、媒介、社会和受众的关系，探析媒介体育图像化和影像化的表征及意义，将隐而不彰的受众欲望、图像泛化、权力规训、消费主义、意识形态、媒介与体育的关系突显出来，进而揭示出媒介体育的复杂性，为未来媒介体育的视觉化发展营造良好的传播环境提供相关发展路径。

二、研究意义

现代体育的媒介化生存和视觉化生产，无疑造就了体育的神话，同时也构建出媒介体育这一文化形态，而媒介体育的这种完美的融合也充满了悖论，在媒介体育的视觉渲染、政治规训和商业熏陶下出现纷繁复杂的体育视觉内容和错乱的意义生成，迷惑人的感官，扭曲体育的形象。故而，本书并不是创作出一个"视觉文化+媒介体育"的范式，而是将媒介体育置于视觉文化的语境之中来分析媒介体育的现象和生产与传播机理，并反思如何保持媒介体育在后现代视觉话语和全球化浪潮中的发展问题，具有一定的理论价值和实践指导意义。

（一）理论意义

1. 有利于丰富媒介体育的视觉文化理论研究

媒介体育研究发端于欧美，并形成较为系统的研究范式。美国著名体育传播学者劳伦斯·文内尔在1998年首次使用"mediasport"一词，并出版专著 *Mediasport*，国内学者郭晴译为"媒介体育"。劳伦斯·文内尔认为媒介体育是以体育为文本信息内容，在媒介革新的技术背景下产生的一种新的媒介形式。而我国媒介体育的研究在郝勤、郭晴、张德胜及付晓静等学者对国外译著介绍和本土化创新研究后，已逐渐成为体育新闻传播研究里的重要方向。然而，近十五年的研究，我们聚焦于媒介体育的概念和内涵的研究，鲜有研究关注当下媒介体育的视觉传播实践及其相关理论问题。因此，本书通过对国内外文献的梳理，把脉当下媒介体育的视觉传播时代语境，以前人已取得的成果为基础，探寻媒介体育的视觉传播特征、生产及传播机制等，系统分析不同媒介体育的视觉传播问题，进而加强和丰富对当下媒介体育实践发展的学理性探讨。

2. 有助于审视媒介体育未来发展问题

当下媒介体育的视觉内容信息越来越远离体育本身，并由追求体育赛事和体育信息为核心，转变到追求体育明星背后的八卦绯闻。人工智能时代和沉浸式视觉传播时代的来临，逼迫媒介体育迈入虚拟性、全景化、智能化和在场感的新型视觉传播时代。媒介体育究竟生产、传播与呈现什么样的视觉内容，特别是在媒介融合和新媒体时代来临的背景下，媒介体育的视觉化发展又会走向何方？因此，本书立足于从传播广电媒介到现代智能媒介的变迁中考察媒介体育的发展和视像化过程，审视媒介体育的发展方向，并反思媒介体育应如何，并回到何种和谐健康的传播样态，反思媒介体育未来发展实践问题。

3. 有益于诠释和解决媒介体育的视觉传播实践

在后现代视觉文化语境下所带来的视觉强化，一大堆相关消费学和文学词汇扑面而来，如"养眼""吸睛""注意力经济"和"视觉消费"等的出现，预示着刺激人类感性欲望消费的到来。特别是新媒介环境下的影像塑造，小视频攻略和碎片化传播策略逐渐地对"媒介体育"进行了"祛魅"。人们渐渐地不再热衷或信任媒介所建构的体育神话，而是用户利用媒介自我建构媒介话语以反抗权威。那么，随之而来的媒介体育的后现代发展问题亦不断涌现。因此，通过考察和分析媒介体育的建构方式和内在机制，并在后现代视觉文化理论寻求媒介体育发展的理论之源具有重要的价值。

(二) 现实意义

1. 从传媒产业角度，有利于优化媒介体育的视觉生产与传播

视觉文化时代是媒介的变迁强化了视觉的观看，使得世界被媒介化了。换言之，体育领域里不仅要求体育本身的精彩度和娱乐性，而且对影像的角度、放大、蒙太奇处理等要求亦较高。因此，通过对当代特别是新媒介体育影像和图片的考察及受众的观看情况分析，特别是在这个注意力稀缺的时代，对于新闻采编、广告经营和新媒体平台商的新闻和信息内容制作有一定的借鉴意义，提高观众对内容的喜爱度，进而增强用户对媒介的黏性，促进媒介体育消费。

2. 在受众层面，可以更好地认识媒介体育与理性观看

当今社会，体育广告和海报、电视体育及新媒介体育短视频等图像和影像充斥在我们生活的每一处。据艾瑞咨询发布的《2016年中国互联网体育用户洞察报告》表明："2016年互联网体育用户规模约为3.9亿人，主流互联网体育平台

的月度覆盖人数达 1.36 亿人，近八五成用户选择新媒体获取赛事信息，新媒体（占比 52.8%）是网民最主流的观赛方式，并且成为用户参与赛事评论的主要渠道"[1]。媒介体育打造出的精彩赛事和娱乐新闻不断吸引用户参与互动交流，点赞、转发、评论或打赏，但其背后的商业模式和制作方式却不为观众所知。因此，通过揭示媒介体育的建构过程，分析其空间化、身体化、娱乐化和仪式化的传播手法，不仅洞悉媒介本身的辛勤制作，也能探析其中的诱惑之道，有助于观众了解其过程，更好地认识媒介，提高视觉素养，不盲目卷入媒介体育设置的娱乐议题和舆论之中，过于情绪化而失去理性的判断。

3. 在媒介体育角度，有助于识别其存在的问题，并提出解决路径

随着人工智能和沉浸传播手段广泛运用到媒介体育之中，以及众多新媒介肆无忌惮地运用各种方式制作媒介体育文本以吸引受众的注意力，在意识形态的收编和商业的绑架下，所存在的影像遮蔽现实体育真相，审美泛滥，情色编码，过度消费等问题喧嚣尘上。质言之，对这些问题的现象和原因进行深入的分析，并提出相应的路径，无疑是有重要的现实意义。

第二节　文献梳理：国内外文献综述

媒介体育的研究滥觞于 20 世纪 80 年代，劳伦斯·文内尔首次提出"媒介体育"的概念，并认为媒介体育发展取决于受众的消费水平，由此拉开了媒介体育研究的序幕。当前，媒介体育不仅作为一种体育的媒介化存在，并在全球化背景下，也被当作国家形象对外的传播力，引发学者们的重视。伴随着中国逐步步入体育强国的序列，国际大型体育赛事的直、转播受到用户的强烈关注。特别是新媒体时代的来临，媒体宣传强调"一图读懂天下赛事，一分钟短视频看懂体育概况"等的"短平快"传播效果。然而，在后现代视觉文化和消费文化的影响下，图片恶搞、动图涂鸦、追求强烈视觉的媒体呈现不断涌现，而我们的理论探索还未跟上时代的要求，诠释和回应当前的媒介体育现象和问题。

一、国外文献综述

国外关于媒介体育的研究兴起于 20 世纪中期，从伯明翰学派的文化批判理

---

[1] 艾瑞咨询. 2016 年中国互联网体育用户洞察报告 [R]. 2016.

论到欧美的传播政治经济学中关于媒介与体育的零星的研究,再到20世纪80年代劳伦斯·文内尔首次正式提出"媒介体育"的概念,由此拉开了媒介体育研究的序幕。

(一)媒介体育与女性研究

媒介体育与女性的研究一直是西方体育传播学的热门话题。因为在消费主义影响下,女性是媒介体育内容存在、召唤男性消费的基石。媒介体育消费者更多是男性体育迷,而大多体育赛事多为男性运动员,女性不仅充当着体育节目的陪衬,而且存在被物化的现实状况。然而,女性运动员的出现,也伴随着性感的身体和短而暴露的运动服,这一切都是媒体为吸引男性的目光而设计。因此,女性体育特殊的身体文化属性在体育研究中一直颇具争议。在现代媒介体育环境中,女性的处境更是面临严峻的挑战。例如,身为女子网球运动员,对于穿网球裙一事,一直是交杂着矛盾与冲突。比起男性运动员穿体育裤装和穿起网球裙的女性运动员,女性运动员往往得到更多的"赞赏",似乎她们特别美丽,随风飘摇的短裙显现出的女人味,美化了网球场上的景观,而网球裙似乎才是女子网球运动员在场上所谓"对"的穿着,成为体育技术外另一种自我表达的工具,这不禁让人思索,人们评价的究竟是女运动员的技术还是外貌?对选手自觉的主体而言,此时的打扮究竟是一种自身的解放,还是为了迎合场边男性的"凝视"[1]?

近十年来,西方关于媒介与女性体育的研究逐年增多,研究者关注不同媒介中的女性体育报道,从女性社会学、符号学和视觉文化中和互动理论研究媒介中的女性体育。第一,在女性体育的研究数量上而言,在纸媒上,Lumpkin分析了美国最流行和影响力最大的报纸——《体育画报》,就其中1954—1987年的女性报道进行了研究,研究发现女性体育专题报道较少,占据不到10%的篇幅[2]。就电视媒体而言,学者Tuggle[3]从美国电视频道CNN的体育新闻内容,统计出关于女性体育报道不到5%,在这些节目上偏向于报道游泳、艺术体操和高尔夫

---

[1] 刘凯,姜勇. 西方媒介体育中的女性困境及研究现状分析[J]. 体育与科学,2012,33(4):66-68.
[2] Lumpkin A., Williams L. D. An analysis of Sports Illustrated feature article, 1954—1987. Sociology of Sports Journal, 1991 (8): 16-32.
[3] Tuggle C. A. Difference in television sports reporting of men's and women's athletics: ESPN Center and CNN Sports Tonight [J]. Journal of Broadcasting and Electronic Media 1997 (41): 12-24.

等优雅项目和身材好的女性运动员。而在新媒体媒介上，MacKay[1]以加拿大蒙特利尔女滑板运动员"博客"的文本为研究对象进行话语分析，发现女运动员通过个性的话语展现出挑战持久的、具有性别偏见的主流媒体话语，真实地反映并证实了当代年轻女滑板运动员如何转换她们自己的性别身份的心路历程。显然，这表明媒介的不公平和有选择性，在利益的追逐下，媒介偏重于男性的话语建构。

第二，在女性的媒介话语建构方面。Hall从符号学角度分析女性的媒介形象始终是服务于男性，啦啦队等女孩被视作男性从属地位的"刻板印象"。此外，Ravel[2]依据2013年关于美国足联球赛中女运动员的新闻、照片和评论，发现媒体展示了明显具有矛盾的女性化但强壮有力的女运动员形象，使"辣妹"成为一种具有性别意义的时尚文化标签。英国学者Stone[3]通过考察了2005年滑雪女运动员在报刊中的报道状况，发现报刊不仅关注女性运动员的运动成绩，还将报道文本图像聚焦于广告商的消费需求。

纵观西方不同媒介的女性体育话语报道，不仅在报道上存在新闻数量少的问题，更存在不公平的话语建构，较多通过图片显露出女性性感的身体和夸张的失误动作，以满足受众的欲望化需求。因此，西方的女性媒介形象更多是在贬低和丑化女性媒介形象。然而，在女权主义视角下，这一现象正在有所改变，但是新媒体的到来，掩藏了用户的个人身份和极化传播方式使得女性形象更加趋于身体化和狂欢化。

(二) 媒介体育的文化消费学研究

现代体育与体育传媒之间的互利共赢，共同铸就了现代大型体育的神话。加拿大著名传播政治经济学研究者莫斯可[4]认为体育作为参与式文化消费应确立

---

[1] MACKAY S, DALLAIRE C. Campus newspaper coverage of varsity sports: Getting closer to equitable and sports-related representations of female athletes? [J]. Int Rev Sociol Sport, 2009, 44 (1): 25-40.

[2] RAVEL B, GAREU M. 'French football needs more women like Adriana'? examining the media coverage of France's women's national football team for the 2011 World Cup and the 2012 Olympic Games [J]. Int Rev Sociol Sport, 2016, 51 (7): 833-847.

[3] STONE J, HORNE J. The print media coverage of skiing and snowboarding in Britain – does it have to be downhill all the way? [J]. J Sport Soc Issues, 2008, 32 (1): 94-112.

[4] 文森特·莫斯可. 传播政治经济学 [M]. 胡春阳, 黄红宇, 姚建华, 译. 上海: 上海译文出版社, 2008.

媒介消费的力量，将大型比赛仪式化、艺术化，并烘托体育明星，用体育明星引领媒介消费，以推销一种支持独特消费形式。

大众文化消费研究学者约翰菲斯克在《理解大众文化》一书中多处谈到了体育，他认为体育是一种身体的规训与冒犯，而体育比赛是复制社会规范的另一种狂欢，在电视的加入下，演变成一场媒介奇观，吸引着消费者不断参与其中[1]。著名社会学家布尔迪厄在其著作《区隔：判断力的社会批判》一书中，他携团队深入考察了法国的社会习俗，调查了社会中的体育、电影、食品等趣味，从认识论角度，运用量化的方法呈现了不同形式的审美趣味，并论证了趣味与阶层的关系，他认为媒介体育消费的需求和消费者行为具有阶层性和阶级性，不同的人观看体育比赛的需求不同，有的是为发展自己，有的是为了享乐，而此时享乐的水准也是不一样的，进而产生不同的消费行为，有的去公共场合观看体育比赛，而有的则在包厢等豪华场合欣赏体育比赛[2]。

国外关于文化消费学的研究，多聚焦在媒介技术的革新引起的大众文化消费浪潮，最典型的就是伯明翰学派的文化消费学批判范式。如斯图亚特·霍尔等人进行媒介消费文化的批判研究，而布迪厄和菲斯克等人则立足于对大众文化消费中的阶级和阶层区隔、媒介奇观、消费异化等进行了批判。因为，体育也是大众消费文化的主要形式之一。

（三）媒介体育的社会学研究视角

媒介体育作为社会现象，深刻反映着社会文化发展的现实和动向，一直被纳入社会学的框架之中。英国学者詹姆斯·库兰在《大众媒介与社会》[3]一书中收录了大卫·罗维撰写的《没有收入，就没有比赛？——传媒与体育》一文。文章指出电视收编了体育，改变了体育的规则和时间等，使体育不再成为富豪的专属，运动员也成了超级明星，这一切引得男性的抱怨。然而，他们在口中对电视体育喋喋不休，但是又乐于躺在沙发上看电视体育赛事的矛盾正揭示了21世纪传媒、体育与社会的关系。文章进一步揭示电视为满足受众需要，传媒以摧枯拉朽之势吞噬体育文化，在高额的转播权费用和俱乐部集团化发展下，电视传媒

---

[1] 约翰菲斯克. 理解大众文化 [M]. 王晓珏, 宋伟杰, 译. 北京：中央编译出版社, 2001.
[2] 皮埃尔·布尔迪厄. 区隔：判断力的社会批判 [M]. 刘晖, 译. 北京：商务印书馆, 2015.
[3] 詹姆斯·库兰, 米切尔·古尔维奇. 大众媒介与社会 [M]. 杨击, 译. 北京：华夏出版社, 2006：332.

与体育紧密联姻,并支配着体育的发展。

劳伦斯·文内尔在《媒介体育、性别、体育迷与消费者文化:主要议题与策略》一文中研究了文化传播在媒介体育中的表现,而媒介体育中的体育迷和女性主义叙事反映了美国社会对女性运动员和参与者的现实关照,即被观看的身体和作为男性的附庸[1]。

(四) 媒介体育作为独立的研究领域

自1998年,美国学者劳伦斯·文内尔首次使用"mediasport"一词,并出版专著 Mediasport 以来,媒介体育研究便开始被作为独立的研究对象和领域进行研究,他认为媒介与体育的融合孕育了新的媒介文化形态——媒介体育,其后从媒体结构、文本、受众、营销及性别等角度搭建了媒介体育的整体框架,成为媒介体育研究的纲领之作。英国学者大卫·罗在《体育、文化与媒介》一书中认为当前全球观众沉浸在媒介体育的图像世界之中,而媒介与体育的结合是完美的融合,既创造了新的媒介事件,又造就了体育的现代化发展之路。随后他从传播政治经济学、媒介体育文本及图像体育等视角勾勒了媒介从触摸体育到成为媒介体育的发展历程,并展望新媒介体育的到来引发多样化的媒介体育内容和方式,观众也成了媒介体育的参与者和制作者。

美国学者雷蒙德·鲍耶等人出版了《体育、媒体和流行文化》一书,该书详尽地分析了20世纪体育、媒介与流行文化三者之间的关系。他们尝试从历史分析的角度解构媒介体育的成长过程,并且剖析了发生在媒介体育所独有的赛事转播权、上镜率、制作文本等的具体议题,并比较了报纸、摄影和广电等的体育内容制作,进而分析体育如何作为流行文化在其中的传播问题。美国著名大众文化研究学者约翰·菲斯克在其著作《电视文化》一书中认为电视体育作为大众文化的重要组成部分,与社会和政治有着重要的关联。他认为媒介体育的成功和具有新闻价值的直接原因就是其结果的不可预测性和不确定性。同时,他认为电视体育的精彩在于镜头多样化使用凸显运动的精彩,并认为图像在媒介体育赛事中的决定性作用,他说道:"电视体育节目是肌肉图像、技能图像和痛苦图像的万花筒。图像才是最重要的,它们存在于自身那不断闪烁的领域从来不在现实中

---

[1] 劳伦斯·文内尔,郭晴. 媒介体育、性别、体育迷与消费者文化:主要议题与策略 [J]. 成都体育学院学报,2012,38 (3):7-15.

永久地停留。后现代断言图像是最终没有所指的符号,从而否定了意义;图像存在于一个无限的文际链之中"[1]。

二、国内文献综述

进入 21 世纪以来,随着中国体育代表团在国际比赛中获得佳绩,大型体育比赛如奥运会、NBA 的引入,开启了我国媒介体育的研究,经过 20 多年的发展,研究逐渐走向系统化和体系化的成熟时期。近些年,媒介体育的具体研究方面包括媒介体育的概念和内涵、媒介体育与国家形象、媒介体育与文化认同、媒介体育与大众文化、媒介体育与消费主义研究等,其研究范式主要包括消费社会学、大众文化学、舆论学和传播学等。

公开发表的媒介体育论文的数量和主题在一定程度上能够反映其热度和研究概况。自 21 世纪以来,国内关于媒介体育研究共有 27 篇,每年的发文量均呈平稳趋势,可见这一主题已经成为专门的研究方向。从学者郭晴和郝勤于 2006 年发表在《体育科学》的《媒介体育:现代社会体育的拟态图景》一文为开端,并翻译大量相关著作,由此拉开了中国媒介体育研究的序幕。

通过运用中国知网的计量可视化方法对搜集的媒介体育文献进行整理,研究发现,关于媒介体育研究的主题涉及体育传播、体育运动、大众媒介和体育信息等,这表明学者们较多将媒介体育置于传播学、媒介发展、体育文化和体育本身发展的视野中来谈,主体多样,议题丰富。基于此,尝试将媒介体育研究概况为以下几个方面。

(一) 关于体育与媒介的关系分析

毋庸讳言,体育与媒介关系比较暧昧,错综复杂。一方面,媒介体育源于对现实体育的摄制、剪辑和播放;另一方面,媒介体育经过媒体的场景化设计、仪式化打造和剪辑化播出,衍生出属于媒介本身的体育形态。因此,学者郭晴在一开始就以李普曼《舆论学》里的"拟态环境"理论分析媒介体育的形态,即媒介体育是现实体育的一种拟态图景,"媒介体育是体育信息的媒介文化形态,传播工具与媒介技术的进步为体育大众传播时代的到来提供了必要条件,体育新闻

---

[1] 约翰·菲斯克. 电视文化 [M]. 祁阿红,张鲲,译. 北京:商务印书馆,2005:168.

传播的制度化宣告体育大众传播时代的到来,受众对大众媒介的依赖促使了媒介体育的生成;在文化工业时代背景下,媒介借助符号,通过营造话题、制造明星等手段,解构了现实的体育,建构了一个拟态的体育世界。媒介体育表现出真实性与超真实性、历史性与去历史性、商业性、跨文化性、情感性及娱乐性等特征"[1]。同时,学者王章明等人在《中国媒介体育:失真与规避》一文中也认为媒介与体育的联姻交织着的媒介体育是对现实体育的另类阐释,大众媒介的介入使得体育赛事变成了媒介事件,表现出媒介对体育赛事建构的三种形式:竞赛、加冕和征服。而当媒体为了利益飞奔而来,赛事满足不了人们的视觉化需求,媒介杜撰体育明星的虚假新闻,吸引用户眼球,媒介体育开始整体的失真。

与此同时,王章明以南非足球世界杯为例,分析了媒体以"议程设置"的方式建构了现实体育赛事的拟态真实[2],进而通过对球星的虚假炒作,迷失了足球的本质和文明。学者高巍[3]批判了在全球化进程中,媒体为吸引观众的眼球,通过体育信息的包装和编码,信息取向偏向肤浅化和娱乐化,并未对现实体育情况的真实报道。张帆解构了媒介是作为感知的方式和符号环境,而媒介体育则具有符号、信息和商品化的事实。媒体则通过议程设置、涵化和戏剧化等的手法建构了媒介体育,但是媒介体育也带来了消极方面,信息图像强化了感官,掩饰了体育的意义,异化了体育的价值观,"拟态环境对主体物的解构和重塑是'媒介制造'的真相,而眼见为实的受众并没有意识到这个真相的存在,在影像面前只有接受和相信而没有思考'媒介环境'背后的客观现实。体育在'拟态环境'的重塑之下异化成为娱乐的符号、暴力的符号、商品的符号,而对体育本质的认识被颠覆了"[4]。

因此,学者们认为媒介与体育的关系存在两个方面,一方面是对现实体育的媒介介入及其建构,以现实体育赛事为蓝本进行媒介化渲染,进而播出。而另一方面是媒介只是借助体育的话题,建构媒介体育事件,如编写体育新闻信息,打造媒介性的娱乐节目等。毋庸置疑,媒介向全世界传播了体育文化,造就了体育的神话。不过,媒介在消费主义的诱惑下,掺杂了暴力、狂欢等元素,同样异化

---

[1] 郭晴,郝勤. 媒介体育:现代社会体育的拟态图景 [J]. 体育科学,2006,26 (5):21-24.
[2] 王章明,冯现玲. 媒介体育的拟态真实及其影响——以南非足球世界杯为例 [J]. 体育文化导刊,2011 (5):135-138.
[3] 高巍,万兴亚. 全球化背景下媒介体育拟态环境的建构 [J]. 武汉体育学院学报,2013,47 (1):32-34.
[4] 张帆. 解构与重塑——拟态环境中的媒介体育 [D]. 兰州:西北师范大学,2009.

了体育。因此，媒介先是介入了体育，控制体育赛事的运作和规则，进而建构了媒介体育。

（二）关于媒介体育的消费主义研究

媒介自与体育结合以来就与消费主义有着密切的关联，正因为媒介转播体育赛事具有丰厚的利润，才吸引媒介蜂拥而来。学者们普遍从微观经济学、文化消费化的研究范式解析媒介体育消费问题。从微观经济学视角将体育置于特定的市场环境中考察消费者行为和决策等。然而，还有一些学者从媒介经济学和文化学交叉视角来研究媒介体育的景观化现象和商业化趋势。

学者金青云运用问卷调查法，采用定量的视角以延边足球观众为研究对象，探索体育传播媒介、体育观赏与体育再消费意识的关系，最终构成其基本框架，通过数理统计体育媒介、体育观赏、观众满意度三者的关系，结果显示，体育传播媒介与体育观众需求满足之间存在显著的正相关关系[1]。孙起[2]认为媒介通过话语渲染、消费主义和粉丝意见将李娜进行符号化，进而形成媒介奇观现象，媒介奇观生产与消费并非单向、线性的控制过程，而是一场复杂的话语博弈。

董青等[3]人认为：体育媒体通过各种大众传播媒介，在商业利益的驱动下，诱惑、挖掘人们最原始的欲望，宣扬消费主义，涵化大众意识，制造了一轮又一轮的体育文化奇观。并且，在商业的利诱下，产生了诸多弊端，特别是缺乏理性观看和炫耀性消费等情况。因此，如何正确利用媒体，媒体又如何自律，最终实现双赢。学者于德山[4]，从传播政治经济学的角度分析了体育媒介奇观消费现象，当代体育文化消费成为最为重要的媒介事件之一，意识形态的、社会文化的、商业的诸多目的在大众媒介之中紧密地纠缠在一起，塑造着最具当代特征的媒介文化。然而，作为媒介消费的当代体育文化传播，大众媒介利用自身传播组织方式使得体育赛事或体育事件变得常态化，突出这些事件的狂欢和新奇等特征，强化高收视率与高回报率，使其达到了类似于媒介事件的传播效果，形成一种常规化的新型商业化媒介事件形态。因此，倡导促进理性地媒介消费，引导正

---

[1] 金青云. 体育传播媒介、体育观赏与体育再消费意识的关系探索——以延边地区足球观众为例[J]. 北京体育大学学报，2014，5（37）：28-36.
[2] 孙起. 体育奇观的生产与消费——以女子网球运动员李娜为例[J]. 新闻界，2015（15）：37-44.
[3] 董青，洪艳，崔冬冬. 符号、涵化与景观——批判视野下的消费主义与体育文化奇观[J]. 武汉体育学院学报，2010，44（10）：20-23.
[4] 于德山. 媒介奇观与商业神话：当代体育文化传播的特征分析[J]. 体育科学，2007（3）：22-25.

确地文化传播策略。

学者张红学[1]指出:"媒介体育消费是体育消费的重要组成部分,但媒介体育消费与参与型体育消费(如健身消费)、实物型体育消费(如购买运动装备、体育彩票)不同。"他认为媒介体育消费的主体是既是体育消费者又是媒介消费者,而客体是媒介体育产品,包括阅读报刊、看电视体育等活动。诚然,媒介体育的内容丰富,形式多样,既包括大型体育赛事的直播和相关新闻报道,又有体育娱乐节目,更有体育明星的八卦绯闻。然而,传统报纸和电视媒体的体育内容生产,是一种媒介化的体育,媒体制作人通过编辑、加工和放大体育事件,为了进一步迎合消费者的娱乐情感需求,从刺激观众的感官出发,采用奇观化、娱乐化等方式构建媒介体育内容。当代的网络媒介体育内容产品,网络制作商是主要的生产商,网络受众既是消费者又是生产者,在观看体育节目同时,大多数受众还主动上传体育影像,如体育App、体育短视频等。因此,媒介体育消费者消费的并不是现实中的实物,而是体育视觉内容,主要是对媒介所负载的信息和符号进行消费。在消费的过程中,人们并不是像获取食物中的营养一样,而是获取符号的意义,这就决定了媒介体育消费的性质是一种精神性消费。

此外,李亚琴在《消费文化批判视野下的媒介体育》一文中,运用法兰克福学派大众文化理论和德波消费社会学的视角批判了媒介体育的消费文化问题。其认为媒介消费是一种文化工业产品,媒介将体育贴上"文化"的标签并商品化,再贩卖到市场中。媒介体育则完全顺应着市场的逻辑进行生产和消费,而媒介为了满足人们的视觉需求和身体快感,主动营造体育话题,增加用户关注度,并通过制作体育明星等手段获得一批忠实粉丝,诱导其进行消费。

无疑,随着消费社会的到来以及传媒的消费主义倾向愈加浓厚,并在全球化的刺激下,体育越发的追求视觉感官刺激和对体育新闻信息的捏造,这不仅误导了人们对体育的看法,更让体育带入无边的为消费而运动的陷阱中,忽视了体育的人文主义诉求。

(三) 关于媒介体育与文化认同研究

21世纪以来,战争的殖民入侵已变得越来越少,而以欧美为主的文化入侵却在伴随着全球化的推进而不断深入。媒介不仅承载体育内容和信息,同时渗透

---

[1] 张红学. 论媒介体育的意义消费 [J]. 体育与科学, 2012, 2 (33): 84-88.

着一个国家或民族的文化基因,而以西方文化为主的奥运会的媒介化过程中或多或少带着西方文化的传输,成为各个国家建构国家认同的重要载体。因此,这类主题得到了学者们的普遍关注,学者们主要关注三类议题,一是媒介体育对本国家的文化认同影响;二是西方媒介体育如何影响跨国间的文化认同;三是媒介体育对伙伴间的文化和身份认同。

那么,何为国家认同呢?简言之,就是人民对本国或他国的情感和认知,包括政治和文化等要素,媒介体育的国家认同构建主要在于国家间的议题设置。学者刘红霞[1]分析了1984年至2004年6届奥运会中《中国体育报》报道的框架设置和议题内容,相关新闻和报道较多突出民族主义和爱国主义精神,强化国家至上的情绪表达。同时,媒介信息也较多强调运动员成就所创造的国家认同。此外,媒介突出领奖仪式中的升旗仪式和国徽佩戴,而报道中对运动员时刻加以"中国运动员"等称谓。换言之,媒介体育主要是依赖转播中的媒介仪式构建来塑造国家认同,其次是通过新闻报道强调爱国主义和国家集体主义精神等。学者董青等人在《媒介体育接触与中国文化认同研究》一文中,运用问卷调查法对4个城市的受众媒介体育接触进行调研,结果表明:受众接触中国体育明星和民族传统体育类媒介体育形式中的中国文化内容也能够预测其中国文化认同,亦与接触程度成正比[2]。

王真真等学者也考察了作为主流媒体的《人民网体育频道》在报道里约奥运会时的国家认同建构,分别对文本、专门版块的框架设置,特别对图像像等视觉修改进行了分析,研究发现:以主体色彩和场景突出国家主题;以图片尺寸和位置表达媒体传播倾向;以图片景别与视角建构运动员形象[3]。但仍发现视觉修辞中的国家认同建构的关联意义挖掘不足等问题。此外,也有学者进行了个案调研来观察媒介体育对于促进个人文化和身份认同的研究。王雪莲等人分析了作为体育明星的姚明在加入NBA过程中的文化身份,展现出中国人的敦厚、谦逊和重情义品格,而姚明的媒介镜像更使得其文化身份得以凸显,特别是在NBA赛事中注重发扬集体主义精神、刻苦拼搏等的品性受到媒体报道的追捧[4]。与

---

[1] 刘红霞. 媒介体育中国家认同的再现与建构 [J]. 体育科学, 2006 (10): 3-14.
[2] 董青, 洪艳. 媒介体育接触与中国文化认同研究 [J]. 北京体育大学学报, 2015, 38 (11): 43-49.
[3] 王真真, 王相飞, 李进, 等. 人民网体育频道在对里约奥运会报道中的国家认同建构 [J]. 体育学刊, 2019, 26 (2): 21-26.
[4] 王雪莲, 魏秀芳. 媒介体育在跨文化传播中的文化身份认同——以NBA全球化策略中的姚明为例 [J]. 中国出版, 2010 (06): 13-16.

此同时，传播学者张煜麟研究了普通体育迷是如何保持自己的身份认同以及作为某种体育明星或项目的体育迷的动力。研究发现：偶像文本的情感召唤力、扮演迷社群成员意见领域的成就动机、媒体迷身份的展演力、友谊团体的社会支持力等四项驱动力，可作为理解个体于生命历程中，保有媒体迷角色认同之心理韧性的理论分析架构[1]。

通过文献分析，可以发现学者们较多研究不同媒体关于体育赛事信息的报道，特别是主流报纸媒体对体育新闻的报道，以及电视在转播过程中如何强化国家认同的，具有一定的学术贡献。同时也发现学者们重文本分析和新闻报道分析，而少报纸中的图像分析和电视的影像意义分析，忽视媒介建构国家认同中的视觉元素和政治话语体系。然而，这也是本书所需要考虑之处，即媒介体育的视觉化过程中如何渗透着意识形态和文化认同。

(四) 关于媒介体育与大众传播研究

媒介体育的产生与大众媒介传播有着直接的关系，在媒介体育视觉化传播的语境中需要从大众传播形态和媒介文化嬗变的视角理解媒介体育的来龙去脉。因为学者们越来越认识到体育的高度视觉化呈现，以及媒介视觉技术的飞跃发展，二者在商业的推动下使得媒介体育迈向全球化、娱乐化甚至是异化。因此，当前迫切需要我们深刻反思大众媒介体育传播对媒介技术、内容、形态等媒介文化的影响，甚至重构了日常生活中人民大众的审美经验。

那么，何为大众传播呢？关于大众传播国内外学者似乎都未有一个明确的定义，因为其内涵过于广阔，难以给予一致的界定。美国学者斯坦利·巴兰在《大众传播理论：基础、争鸣与未来》一书中说道："当一个组织采用一项技术作为媒体与大规模的受众进行沟通时，大众传播就发生了。"[2] 言下之意，大众传播的产生是媒介组织发展到一定阶段，有了专业化的媒体组织和媒介技术渠道、内容，进而形成稳定的受众群。麦奎尔在《麦奎尔大众传播理论》一书中认为："大众传播的使用通常出于自愿，并且受到文化、个人生活方式和社会环境的影

---

[1] 张煜麟. 从体育迷到韩流乐迷：一位媒体迷角色认同的心理韧性之探究 [J]. 国际新闻界，2015，37 (06)：25-37.
[2] 斯坦利·巴兰，丹尼斯·戴维斯. 大众传播理论：基础、争鸣与未来 [M]. 曹书乐，译. 北京：清华大学出版社，2015：9.

响。"[1] 麦奎尔提醒大家的是尽管大众传播与大众媒介有直接关联,但是因受到不同因素的影响,意义却不同,像主办报纸的地方和组织不同,其传播内容和服务于不同阶层的人也不同。多米尼克在《大众传播动力学:转型中的媒介》一书中认为:"大众传播是一个复杂的组织在一个或更多的机器辅助下生产和传递公共讯息,并把这些讯息传递给庞大的、异质的及分散的受众的过程。"[2] 其认为大众传播应有稳定的大众媒介作为信息源,以及对信息内容进行编码的专业组织,并且有受众对内容的解码和反馈。因此,大众传播是专业化媒介组织运用媒介技术和渠道向社会大众传播信息的过程。

媒介体育的真正发展与大众体育有着千丝万缕的关系,正源于大众媒介对现实体育的制作和转播才使得体育文化传播到世界各地,并且产生了媒介体育。学者郝勤认为由体育媒介向媒介体育的变革萌动于 20 世纪 60 年代,以 1964 年东京奥运会期间日本租借了美国的"辛巴姆"地球同步通信卫星进行赛事直播为发端,媒介改变了从体育宣传到专业化内容生产和营销的过程,而媒介体育臻于成熟是 20 世纪 80 年代,其标志就是尤伯罗斯创造的洛杉矶奥运会营销模式与传媒大亨默多克以天空电视台(SkyTV)收购英超转播权模式[3]。因此,媒介体育与媒介本身、媒介组织、体育信息内容和受众有着紧密的联系。而当前学者较多从媒介体育内容和全球化体育传播方式探析媒介体育的大众传播范式。

学者王晖在《大众传播媒介体育传播全球化现象的思考》一文中探析了大众传播媒介作为体育信息传播的载体和渠道,为体育全球化发展提供了重要的契机,特别对不同国家和民族体育的推广和传播具有重要意义[4]。学者张铁玲和丛明滋在《媒介体育全球化对竞技运动发展的影响——以 NBA 为分析个案》一文中以 NBA 为个案研究,探究大众媒介对竞技体育全球化的影响[5]。然而,还有些学者研究了我国的媒介体育在大众媒介上的传播内容并进行了冷思考。学者郭讲用在《我国体育大众传播的娱乐化倾向及其异化》一文中运用文本分析法

---

[1] 丹尼斯·麦奎尔. 麦奎尔大众传播理论 [M]. 崔保国,李琨,译. 北京:清华大学出版社,2006:12.
[2] 约瑟夫·R·多米尼克. 大众传播动力学:转型中的媒介 [M]. 黄金,蔡骐,译. 北京:中国人民大学出版社,2015:10.
[3] 郝勤. 从体育媒介到媒介体育——对体育新闻传播发展的思考 [J]. 体育科学,2018,38 (7):22-24.
[4] 王晖. 大众传播媒介体育传播全球化现象的思考 [J]. 中国报业,2011 (20):41-42.
[5] 张铁玲,丛明滋. 媒介体育全球化对竞技运动发展的影响——以 NBA 为分析个案 [J]. 体育与科学,2012,33 (3):61-63.

对体育类报纸中的报道进行了分析研究,发现我国媒介体育内容趋于娱乐化,具有色情和暴力的倾向,在内容上对明星八卦绯闻的报道多于体育赛事的报道,在形式上突出明星身体隐私部位和怪异表情,其本质上旨在满足人们欲望需求[1]。另外学者吴文峰在《我国体育大众传播中泛娱乐化的传播学解析》一文中从媒介内容、受众和传媒角度分析了我国当前从体育泛娱乐新闻的现状,通过对100家体育类电视节目的分析研究,发现体育泛娱乐信息已经是我国媒体的主要内容,而影像和图片多充斥着血腥暴力内容来吸引关注,其娱乐化趋势之强烈已经完全脱离了体育的本质,使得受众在浅显而庸俗的体育文化中徘徊[2]。同时,也有学者对西方媒介体育中关于女性的研究,充实了女性体育和女性角色的大众传播视角的研究。学者刘凯等在《西方媒介体育中的女性困境及研究现状分析》一文中,关注了西方大众媒介对女性体育的报道,研究表明:"对女性体育的报道虽多,但这只是将女性运动员收纳为商品诉求,体育媒体文本预设的消费者最终仍是男性,以男性为观看主体。媒介体育中的女性之研究内容主要从对竞技的归因、媒介生产以及符号的支配几个维度展开。"[3] 诚然,媒体仍然关注貌美的女性运动员,而忽视体育技能,同时女性运动员话语的建构全在于媒体本身,运动员本人很难抗争。

三、国内外文献对比及其对本研究的启示

尽管媒介体育的研究起源于西方,但是经过二十多年的中国本土化语境的发展,衍生出中外在研究上既有相似之处,又有差异性方面。通过对媒介体育大众传播的范式分析,学者们比较多的关注媒体组织、内容文本和受众感受。普遍认为媒体组织在受到政治和商业的驱动下,过于关注媒介体育对意识形态和消费文化的建构,而在文本分析上比较多的分析报纸媒介关于体育的文字文本特征,对于电视和新媒体图像和影像分析较少。在这个电视和新媒体压制纸质媒介,图片和影像覆盖文字的文本中,对图像和影像的分析不足,难免使得研究不具有时代性和全面性。

---

[1] 郭讲用. 我国体育大众传播的娱乐化倾向及其异化[J]. 上海体育学院学报, 2004(6): 30-33.
[2] 吴文峰. 我国体育大众传播中泛娱乐化的传播学解析[J]. 武汉体育学院学报, 2008(4): 30-34.
[3] 刘凯, 姜勇. 西方媒介体育中的女性困境及研究现状分析[J]. 体育与科学, 2012, 33(4): 66-68.

(一) 其相似性方面

(1) 从媒介体育的概念和定义上：都尝试运用传播学视角，从媒介学角度看媒介与体育的关系问题，都认为媒介体育既源于又超越于现实体育，成为独立的媒介文化属性。

(2) 从媒介体育研究视角上：受全球消费文化的影响，国内外媒介体育都或多或少受到消费主义的熏陶，媒介体育内容为迎合受众需求，出现暴力美学和色情取向，特别在审美泛化和日常化的进程中，媒介体育内容出现远离体育，贴近明星的八卦绯闻和身体美学研究。中外学者都关注到了女性体育在媒介体育中的议题，探讨女性体育的媒介议题设置和话语体系。

(二) 其差异性方面

(1) 从媒介体育的内涵上：中外学者对媒介体育的概念都莫衷一是，没有统一的定义。但是在中外学者的理解上，西方学者将媒介体育置于媒介文化或大众文化中探析，也有学者认为媒介体育是体育与媒介文化的复合体等观念。而我国学者比较一致的认同媒介体育的属性应是李普曼所提出的"拟态现实"。

(2) 从研究视角上：在定义上理解的不同，就决定了中西媒介体育探析的视角不同。国内学者聚焦在媒介体育的拟态现实带给人们超越现实体育本质的思考，以及媒介体育如何对受众、体育产生的影响。而国外学者则将体育置于大众文化之中，强调批判分析，进而关心女性体育、身体消费、权力、意识形态等方面的视角。

(三) 对本研究的启示

(1) 在研究视角上，结合国外媒介文化学的研究定义及国内的拟态现实的理解，有助于从媒介学和传播学视角深入把脉媒介体育的文化独特性和当今新媒介体育的拟态性，特别是随着新媒体体育和 VR、AR 等传媒智能化及 5G 时代所引发沉浸式传播图景，图像和影像化不断深入。

(2) 在研究内容上，结合国内外对传播媒介体育的分析，进一步加深对新媒体体育为主的探究，并在此基础上反思媒体融合时代报纸、电视体育和新媒体体育视觉技术的变迁，以及视觉对用户所产生的影响，对传统传播方式、媒介内容和用户产生了重大的冲击，并且如何理解当代媒介体育视觉文化的价值和意义，分析当中存在的问题，并提出有效的规避路径。

（3）在研究方法上，国内外都普遍采用质性的研究方法，通过观察法和内容分析法来探析媒介体育内容中的特性和问题，进而利用相关理论进行原因和对策的诠释。因此，本研究在利用观察法和文本分析基础上，加强对不同媒介体育类型的视觉传播的案例分析，并强调理论诠释。

第三节 内涵诠释：核心概念与相关理论阐述

一、媒介体育概念的界定

媒介体育是媒介技术和社会文化的复杂体，媒介通过介入来干预和控制体育。大众媒介正在通过强势的商业渗透和专业化的制作方式对现实体育世界进行有选择设置和重构，媒介不是镜子式的再现体育，而是将镜头聚焦在体育的精彩瞬间、象征性事件，进行加工和结构化重构，进而建立了一个新的媒介体育时空世界，加上新闻宣传的特殊美化或标出，完美演绎出迥异于现实体育世界的新的体育内涵。同时，媒介体育本身在政治、意识形态和商业等错综复杂的权力关系交织下，在公益性、政治性和商业性之间游离，呈现出多重关系的格局。正如大卫·罗所说的："巨大的资本投入、人工劳力、政治修辞、社会努力及文化空间的投入所生产的当代媒介体育，也为多种权力形式各领风骚创造了条件"[1]。媒介体育正是在这多重社会关系和媒介形态下产生的，但是对于媒介体育概念的解读，还需要从词源学角度梳理媒介体育概念的历史。

美国著名体育传播学者 Lawrence A. Wenner 在 1998 年首次使用"mediasport"一词，国内学者郭晴译为"媒介体育"，其认为是以体育为文本，在媒介革新的技术背景下产生的一种新的媒介形式。在他看来媒介体育的"机构"包括所有在全球传播、娱乐及休闲复合领域中所有重要的机构与角色，媒介体育复合领域带来了具有支配地位的"后现代体验"；媒介体育的"文本"则包括了种族、性别、国家主义、民族主义和英雄主义等意识形态，彼此在体育的超现实世界中相互交错漂浮；媒介体育的"阅听人"则能体验到属于体育舞台上的仪式化暴力

---

[1] 大卫·罗. 体育、文化与媒介：不羁的三位一体 [M]. 吕鹏, 译. 北京：清华大学出版社, 2013: 42.

对社会关系与家庭生活的深刻影响,尤其当体育进入网络空间时,媒体阅听人则必须更进一步与体育迷及其高强度的涉入(involvement)进行搏斗[1]。

学者郭晴和郝勤从媒介传播的理论视角,基于李普曼的"拟态环境"理论认为:"媒介体育是媒介通过对体育信息的选择、加工、反映和重构,产生了一种以体育为原始文本,但在形式和本质上又截然不同于体育的新的文化形态。"[2] 他们认为媒介在传播体育赛事信息,运用符号手段,解构了现实的体育,建构了媒介属性的拟态体育环境。王章明[3]等学者考察了中国媒介体育的发展历程,认为媒介体育是"大众传播媒体依据自身的媒体特征和价值诉求,以现实体育事件为蓝本,采用体育消息、体育评论、体育特写、体育现场直播等表现方式,将体育世界的部分形象转化为媒体文本的过程,是大众媒体对体育世界进行包装和重塑后的'体育事件'。"其认为媒介体育以现实体育信息和事件为主题,运用媒介手段,在大众媒介上重新展现媒介事件。学者付晓静则认为:"媒介体育传播是一种媒介化的体育,指借助大众媒介这一传播渠道进行的体育信息传播,包括体育新闻报道、体育赛事报道、体育专题节目等。"[4]

与此同时,学者张德胜等人提出 mediasport 不应翻译成媒介体育,应翻译成"媒体体育",认为媒介是传播学概念,而媒体更具有传媒经济学的属性,并突出了媒体与体育商业性的深度融合,并定义"媒体体育"为"媒体体育是体育新闻传播发展到成熟阶段的产物,是体育在媒体文化和消费社会交互背景下的多元化传播方式,由浅入深呈现出媒体建构体育、媒体介入体育、媒体控制体育三种传播模式"[5]。其实,并不仅是体育传播学将"媒介""媒体"和"传媒"三个基本概念混同,就是传播学科本身也对此三个概念未加精准区分,常常论述的是同一回事。我国传播学者谢金文等人指出,媒介(medium)是突出信息或内容的传播载体,而媒体(media)趋向于是媒介的集合体,强调某种具体的大众媒介[6]。但是,在移动传播时代"媒介"一词使用频率明显高于"媒体"一词,媒介包含着大众媒介和非大众媒介,传媒经济学中,使用"媒介消费学"

---

[1] Wenner A. Mediasport [M]. London: Routledge, 1998.
[2] 郭晴, 郝勤. 媒介体育:现代社会体育的拟态图景 [J]. 体育科学, 2006, 26 (5): 21-24.
[3] 王章明, 冯现玲, 杨蕾. 中国媒介体育:失真与规避 [J]. 体育科学, 2012, 6 (33): 31-35.
[4] 付晓静. 1990 年代以来媒介体育传播的民族主义话语建构 [M]. 武汉:华中科技大学出版社, 2014: 15.
[5] 张德胜, 张钢花, 李峰. 媒体体育的传播模式研究 [J]. 体育科学, 2016, 5 (36): 3-9.
[6] 谢金文, 邹霞. 媒介、媒体、传媒及其关联概念 [J]. 新闻与传播研究, 2017, 24 (3): 119-122.

远远高于"媒体消费学"。然而，从学者的使用习惯来看，在CSSCI收录的期刊论文中，媒介体育使用率达21次，而媒体体育仅有5次，因此，本文也使用"媒介"作为主题词，强调大众媒介。

国外由于大型体育赛事的频繁举办，以及传播技术的革新，关于媒介体育的研究较为丰富，且理论臻于成熟，较多运用传播学、文化学、政治经济学和符号学等理论深入阐释媒介体育，着重分析媒介体育运行机制、文本生成、受众分析等。而关于媒介体育概念，国内外学者均认为有两种概念，一是体育本身就是媒介，存在文本的编码和解码，二是大众媒介基于体育文本信息建构了新的媒介体育内容，是拟态体育的呈现。然而，在国内外的研究中，从体育传播的本体论而言，体育作为一种媒介，其生产信息并进行符号传递，但媒介体育更多偏向于第二种解释，媒介体育是一种媒介化了的体育，是在大众传播媒介中的拟态体育。

因此，结合国内外相关文献，本书的媒介体育指：通过大众传播媒介，以体育内容信息为载体，经过甄选、剪裁、加工、放大和重组等方式，营造并呈现出狂欢的、精彩的媒介体育文本。

二、媒介体育的类型

媒介体育是伴随着大众媒介的勃兴而产生的形态和概念，它是大众认识现实现象和体育事件的桥梁，因此不同的媒介形态和媒介文化造就不同媒介体育内容。因此，从大众媒介的形态、媒介文本内容的不同，可以划分出三类媒介体育类型。

首先，按照媒介形态可分为报刊体育、广播体育、电视体育和新媒体体育等。这里的划分并不是简单地将其视为一种新闻传播媒体，而是指在报刊、电视和新媒体等媒介语境下对现实体育事件的再现或电视专门打造的体育赛事或娱乐事件，如电视打造的《武林风》节目就属于电视媒介本身的创作。

其次，按媒介体育的文本内容划分，最常见的为体育赛事的直播和转播、体育娱乐节目、媒介体育事件及体育新闻讯息等。媒介体育文本的形式多样且受众群体多样，媒体通过创作不同的媒介文本和体裁来表征体育。媒介所呈现的体育文本最主要是体育赛事的直、转播和媒介体育事件，但是在新媒体日益发展的情况下，媒介体育文本向小视频化、图像和动图化发展。然而，媒介的呈现形式都是依赖于对文本的改编或建构，而更多地依赖于对大型体育赛事文本的塑造。美国学者詹姆斯·凯瑞在《作为文化的传播》一书中写道:"从仪式的角度看,新闻不是信息,而是戏剧。它并不是对世界的记述,而是描绘戏剧性力量与行动的舞台;它只存在于历史性的时间中,在假设的、通常是替代性的基础上,邀请我们参与其中的社会角色。"[1] 媒介体育是在体育新闻的基础上衍生和发展起来的,但是它却有着与体育新闻截然不同的特性[2]。媒介对大型体育赛事的转播,在当今市场化的裹挟下,体育担负着更多的"体育+",其已经偏离了体育最初的样态,是体育在适应媒介。运动员的服装逐渐暴露化和性感化、开幕式和颁奖典礼的仪式化、场景设计的高度视觉化,这些变化都在迎合电视等媒介的转播,而电视在转播的过程中,并不是镜子式的"呈现",而是将镜头瞄准在某个运动员、某个精彩瞬间或某个场域之中,观众所观看的是媒介所专门加工过的信息。同时,在璀璨的灯光、狂欢的呐喊声和演播厅主持人的讲解下,媒介体育赛事的直、转播被打造出精品的媒介事件,供观众观赏,在这里媒介体育的存在即为被观看。

如果说奥运会、亚运会有专门的体育组织举办,电视和新媒体仅是参与者,那么媒介本身作为组织者和策划者也创办了属于媒介本身的体育事件。从中央卫视的《武林大会》到河南卫视的《武林风》,再到浙江卫视的《来吧!冠军》。各大电视媒体运用媒介制作技术,策划和制造一场场精彩媒介体育事件,唤醒人们对中国传统体育的记忆,将"刀光剑影"和"血雨腥风"的江湖通过媒介将其合法化和商业化。这类专门为媒介本身而设计的"媒介体育事件",亦如中央卫视体育频道总监江和平所说:"《武林大会》整个节目从创意到制作都是我们自主开发的,赛事是我们自己组织的,规则是我们自己制定的,是带有自主知识产权的节目。"[3] 当前,媒介通过节目打造体育明星,体育运动员从运动场走向了荧幕,从荧幕走上了另一个舞台,通过符号化运作技巧,在与赞助商的共谋下塑造一个个商业化的"体育明星"。总之,媒介体育事件是媒介文化与体育文化融合的产物,深刻影响当前媒介体育的类型和形式。

三、视觉文化理论的内涵

1913年,匈牙利电影理论家巴拉兹把以电影为代表的文化形式归结为新的

---

[1] 詹姆斯·凯瑞. 作为文化的传播 [M]. 丁未,译. 北京:中国人民大学出版社,2019:21.
[2] 高巍,万兴亚. 全球化背景下媒介体育拟态环境的建构 [J]. 武汉体育学院学报,2013,47(1):32-34.
[3] 王庆军. 消费时代的电视体育研究 [D]. 南京:南京师范大学,2015.

"视觉文化",首先提出了"视觉文化"的概念。近些年,一些学者也陆续给视觉文化下定义,美国学者米尔佐夫倾向于认为视觉文化是源于日常生活及消费社会的文化,是对现代危机的一种解决方式,亦是一种后现代文化。视觉文化是一个文化建构的问题,它是被习得和培养出来的,而不是简单地被自然所给予的。因此我们需要带有一种历史的眼光,包括艺术、技术、媒介的历史,以及社会展示与观众的关系。海德格尔预言,"人类21世纪将进入一个以视觉文化为主导的'图像时代'"[1]。他不仅预感到图像在未来文化语境中所彰显的话语阐释地位,而且他还预判将来"世界被构想和把握为图像"。视觉文化应该主要包括两方面的内容:一是与视觉密切相关的视觉性的内容,包括视觉技术、视觉媒介、图像等;二是侧重于视觉文化的社会性意义的内容,包括视觉文化的建构,视觉文化与社会形态、日常生活、伦理政治、城市空间、美学艺术等一系列相关领域。

然而,体育作为一种社会活动,以身体叙事作为主要表达方式。受大众文化的影响,现代体育体现很鲜明的视觉特征[2]。体育从诞生之初就以强烈的视觉化为表征,而这种感官的追求是一种感性的、欲望化的寻求,彰显出人类野蛮身体的天性。然而,当代社会随着媒介技术的广泛普及和技术的进步,现代体育俨然呈现出媒介化生存的样态。其一,媒介不仅介入体育,造就现代体育的神话,而且建构体育,呈现出一种新型的体育的媒介化场域和别样的体育图景。其二,媒介控制体育,媒介不但规训体育的组织方式和规则,媒介文本内容也制造出"千奇百怪"的体育事件,包括对"更高、更快、更远"的身体极限的凸显,亦包括渴望肉身、暴力宣泄和图像霸权。无疑,体育完美地迎合了人类欲望的视觉成分。

媒介体育逐渐取代现实的体育,媒介并驾视觉拍摄技巧正以摧枯拉朽之势塑造出源于现实体育,又有别于现实体育的媒介体育形态。麦克卢汉在《理解媒介:论人的延伸》中提到"媒介即人的延伸",而媒介体育似乎只延伸了人类的作为观看的"眼睛",却"禁锢"了手足。观众不断地追求媒介打造出的体育明星,购买明星代言的商品,披星戴月地守候在荧幕前,簇拥在体育社交媒体上的情色和体育明星八卦绯闻的舆论交流,却逐渐忘记了体育的本真。法国媒介学家

---

[1] 海德格尔. 林中路 [M]. 孙周兴, 译. 上海:上海译文出版社, 2008.
[2] 孟欣欣. 大众文化视野下现代体育的视觉化生存 [D]. 北京:北京体育大学, 2011.

雷吉斯·德布雷认为媒介不仅是人类文化思想活动交流和记忆的载体，更是建立在时代技术革新的基础上，表征社会结构和象征系统。他提出"媒介域"的概念，"媒介域把媒介技术的符号形式和关系结构作为整体来看，从而确定一个信息传播格局的存在方式或存在状态"[1]。

换言之，媒介体育不仅将其作为体育传播的助推器，更是构建了媒介体育的场域和生活方式。媒介作为现实体育的桥与沟，媒介的镜头变化和精心设计展现了体育之于人的魅力，拉近了人们与体育的距离，让精英体育进入千家万户的荧屏之上，造就了数十亿的体育受众和体育群体。然而，媒介在无形之中也构筑了人们与现实体育之间的沟壑，将体育者拉到了媒介旁，却疏远了实践的运动参与，且媒介建构的体育形象在商业和庸俗文化的裹挟下离体育本真渐行渐远。因此，在体育与媒介高度融合的当下，研究媒介体育在视觉文化时代的呈现和表征等则显得弥足重要，迫切要求我们立足于中国实践的媒介体育本身，从体育的媒介化呈现和生存视角，在理论上作出回应，以诠释新文化状态的体育事件。

（一）视觉文化的理论内涵

今天，人类正生活在一个以图像为主要形象表达的视觉文化时代，尤其是视觉媒介的发展推动了图像生产与消费的急剧膨胀，使得人类身处在图像的包围之中。与此同时，我们也迈入了体育的"视觉文化时代"，媒介技术的快速发展使得赛事全球化传播成为可能，体育消费与其说是一种消费经济学的范畴，不如说是视觉文化消费的范畴，体育消费中更多的是一种视觉的感官消费和身体的体验消费，体育消费的基础是建立在感官之上的，满足人们不断攀升的视觉需求。然而，媒介体育带来的"拟态环境"衍生出一系列新的问题，在此背景下，媒介体育何以吸引到全人类的眼球并涵化人的思想和行为？这是一个值得思考的话题。近二十年来，中国社会发生了巨大变迁，随之而来的是本土视觉文化的崛起。视觉文化的兴起极大地改变了中国当代文化的地形图，改变了中国当代文化生产、流通和消费方式，甚至改变了人们的文化行为和价值观念。中国社会的转型催生了中国当代视觉文化，而视觉文化又反过来推动了社会转型和文化变迁。基于这一判断，视觉文化也催促着体育的发展，深刻影响体育产业和事业的进展，特别在互联网时代体育的视觉化传播引领时尚潮流，但同时也遭遇挑战和面

---

[1]陈卫星.媒介域的方法论意义[J].国际新闻界，2018，40（2）：8-14.

临困境。

世界视觉化表明世界被视觉化,人们开始喜欢形象化再现,另一个是视觉观看引发的新的文化景观,即感性的和欲望的世界。本书主要采用的视觉文化理论是尼古拉斯·米尔佐夫关于视觉文化的相关理论,尤其在分析何为视觉文化,以及视觉文化的三个历史阶段,即摄影图片—电视影像—新媒体虚拟传播等的理论阐述,还有米歇尔论述视觉文化时代中媒介的图像与文本之间的关系相关理论为主要理论基础。另外,结合罗兰·巴特的图像修辞学、鲍德里亚的拟象理论深入分析媒介体育视觉化背后的内涵。

当然,理论的阐述是深入中国发展实践,立足于这个时代的理论阐释。在中国改革开放后四十年多的文化进程中,视觉形象成为视觉文化中的重要载体。同样,媒介体育作为视觉文化的重要组成部分,追求狂欢和快感的体育文化,从影视、广告和赛事等,人们不仅大批量生产和传播体育形象,更加消费他们。人们观看、凝视和观赏不仅是视觉行为,更是消费行为。通过本书可以更加深入理解当代中国的体育视觉文化现象及其如何可持续的吸引消费者注意力成为促进体育消费的内在动力。

(二) 视觉文化时代的社会特征

后现代视觉文化与日常生活的紧密结合,视觉文化不再是游离于人们日常生活之外的消遣,这要求我们从人们的日常生活中来反窥视觉文化。主要表现在视觉媒介文化成为后现代视觉的典型代表。视觉媒介技术的发展,将体育比赛通过放大或剪辑等手段,使得赛事更加符合媒介化发展,越发吸引观众,由此引发了媒介体育事件和媒介体育消费行为,衍生出崭新的视觉体育文化形式。

1. 视觉的转向——图像泛滥包围人的生活

周宪写道:"今天,我们正处在一个图像生产、流通和消费急剧膨胀的'非常时期',处于一个人类历史从未有过的图像资源富裕乃至'过剩'时期。"[1]生活在现代都市的人们,眼睛时刻受到各种影像的刺激,不断遭到视觉图像的围困。一方面,人类的视觉欲望和需求不断增多,想看的欲望十分强烈,同时对看的内容要求繁多。另一方面,当代文化产品的高度视觉化和媒介化,又为我们提供了便捷且优质的内容,此外在满足人性需求的同时,也提供了大量诱惑性和庸

---

[1]周宪. 视觉文化的转向 [M]. 北京:北京大学出版社,2008:3.

俗化的内容。于是，我们的视觉被视觉化、图像化和媒介化。

对于体育来说，这一以身体形态为主要特征的存在，必将掀起的是视觉的狂欢盛宴。从古希腊时期为娱神进行奥林匹克运动会，展现力与美的结合，到今天呈现在荧幕上的大型比赛，媒介塑造了体育的奇观，无一不是将人类的身体之美推向了顶峰。伴随着媒介体育而来的商品、体育明星、体育广告等无处不在，总是在我们的生活中出现。然而，视觉化转向其实是媒介技术发展到一定阶段带来的产物，同时这种发展给予了体育的新生，使得受众越来越多，使得体育赛事传遍千家万户。

2. 图像即商品——图像符号刺激人们视觉消费

当今中国，从文化观念上来说，是从革命年代节俭型的消费文化转向了今天视觉快感的消费主义文化，视觉消费文化塑造了新的行为方式和体验方式，而欲望的解放便从视觉开始了。从影视、广告、摄影到新媒体下的手机和网络等，自拍、偷拍等图像填满我们的世界，媒体在大批量地生产、复制、传播图像。而作为消费者的我们不仅在乐此不疲的消费，更成了生产者本身，但资本却到了媒介所有者的口袋里。视觉文化是当代大众文化的必然产物，大众文化是一种媒介文化，而媒介的重心又在于媒介的视觉化。视觉文化的表现形式则在于图像成为商品，符号刺激消费，由此而衍生的象征性消费、注意力经济和眼球经济，持续吸引消费者的注意力。体育作为大众文化的典型代表，在资本的侵袭下，媒介打造体育奇观，体育图像成为商品。典型的体育影像商品包括媒体所建构的大型体育赛事影像商品，转化成巨额的转播费，也包括体育明星的肖像权转化成商品的广告费等。

3. 奇观化表征——视觉媒介打造图像景观

当今，图像的霸权充斥了人们生活的每一处，从大型购物超市的商品景观到公园和特色小镇的形象设计，再到奥林匹克运动会的盛世狂欢。图像成为这个时代最富裕、最丰富的日常生活资源，成为人们无法逃避的符号情境，成为我们文化的仪式。而今天的社会已被高度符号化，伴随着价值的结构革命，全部系统都跌入不确定性，任何现实都被代码和仿真的超级现实吸收了[1]。然而，媒介是景观社会产生的助推器，将整个世界幻化以图像的存在。不管是物质商品，还是

---

[1] 让·波德里亚. 象征交换与死亡 [M]. 车槿山，译. 南京：译林出版社，2012：3.

体育明星等公众人物，商家或媒体更加追求表面的形象塑造和审美化呈现，不再执着于商品的使用价值，为的是激发消费者的感官需求。世界在这种竞相追求表面形象和诱发用户情感狂欢中被进一步视觉化了。

然而，媒体所建构的体育奇观主要是媒介通过自身逻辑、资本和各种要素围绕着体育赛事、体育明星、体育事件进行的符号生产和诱使受众视觉消费的过程。体育的媒体奇观包括两个方面，一方面是体育影像和图像遍布整个社会，充斥了人们日常生活的每一处，尤其是荧幕之上和公共场所之中。实际上，体育图像作为一种符号的存在，暗含着资本、娱乐、技术以及政治等的共同作用。另一方面是现实体育已经被高度的符号化和视觉化了，人们认识体育，实际观看的是媒介上的体育，追的体育明星，实际是媒介所建构的体育明星，图像和拟像已经超越现实，随意生产出媒介所需要的内容信息。媒介将运动员打造成身体的强人、民族的英雄和心目中的偶像等角色，构建大量粉丝群体，而商业也在其中发力，借用体育明星的符号意义，邀请体育明星代言，且利用明星形象推销产品，建立新的消费共同体。大量与体育相关的赛事或明星充斥在大众媒体荧幕、或街头巷尾，甚至公交车的图像之上，呈现出体育的媒介奇观。

第四节 研究进路：研究思路与方法

一、研究思路

本文根植于当今视觉文化时代所带来的媒介图像表达和传播的变革背景，由此而引发的媒介体育的视觉传播变革，尽管媒介体育的图像表达具有天然的视觉特性，但在当今新媒体和 VR、AR 沉浸式传播媒介的到来，不仅加强了媒介体育的视觉性，而且催生了新的传播变革和社会问题。因此，本书聚焦于视觉文化时代媒介体育的图像生产与传播，尤其是视觉时代下媒介体育的批判性分析。本书深刻诠释报刊体育、电视体育及新媒体体育的图像表达特征和传播方式，并揭示媒介体育视觉传播对当下体育、体育用户、社会文化带来的影响。基于此，深入探讨体育的媒介视觉化趋势，发现媒介体育的视觉化表达和现实症结的技术、文化和社会历史的根源。

媒介体育的视觉趋势已经贯穿在人们生活的始终，其正以摧枯拉朽之势改变着现实体育的文化形态和呈现形式，并且新的"短、浅、碎、多"的传播方式，重塑着人们的参与体验。一方面人们享受着媒介体育视觉化的激荡变革带来的视觉盛宴，另一方面媒介体育的视觉主义膨胀引爆了多方面的负面作用，如视觉体育泛滥对人的围攻、庸俗体育内容危害人的价值观。此外，新媒介体育的多向度内容生产方式将体育用户的媒介使用行为都变成了媒介体育本身的劳动形式，进而将用户变成了体育媒介的劳工。当然，本研究并不执着于简单分析媒介体育视觉取向所带来的弊病，而是关注不同媒介体育形态视觉化传播的历史变化，特别是当下媒介体育视觉生产、传播与呈现方式，并寻找媒介体育视觉传播的现实归因，以期在整体上把握媒介体育的视觉演变历程和发展趋势。

二、研究方法

（一）文献资料法

本文基于视觉文化、媒介学、美学、消费社会和体育学等理论为主要理论依据，尤其对于视觉文化观照下媒介体育研究为主要内容，为深入理解视觉文化理论和媒介体育的内涵奠定理论基础。通过报纸、电视、互联网搜集大量与本研究主题相关的媒介体育的媒体组织和文本报道的案例，通过利用线上图书馆、CNKI中国期刊全文数据库，搜索国内外有关视觉文化和媒介体育理论等方面研究的期刊论文与优秀硕博论文以加强相关理论的学习，并通过借阅相关书籍，对所搜集的资料进行阅读、整理、分析、研究，从这些资料中获取相关的知识，为本文提供理论支撑，以丰富和完善内容。

（二）文本分析法

文本分析是一个解构的过程，旨在探索文本运作的技术方式，以及其构建和生产意义的文化机制，并要求最终确定该文本的各种隐喻和象征意义[1]。文本分析法不执着于对事物和物质的概念和本质的探讨，而是将文本作为一个整体进行分析。因此，本文在分析媒介体育文本内容（报纸、电视、新媒体等）的同时，注重从符号学和叙述学诠释文本内容的生产方式，以及媒介是如何通过强化视觉建构人们头脑里的"拟态体育"形象。尤其，在分析当下媒介体育的图像生产与传播时，运用文本分析报纸体育、电视影像中的图像生产方式，以及生产

---

[1] 王庆军. 消费时代的电视体育研究 [D]. 南京：南京师范大学，2015.

文本的意义。

(三) 案例分析法

案例分析法也称为个案研究法,它是追踪研究某一个体或团体的行为的一种方法,它包括对一个或几个个案材料的收集、记录,并写出个案报告。通常采用观察、面谈、收集文件证据、描述统计、测验、问卷、图片、影片或录像资料等方法开展运用[1]。通过分析对国内报纸、电视体育(CCTV-5)、网络体育媒介(乐视体育、新浪体育、腾讯体育)内容产品的呈现(体育赛事、体育健身娱乐节目等),进一步通过切身参与观察媒介体育的视觉生产与传播过程,记录和保留其相关视觉内容及用户互动评价,进而客观地审视媒介体育的生产方式及视觉传播的现状和问题,再结合符号学、修辞学理论审视报纸体育、电视体育、新媒体体育中的视觉生产与传播问题,包括图像的庸俗取向,以及消费过程中存在的资本和文化逻辑相互缠绕所引发的消费变异。

(四) 比较研究法

尝试对报纸、电视和新媒体等不同媒介及媒介体育的不同文本(体育赛事直播文本和专门媒介体育事件节目)进行分析,考察媒介是如何借助图像和影像进行内容生产和传播,把握不同媒介的图像化制作特征及视觉的流变,进而在这个过程中总结媒介体育视觉建构的规律及带给人的困境。

---

[1] 大卫·希尔弗曼. 如何做质性研究 [M]. 李雪,张劼颖,译. 重庆:重庆大学出版社,2009:99.

第二章
理解媒介与体育：一种视觉文化的视角

纵观体育文明的历史轨迹，体育形态的流变隐喻不同的身体运动和审美理念。然而，不同时代的体育表征各有不同，且当代体育表现形式在科技的助推下使之脱离原始形态，从原始体育形态的狩猎和捕鱼，到文明初始的祭祀活动，再到中世纪战争的体育，近代的休闲体育，直至现代化的大型赛事带有表演性色彩。体育的演进历程不仅彰显着运动项目的形态和规则的变化，更透视出时代的印记和体育审美的历程。尽管体育只是人类文明进程中的小波浪，但某种程度上却表征人类文明程度和社会发展进程。然而，从古老的娱乐游戏到亿万人欢腾的体育比赛，规则、仪式和观众逐渐伴随其中。众所周知，当电视介入了现代体育，逐渐铸就了现代体育的神话，体育也不再是一项运动，而成为一种震撼的表演。因此，梳理体育的历史变迁，分析体育如何从早期自在的游戏形态到有组织的竞赛，再到当今视觉媒介的介入使其成为大型体育赛事的演进过程，从某种角度也是见证体育与媒介的耦合过程，寻找媒介如何实现体育的现代性转变，进而也生成了媒介体育这一新的体育形态。

第一节　从现场到文本：媒介构建体育神话

体育作为人类的社会文化活动，从游戏脱胎之后，形成专业的人类活动形式，在人类运动交往中，便附有了讯息传播的属性。早在古希腊时期的古代奥运会，就产生了最早的受众概念和体育新闻的原型。而这时，以口语和文字传播成为媒介体育新闻最早的传播方式。在奥运会上，在最短的时间内用最快的速度准确地向全希腊各城邦报道和传递比赛的过程及结果，成为古希腊人在奥运会期间最重要的工作之一[1]。在古代奥运会时期，当每场比赛结束并产生结果时，体育新闻发布官便从裁判员手中获得比赛成绩，并让跑得最快的人到各城邦以口语和文字传递消息，让人们为之振奋和欢呼，而这最早也可考证到公元前 776 年。因此，这也是媒介与体育最古老的牵手，此后随着媒介技术的不断变迁，大众媒介深刻影响现代体育的发展，延伸了现场的看台文化，衍生了多元观众的形式，使得现代体育走向全世界。那么，媒介又是如何牵手体育，产生了何种影响呢？媒介构建的体育是镜像的还原，还是塑造新的媒介形式呢？

一、媒介介入：体育飞入寻常百姓家

在大众媒介，确切地说是电视媒介出现之前，人们想要观看竞技体育比赛，唯有亲身去举办地购票，实地参与观看方可，最早的古罗马的斗兽场及早期现代奥运会简易的运动场就昭示着体育的观赏历程。在现代奥运会的开端之时，奥委会注重宣传奥林匹克精神和价值观，自第 1 届现代奥运会伊始，顾拜旦就通过巴黎记者联合会发行体育新闻卡片，宣传奥林匹克理念等信息。到 1937 年顾拜旦去世为止，他一共发表了 1300 多篇文章，这些文章遍及法国乃至国外的 70 多家出版社出版的书刊，所以顾拜旦"自称是一位新闻工作者"。在现代奥运会创立之初，顾拜旦就认识到体育与大众媒介的结合，能有效地宣传和传播体育文化，并主办第一份奥委会官方刊物《奥林匹克评论》。随着宣传的不断扩大及奥运会影响力的不断提升，奥运会不再作为世博会的附属品而存在，其本身就吸引了大量的观众群，奥运会不仅一票难求，因为随着体育爱好者的不断增加，看台已经满足不了众多观众的需求，因为人们已经不再满足报纸简单地报道比赛结局，而渴望看到现场精彩的体育赛事过程。直到 1964 年，日本东京奥运会期间，日本组委会租用了美国的"辛巴姆"卫星对奥运会赛事进行同步直播，一举改变了过去纸质媒介仅宣传体育赛事的局面，迈向影像直播和电视体育商业化时代。20 世纪 80 年代，尤伯罗斯创造的洛杉矶奥运会运营模式与传媒大亨默多克以天空电视台（SkyTV）收购英超转播权模式成为"媒介体育"（mediasport）臻于成熟的标志[2]。由此，开启了媒介建构体育的过程。

---

[1] 郝勤. 体育新闻学 [M]. 北京：高等教育出版社，2011：15.
[2] 郝勤. 从体育媒介到媒介体育——对体育新闻传播发展的思考 [J]. 体育科学，2018，38（7）：22-24.

随着传播技术的进步，媒介也实现了从纸质文字新闻到电视体育影像的变迁，不仅拯救了现代奥运会，促使奥运会运营由亏转盈的变化，而且使得体育文化遍布世界各地。电视媒介的作用就是将现实事件转化成媒介呈现，再作用于受众的眼睛，进而影响其主观认知。当然，媒介并不是镜像式地照搬现场体育到荧幕上来，尤其是走向当代，在商业的诱导下，媒介组织会根据观众喜好和镜头特写，满足观众对高超技巧的崇拜感。媒介呈现越发地偏离现场体育，构建出一种媒介的现实事件，塑造出一种源于现实体育赛事，又有别于现场体育的媒介体育图景。而媒介框架下的体育世界又在媒体组织机构的符号编码下，类似政治性报道、女性和种族报道等议题，设计出别样的媒介体育意义。媒介让体育的图景传递到世界各地，并建构出媒介体育的世界。

麦克卢汉认为媒介是人类身体的延伸，电视是人类视觉的延伸。无疑，电视延伸了人们对体育赛事视觉感官的需求，人们足不出户便可以收看大洋彼岸的体育赛事。因此，媒介也衍生出新的体育群体——媒介体育受众。

二、媒介塑造：体育故事化吸睛表征

从 20 世纪 80 年代默多克创立电视转播权进行售卖开始，媒介就在真正意义上介入了体育的发展，以至于现代体育是如此的离不开媒介，转播权所带来的收益亦占到体育赛事总额的一半以上。于是，媒介逐渐融入现代体育的发展之中，并造就了现代体育无与伦比的、庞大的受众群。而媒介塑造体育，指的是传媒组织通过自身的技术渠道、资本及专业媒体制作团队融入现代体育之中，深度整合现实体育实践，策划和打造媒介体育事件，将现实体育节目化和故事化，变成一种专门的电视体育文本。媒介塑造现代体育，不仅创新了新的媒介内容，增强了媒介的话语，更为现代体育的运营和发展注入了新鲜的血液和活力。当代媒介组织以现实体育为话题，通过广告代言、赛事组织、商品推广、新闻采编，获得了得天独厚的便利，赚取了高额的利润。媒体通过专业媒体人和专业媒体团队打造出精彩的媒介体育事件，塑造品牌体育赛事和媒介体育节目，吸引海量用户群体，并进一步吸纳广告商资本投入，赚取丰厚的收入，主要通过策划媒介体育事件、转播权和广告位售卖、参与体育营销等三方面具体手段，深入完成与现代体育的融合。

(一) 媒介策划体育事件

奥运会和世界杯等现代大型体育赛事的直转播一度成为世界各国关注的大事,唯有媒介体育赛事能有如此多的受众和号召力,让观众聚集在荧幕前,电视体育的直、转播俨然成为电视媒介典型的媒介事件。媒介事件的提出者戴扬与卡茨认为所谓的媒介事件指的是大众媒介特别是电视媒介的节目制作和播放,让现实生活中的重大事件经过媒介的报道或者直播和录播变成了吸引全球观众的、世界性的媒体事件,而这些事件亦可称之为"电视仪式"。那么,像奥运会和世界杯则是典型的媒介事件。媒介事件是电视转播和直播的现实事件,并具有三个脚本:竞赛、征服和加冕。以"竞赛"为脚本的媒介事件是那些发生在竞技场、体育场、演播室中的,围绕"谁赢"而展开直播的事件,如政党电视辩论、奥运会直播[1]。无疑,体育赛事的直、转播是最有影响和震撼力的媒介事件。每逢大型体育赛事举办,组委会指定合作媒体进行赛事报道,一幕幕精彩的开幕式和闭幕式,一场场热火朝天的体育赛事直播在媒体组织团队镜头摄像和巧妙技术加工下,衍生出绚烂的视觉盛宴。

然而,鉴于大型体育赛事具有稳定的周期性,以及录制和报道的独家授权性,因此无法保障新闻报道的连续性和受众的需求,媒体开始依托自己强大的资源策略和运行媒介专属的媒介体育事件,如央视五套打造的《武林大会》、河南卫视推出的《武林风》,尤其是这些年随着人们对体育明星的真实生活的偷窥欲,一波波电视体育真人秀也不断出现,像浙江卫视播出的《来吧!冠军》、东方卫视录制的亚洲首档大型自然探索纪实真人秀《跟着贝尔去冒险》等节目,还有以运动为旗号而行娱乐之实的《奔跑吧兄弟》《男生女生向前冲》等节目,一度赢得电视收视冠军。同时,媒体组织也进一步扩大媒介体育事件的品牌效应,媒体自己作为赛事组织者和赛事版权所有者,塑造出与大型体育比赛相媲美的体育赛事,如央视打造的《狮王争霸赛》《世界拳王争霸赛》等媒介体育事件,也引得人们的普遍关注。

(二) 转播权和广告位出售

一般认为,体育赛事转播权就是体育组织将体育竞赛通过电台、电视台或网

---

[1] 董天策,郭毅,梁辰曦,等."媒介事件"的概念建构及其流变[J].新闻与传播研究,2017,24(10):103-119.

络等媒体向公众传播并据此获取报酬的权利[1]。电视媒介促发了体育赛事产业的繁荣，并催生了体育赛事独特的转播权属性，动辄数以亿元计的体育转播权成为当前大型体育收益的主要来源，而这也是媒体与现代体育深入融合的产物。因为体育赛事转播权的版权归属于赛事组织方，而开发和录制等则依赖专业媒体。在1958年，国际奥运会因当时奥运会举办陷入经济缺乏的僵局，为扩大经济来源将电视转播权纳入《奥林匹克宪章》之中，并率先提出"体育赛事电视转播权"概念。售卖体育赛事转播权对于组委会和媒体组织来说，是互利共赢的。赛事组委会可以获得一笔价值不菲的收入，而媒体也可以通过播出赛事时，售卖广告位以招纳广告商，获取巨额的广告费，并塑造品牌媒体。

当前，体育赛事转播权的费用也因垄断媒体之间的高额竞争而逐年提高，从1948年伦敦奥运会，英国广播公司以3000美元获得电视转播权，到1960年罗马奥运会电视转播权达到120万美元，再到2011年NBC投资43.8亿美元购买截至2020年奥运会的独家转播权，可见体育赛事的费用仍在不断攀升。此外，世界杯在中国的转播权费用也达到了新的高潮，2018年中央电视台以24亿元人民币购买了世界杯转播权，随后又将其转给网络媒体，最终优酷以16亿元人民币独家拿下了转播权。此外，中央电视台在直播奥运会期间也出现了天价广告费，在奥运会女排决赛期间，央视广告费更是达到5秒钟211万元人民币的天价。

因此，媒介与体育之间互融互惠是最完美的联姻，不仅缔造了现代体育的传奇，也提高了媒介的影响力。同时，每逢大型赛事开始时，便会适当修改或留下一定的中场休息时间供媒体投放广告，而且媒体已经见缝插针，在判罚或更换运动器械等短暂时间，播放冠名广告，吸引用户眼球，而体育赛事也要被迫按照媒体逻辑设置比赛节数和时长。

三、媒介改写：体育神话的符号炼成

媒介改写体育，是媒介在融入体育的同时，为满足受众的多样化需求，并结合媒体报道的规律性，利用资金和技术支配现实体育的发展，进而成为体育规则的制定者，改写单一的比赛方式，让现代体育的举办和发展依照着视觉媒介的逻辑来展开，其目的是吸引数以万计观众来观看。在当今全球化时代，媒体和商家

---

[1] 马法超. 体育赛事转播权法律性质研究［J］. 体育科学，2008（1）：66-70.

乃至于举办方出于资本和利益的驱使，千方百计组合社会力量举办各种大型体育赛事，招商引资，而媒体则为了吸引用户的注意力，招揽更多的受众，帮助宣传大型赛事，曝光各路体育明星，并通过新闻夸赞明星的运动表现或播报破纪录新闻，渲染声势浩大的赛事规模和精彩度，并努力寻找人们认可度高和粉丝多的体育明星，通过议题设置构建媒介形象。

此外，媒介运用自身高超的视觉呈现技术和传播规律再现现实体育，抓住场上生动且精彩的赛事瞬间呈现给观众。媒介按照自身视觉呈现技术和新闻传播逻辑介入体育，直接要求体育赛事按照媒介的规律举办，媒介也直接改变了体育的形态和规则，使其贴近视觉媒介的运作逻辑。媒介支配和改写了现代体育的发展，按照媒介的逻辑控制着现实中体育的运行，并产生了媒介体育的特殊形态，其具体表现在对体育运动命运的影响及对赛事规则制度的支配。

(一) 媒介改写了体育运动的命运

现代体育的发展已经不仅表现在运动员技艺的展示上，更多的是表现在运动仪式的宏大及由于大众传媒的影响将这种宏大无限扩大化所带来的影响[1]。在商业的侵蚀下，媒介开始按照自己的视觉技术和传播机制来统摄体育的转播和报道，因媒介拥有着海量的用户，媒介所呈现的体育很大程度上左右着受众的需求，而受众对体育的关注度也直接决定了该项体育的未来。

当前人们对体育的了解大部分源于媒介的体育话题建构，如此致使媒介所关注的体育项目必然影响大众，进而为体育项目的发展赢得广泛的群众关注度和参与度。然而，受媒介报道少或在非黄金时段播出的体育项目则很少被大众所关注，其发展必然走向边缘化，如举重、曲棍球、马术和皮划艇等项目鲜受人们关注，以至于萨马兰奇指出：将来的体育会简单的被归为两类，一类是适合电视（媒体）的口味，另一类则不适合。体育项目只有在属于第一类的情况下才有机会发展，否则要么衰落，要么踏步不前[2]。长久下去，不适合媒介播放的体育项目，会随着时间的流逝而被奥运会所淘汰。

因此，当前体育项目的发展或多或少都在沿着媒介传播的技术逻辑和可视觉化特性来调整自身运动形式和规则，以便获得媒体和受众的青睐。媒介支配现代

---

[1] 邓星华. 现代体育传播研究 [J]. 体育科学，2005 (10): 23-31.
[2] 周宪. 中国当代审美文化研究 [M]. 北京：北京大学出版社，1997: 264-266.

体育的命运,不仅体现在对体育形式的改变,而且掐住了体育项目发展的经济命脉。没有群众基础和经济来源的一些现代体育项目,迟早会随着历史的变迁而没落。

(二)媒介控制体育赛事制度和规则

由于赛事转播权成为赛事组织方的主要收入来源,因此掌控了赛事的版权和转播权无疑成了整个赛事的掌控者。同时,当前除了奥运会和世界杯之外,其他各大国际性体育赛事的版权和转播权已经被一些巨头媒体公司垄断或合资控制。例如,央视垄断了奥运会和世界杯的转播权,腾讯体育在2019年以15亿美元买断NBA 5个赛季(2020—2025年)的转播权。此外,欧美天空体育和BT体育长期垄断英超转播权。而这一切直接决定了传媒组织要依据媒体本身的技术逻辑和传播机制来对现实的体育赛事有所干预,逐渐对体育赛事的形式、比赛时间和规则进行干预。

首先,表现在对体育规则的改写。具体内容主要包括体育比赛时间和竞赛规则。在电视和网络的转播之中,媒介的黄金时段和节目设计决定了收视率,因此媒体不得不改变比赛的竞赛规则和播出时间以提高精彩度和收视率。如美国职业篮球联赛的每一节时间、暂停次数、中场电视插播时间都有明显的不同,为的是满足媒体转播的需求。此外,国际排联把决胜局改为每球得分制;国际乒联将每局21分制改为11分制,将乒乓球由38毫米改为40毫米,颜色也由白色改为鲜亮的橙色[1]。同时,美国在20世纪50年代曾因电视播出的需要而调整了高尔夫的比赛赛制,将以比赛成绩由洞赛改成了杆赛。同样,这一情况在国内也屡见不鲜,如2019年中国平安中超联赛,中国足协因电视转播需要,将中超第17轮国安vs重庆、泰达vs恒大的比赛开球时间由原来的19:35变为20:00;中超联赛第12轮大连一方主场迎战上海上港的比赛,提前半小时。因此,自电视介入体育伊始,就一直深深地改变了体育,直到今天还规训着体育的形式和未来。

自体育赛事电视转播权售卖以来,无论是国际性赛事还是区域性赛事,各主办方为满足资金的需要,服从于媒体的要求,改变体育规则等现象已不胜枚举,以至于部分国内外学者忧心只顾利益的媒介介入体育,通过大肆抬高体育的商业价值、制造子虚乌有的体育绯闻,最终摧毁自由的奥林匹克精神,将体育蒙上了

---

[1] 徐利刚. 体育与传媒的天作之合 [J]. 新闻记者, 2004 (6): 16-19.

一层厚厚的灰尘。

其次,对运动员的隐性控制。由于受众对运动员的认识完全来自媒体的话语建构,媒体所塑造的体育明星也是运动员本人所无法控制的,不管是夸赞还是诋毁,都在媒介文本的文辞之间。媒介也会刻意修饰和包装运动员,有意识地去捏造或创设明星的娱乐新闻,而一些体育明星为迎合媒介的需求,开始展现个性,大放厥词,吸引媒体观众,制造新颖的体育新闻,以满足受众猎奇的心理需求。当前,随着体育新闻的延伸,媒体和受众已不满足以赛事为主的报道,而将镜头聚焦在运动员身上,媒体往往不再热衷于赛场上的运动员,而是生活中的运动员,不断制造运动员的八卦绯闻。因此,运动员的形象几乎由媒介所塑造和支配。

然而,媒介并没有彻底地支配或腐蚀体育,因为媒体无法完全决定体育的一切组织方式,媒体只能在细枝末节上计划和调整比赛的时间和赛程等。体育有其独立性,媒介权力也无法真正左右体育形象和发展。

第二节 从观看到消费:媒介融入体育的互为影响

大众媒介的诞生、发展与体育有着天然的互利依存关系,媒介与体育的结合既是一种偶然的相遇,又是一种刻意的安排。1936年柏林奥运会上,电视首次向全世界进行广播报道,共有16.2万观众观看了转播。此后,媒体与奥运会的联合,既满足了媒体新闻制作的需求,又实现了奥运会的对外传播。然而,这种简单的关系在商业的诱惑下变得不再简单和纯洁了,到了1960年罗马奥运会就产生了电视转播费,发展至今转播权费已经十分高昂且电视媒介录制效果更加惊人,在新媒介的介入下呈现出沉浸式的视觉效果。加拿大传播学者迈克尔·里尔认为,电视与体育的结合看上去就是"天作之合"(marriage made in heaven),他甚至以"电视体育"(telesport)这个合成词来类比二者之间的联姻[1]。然而,电视与媒介的联姻错综复杂,从早期的你情我愿的"联姻",发展到今天你争我夺的"仇敌"身份,二者总归是互为依存,难舍难分,这需要我们更加深入审视二者之间的深层次的关系。

---

[1] 魏伟. 解读神话:南非世界杯电视转播的符号学研究 [J]. 中国体育科技,2011,47(2):47-51.

一、赚足眼球：大众媒介对体育运动的影响

体育与媒介的渊源可谓是源远流长，早在古代奥运时期，人们就开始运用纸质媒介和口语来传播赛场的比赛结果，以便好消息振奋每一个国人。而进入了大众媒介传播时代，体育早已传入千家万户，吸引了亿万受众。体育本身的不确定性、娱乐性和自由性，得到了媒介的青睐。因此，体育本身适合媒介传播的独特性，在传媒的巨大影响下得以传播，巩固了体育的社会地位。

（一）媒介促进体育传播并走向全球化

毋庸讳言，媒介之于体育的基本作用一是宣传，二是再现。媒介将体育文化传播到世界各地，特别是扩大了大型体育赛事的影响，使之家喻户晓，同时媒介再现了现代体育，将体育延展到荧幕之上，获得了海量的观众。

作为印刷媒介的报纸在现代奥运会的宣传和推广中起到了极其重要的作用。顾拜旦的初衷希冀通过举办奥运会来强调身体教育的重要性，呼唤建立新的人文价值理念。因此，体育逐渐被赋予了很多的价值观念和文化内涵，这不仅需要散播比赛结果，更需要传播奥运理念和知识。顾拜旦和奥委会在创办首届现代奥运会之初，就善于利用媒介去传播奥运思想，不仅创办报刊，而且积极在其他综合类报刊上宣传奥运会的理念和赛程等，极大地宣传了奥运会的价值并唤醒人们参与的意识。此后，随着媒介技术的进步，特别是电视的介入和转播技术手段的提高，电视携手影像生动地再现了体育赛场的现场感，完全符合体育这一强烈视觉化属性的活动，在卫星的助推下，奥运会赛事盛况的全球性传播成为可能。在2016年的里约奥运会，全球电视收看达到了30亿人次，乔治·维加雷洛也震惊地说："电视传媒的介入，让体育得到了大量的曝光和追捧，进而确立了它更为正统的地位[1]"。

报刊媒介让体育的声音传到千家万户，宣传了以身体教育和人文价值观的体育思想，体育逐渐丢弃了作为杂耍似的无规则、随意游玩的外衣，真正地登堂入室，成为认真且高尚的人类活动。电视媒介的影像化呈现完美地契合了体育的高度视觉性和不确定性，似乎成了为体育文化传播量身定制的媒介，超越了时空的

---

[1] 乔治·维加雷洛. 从古老的游巧到体育表演一个神话的诞生 [M]. 乔咪加，译. 北京：中国人民大学出版社，2007：4.

界限,将现实的体育延伸到了荧幕之上,在世界性传播的背景下,使得体育走向全球化。正如传播学大师麦克卢汉所提出的媒介拉近了人与人之间的距离,出现了"地球村",同时媒介也拉近了体育与全球受众的距离,实现了体育全球性的传播。当下,在新媒体的融入中,不仅摆脱了时空的限制,并使得全球体育迷之间的沟通交流和体育创作成为可能,增强了体育黏性。

(二) 媒介推动体育产业发展

众所周知,在现代体育的发展之中,大型体育赛事的筹办动辄数十亿经费,而大众媒介与体育的最直接、最紧密的联姻就是传媒使得体育获得巨大的收益,一度拯救了体育赛事的生存和发展问题,特别是职业体育的发展让体育赛事的运转得到了重要的经济保障。当前,奥运会等大型体育赛事及职业体育的费用来源于体育赛事转播权、门票、知识产权转让、赞助和广告费等,而转播费就占了总经费的一半以上,在奥运会的财政收入中电视转播费更是占据到七成。在2013年至2016年奥运周期,奥运会的转播权收入达到了41亿美元,比上一个奥运周期增长了7.1%。如NBA的职业体育赛事转播费,2016年NBA新转播合同期为9年,但转播费竟高达240亿美元。随着市场不断进化和政策的持续开放,关于职业赛事和大型赛事的转播权费用仍是各大传媒集团的必争之地,其市场价值依旧水涨船高。

简言之,正是媒介传播创生了体育赛事转播权,并使其销售成为可能,也使得赛事正常运营发展成为可能。各大职业体育赛事依托媒介的全球化转播和新闻报道,不仅收获了价值不菲的版权费,更提升了影响力,打造了品牌体育赛事,建构了一大批稳定的受众群体,并带动了附加的知识产权费用等。此外,大众媒介推动了体育赛事的产业化过程,从赛事的筹办、举办、转播和营销等方方面面,传媒都全程参与其中,扩大了体育赛事的市场环境,建构了黏性的消费者群体。当今,无论是身处家庭、购物广场,还是公交车上,到处都充斥着媒介所建构的体育新闻,以至于生活每一处都被体育的信息所包围,也难怪现代营销学之父菲利普·科特勒会感慨道电视转播权的售卖、广告的销售会占到整个奥运会的九成以上。

同时,每在大型赛事的比赛期间,各个媒体争先恐后、铺天盖地地发布体育赛事信息,追逐劲爆的体育娱乐事件,突出体育明星的粉丝效应。然而,这一切都让体育转变为人们茶余饭后的议题,讨论体育话题亦成了时尚主题,一些粉丝对体育明星的球场表现、比赛贡献及八卦绯闻等如数家珍。在媒介的推波助澜下，体育理念已经深入人心，并为推动体育产业发展打下了十分重要的基础。

二、有利可图：现代体育对大众传媒的作用

体育与传媒的结合随着时间的推移更加紧密，而之所以目前转播费水涨船高，是因为传媒可以通过体育获取巨额的利润。早在20世纪80年代，法国和英国的报刊传媒就热衷于主办和承办环法自行车赛等体育赛事，进而设置较多的传播议题和丰厚的广告费。体育相对于其他新闻内容对受众更具有视觉的吸引力和持续的关注度，当今再也没有比体育更能吸引这么多用户关注和媒介青睐的媒介产品。

（一）丰富大众媒介的新闻内容

美国著名传媒产业巨头普利策曾将体育称作是传媒最受受众欢迎的三大法宝之一，换言之，与体育相关的新闻生产与传播活动普遍受到人们和市场的关注。随着全球和平时期的到来、人们生活水平的提高和休闲时间的增多，人们不太关注离自己生活较远且严肃的政治类新闻，而是喜欢关注体育类娱乐新闻。以体育赛事为基础的体育新闻，衍生出诸如体育明星等的多样化新闻类型，充分满足了人们对身体美、暴力、娱乐和性等的多方面阅读需求。也正因为体育内容的丰富性、体育新闻边界的模糊性和混合性使得众多传媒簇拥而来，纷纷抢先赛事结果和体育明星背后的八卦绯闻等。而且，媒体已经不满足于以体育赛事为核心的新闻信息，而是根据受众的猎奇和偷窥的心理，大肆挖掘体育娱乐性新闻，从而造成体育新闻娱乐化的倾向。

不同种类的大众媒介，像报刊、广电和新媒体等，利用自身的传播技术和新闻制作特点在内容丰富的体育传播氛围中，多维度、多视角地创作体育新闻议题，包括赛事类、政治类、娱乐类、财经类等，致使体育新闻数量猛增。以美国三大电视网为例，三台年度体育节目均已超过2000小时，如果没有了体育，电视台的节目将减少30%[1]。尤其是在奥运会和世界杯等国际顶级赛事期间，各大媒体纷纷全天候报道，从报纸到电视，从图片到小视频都在以不同形式呈现不

---

[1] 许永，骆正林. 赛事转播权的魅力——体育报道与媒体发展初探［J］. 上海：新闻记者，2000（9）：14-16.

同体育文本。北京奥运会期间,光电视媒介就创造了3800个小时的视频节目,每日体育新闻话题以亿万次计,可谓是蔚为壮观。当前,随着新媒体的勃兴,用户自主参与制作和上传媒介体育文本,所创造体育新闻议题更是数不胜数。纵览全世界,伴随着马拉松、自行车赛,各种锦标赛及各大联赛的崛起,几乎每天都会有不同规模和不同级别的专业赛事或群众性赛事活动,所涉及的项目和场次更是数以万计,再加上体育明星的话题设置,勃兴了大众媒介的新闻内容。

(二)体育为大众媒介提供经济利益

在十八九世纪,体育繁荣了印刷媒介,同样在20世纪,体育拉动了电视媒介的发展。NBC早期的运动节目制片人哈利·科伊尔曾回忆说:"电视是因为体育而发展起来的。我们转播1947年世界职业棒球大赛、重量级拳击赛和陆军对海军的足球赛期间,电视机的销量急剧上升。"[1] 体育赛事有着特有的身体美感,不同类型的体育项目诠释出多种多样的身体美,不管是轻盈柔软的婀娜身姿,还是强壮而富有力量的肌肉都在体育中展现得淋漓尽致,但又如划过苍穹的流星,短暂而又富有震撼,充分满足了人们对美的渴望,而这些也促使大众媒介对体育情有独钟。电视体育节目的制作远比其他电视肥皂剧简易得多且成本低,但精彩度却是其他电视节目难以匹敌的,一度成就了电视媒介的发展。

自1936年,电视录制柏林奥运会伊始,媒介便铸就了以奥林匹克运动会为代表的现代体育神话。现代电视通过特写的镜头、高超的剪辑手法、蒙太奇的拍摄技巧及声影结合的制作方式,再加上VR技术的运用,打造了一场场运动视觉盛宴,吸引了无数受众的目光和呐喊声,而赛事转播费和电视体育精彩赛事时段的广告费更是数以亿计。发展到当代,新媒介的介入使得传媒市场更加火热,对于体育赛事转播权及广告位的竞争更是越演越烈。传媒组织成功地在转播体育赛事时,通过插播广告获取高额的广告费用。2008年8月8日至24日北京奥运会直播期间,法国电视2台共播出广告1006条,获得收入320万欧元[2]。同时,我国央视在直、转播奥运会期间,平均每秒广告费高达33.5万元。但是,在世界各国中众多的观众认为自己享受的是一种媒介赐予的"免费产品",却不知观看的背后逻辑却隐藏着一个巨大的媒介体育产业链,使得受众在不知不觉之中就

---

[1]托尼·柯林斯. 体育简史[M]. 王雪莉,译. 北京:清华大学出版社,2017:205-206.
[2]张珂,张云,石磊. 当代体育与大众传媒[M]. 北京:中国传媒大学出版社,2011:142.

陷入资本的浪潮之中，支付着别样的"货币"，不可自拔。

电视通过制作体育赛事吸引观众，并将观众变成媒介的受众，获得受众的注意力并转换成"收视率"，进而将收视率打包卖给广告商，最终实现交换价值。从受众的经济角色来说，这种交换模式出现了两类劳动和两次售卖。第一类劳动形式是受众通过长时间的观看电视体育节目，其注意力被打包卖给了广告商，而第二类劳动则是"情感劳动"，发生在受众于日常生活中向他人宣传广告产品时，并发展了部分"隐形的消费者和观众"。

那么对于新媒体的盈利模式而言，不仅收获的是巨额的广告费，还包括充值的会员费。这个看似免费的网络体育媒体早已经付费了。现如今，从腾讯体育到乐视体育等网络体育媒体，用户只有充值成为会员，才有资格进行弹幕交流和社区空间装扮，才能观看体育赛事节目，更甚者会员需要进一步付费才能观看决赛比赛。在这里，用户在追求快感、交流及表达的同时，要为自己的两类消费行为买单。一类是为自己即将花费的休闲时间、流量消耗和情感投入付款，另一类则为自己的打赏行为、社区礼物及商品购物行为进行付费。因此，网络体育传媒充分利用了用户对于体育热爱和交往需要的情感，并将其完全置于媒体商品化的语境之中，让用户的娱乐与劳动高度融合，休闲娱乐转化为劳动的报酬和快感，媒介使用时间则成了劳动时间，用户不仅在为自己的自由表达付费，且免费为平台建设和广告宣传，而且用户的个人信息也被网络传媒打包卖给广告商用于精准广告投放。

因此，媒介牵手体育，表面上呈现的是体育文化和娱乐信息，隐藏在背后的是错综复杂的利益纠葛，体育为媒体带来了丰厚的利润和千千万万个受众。

第三节 从分离到交融："媒介+体育"融合的延伸

早在1903年，《汽车报》组织了一项环法自行车赛，通过对赛事信息的不断播报而吸引了大量的受众，进而打败了其他报刊对手，并获得可观的广告费和发行量。从报刊到电视媒介，体育几乎是与其共生共存。在20世纪之前的几个世纪里，纸质媒介宣传和传播了体育文化，拉近了体育与观众的距离。体育也丰富了媒介的传播内容，增强了媒介的影响力。然而，随着电视媒介的诞生，在经历了从无线到有线再到全球化卫星转播，画面也从黑白到彩色的高清晰布局，以其身临其境的超现实性一度造就了现代体育。当前，新媒体催促新的体育媒介格局,新媒体时代的到来使得体育文化传播的媒介生态发生了翻天覆地的变化,新媒体开启了受众人际互动传播的巨大变革,一方面经历着"人人都是通讯社,个个都有麦克风,谁谁都是评论员"的传播主客体间的同一性,同时传播渠道从单向度走向综合传播。另外,在当今消费社会时代审美泛化的推波助澜下,新媒体对传统媒介所建构的体育形象进行了"祛魅",人们不再那么"虔诚"接受文本,而是解构性地改造和挪用,在传播过程中,内容遭到恶搞和鄙夷。而正是媒介与体育的这种千丝万缕,难舍难分的张力,使得体育与体育媒介的关系从体育宣传到体育媒介的变迁,而体育与媒介关系的再升级表明了体育视觉化的不断加强,让体育的视觉景观促成了媒介体育的到来。

一、视觉化表达：现代体育的存在样态

在体育历史的发展潮流中,体育逐渐从根植于人类休闲活动的竞技方式转变成资本主义商业逻辑下的经济活动,并在媒介的推动下成为全球性的文化工业。然而,随着媒介技术的进步及传播技术的革新,媒介"再现"体育的能力和场景变得越加真实,引人入胜。同时,媒体也遵循自身的逻辑生产和传播规律建构体育图景,吸引无数的体育受众,从报刊到网络,我国体育用户已超过 8 亿人。现在,我们很难想象体育离开媒介的生存样态。尽管没有媒介,体育照常发展,但与现在会完全不同,体育成了少数人的体育,且体育文化难以形成和传播。然而,如果没有媒介,商业体育、职业体育及大型国际体育赛事难以生存,观众减少随之而来的是筹措经费的缺失,以至于媒体人洛伊说道:"电视实际上控制了职业运动的命运,既表现在形式上,也体现在经济基础上。"因此,不管是过去、现在还是将来,体育的媒介化生存是体育发展的基本样态,而体育的视觉化取向则是当代体育的存在样态。

随着传播技术的更新,当前已经进入现代化的传播时代,诸如报刊、电视和新媒体等大众传媒与时俱进,传播内容、手段、速度及影响度越来越广,并逐渐步入全媒体时代。而多媒介的融合传播更加扩大了体育传播,大众媒介凭借体育内容,吸引无数观众的目光。同时,在商业的交织下,出现专门的体育媒介组织,逐渐出现专业体育栏目、专门的体育媒体,诸如体育报纸、体育电视等,使体育媒介的发展更加专业,内容更加优质。此外,各大综合类报刊每逢重大体育赛事举办期间,都广泛参与并抢先播报精彩内容,以提高报刊的购买率和关注

度。同时,伴随着奥运会、世界杯及职业联赛的电视转播引入,激起了民众对体育节目的热爱,在21世纪之初,在"奥运争光计划"的背景下,加之职业赛事的精彩度大大提升了人们的体育观看情绪,进而招来各大媒介的热衷,以电视体育视觉影像为例,其体育频道的产生和体育冠名节目就已超过了一百家。这不仅极大地丰富了人民的日常文化生活,而且有力地推动了体育文化传播,并产生了亿万元的高额转播费,由媒介衍生出的转播费、广告费和赞助费,极大地保障了体育赛事的正常筹办,并占到体育赛事收入总额的2/3以上。

体育史是体育运动发生、发展的历史过程,通过对体育活动历史的考察和研究,可进一步认识体育发展和演变的客观规律,探究体育发展的渊源,一部完整的体育史即是体育运动史和体育传播史的完美结合,没有体育传播便没有现代体育的蓬勃发展[1]。从古代奥运会的祭祀活动开始,体育便与传播紧密结合,体育活动不仅作为媒介为了娱神,而且赛事胜利的消息亦在奔走相告的传播中振奋每个部落。体育是人身体和精神的自由展现,丰富了人类的日常生活,媒介则延伸了体育的宽度,存储在媒介中的体育信息传遍世界各地,作为娱乐和时事新闻讯息为人们所耳熟能详,进而满足了人类精神世界的追求。当前,人们接触、了解体育的方式很大程度上由媒介呈现,俨然出现了"现实体育"和"媒介体育"两种样式。在传播学角度来看,所谓现实体育就是通过人际间的面对面体育参与和交流,而媒介体育则是通过媒体所再现体育比赛或相关体育新闻等,正如同萨马兰奇将体育分为电视体育和非电视体育。

体育作为一种社会文化现象,在资本主义社会,随着媒介图像录制技术和呈现技术的进步,加上在全球化背景下民族主义的提升,且在资本逻辑的严重裹挟下,媒介直接管控着大型体育赛事特别是国际职业体育赛事的方方面面,体育亦成为文化产业的重要组成部分。而步入后现代社会,媒介化社会的到来,体育的媒介化生存越发明显,体育离不开媒介而发展,媒介则不断创生出新的媒介体育事件及体育新闻内容,进而生发出新的体育样态——媒介体育。因此,体育的媒介化生存方式迫使我们从媒介的内涵、属性和特征来认识体育,明晰媒介如何构建体育,如何深层次影响人们的体育生活方式。

---

[1] 张帆. 解构与重塑——拟态环境中的媒介体育 [D]. 兰州:西北师范大学,2009.

二、拟态化现实：大众媒介的体育重构

自20世纪七八十年代开始，电视和互联网的迅猛发展，使得大众媒介与体育的关系紧密结合，不仅使得体育发生了深刻的变革，而且媒介再现体育已经扩展到超越体育新闻的范畴，囊括到超现实、娱乐狂欢性、跨文化性和符号学等多重内涵。伴随着媒介录制技术和传播方式的变迁，以及大众传播时代的来临，宣告了媒介不再仅依赖大型体育赛事本身的报道，而开始着眼于多样化的体育素材和体育文化现象，结合跨媒介、跨文化叙事风格，打造出体育脱口秀、体育电影、体育真人秀等主题。当下媒介所塑造的体育已超越了传统体育概念的范畴和时空属性，从奥运会到锦标赛，从世界杯到NBA，一场场媒介体育盛宴，掀起众人的狂欢。这些媒介化了的体育，延伸了体育的时空表达，放大了人类的身体极限，打造出媒介体育的奇观，在经过高超的选取、蒙太奇手法处理及精心剪辑下，演绎出精彩的视觉体育景观。而以报刊纸质媒介图像、电视和新媒体影像为主的大众媒介，不仅再现体育，而且生产体育明星、体育新闻话题和娱乐事件等。在商业利益的驱动下，电视体育的理念、创意、趣味、结构、形式等都是朝着吸引受众、赢得眼球的方向发展——依靠自身运作的合理性，不靠高压，无须说教，通过体育明星、体育宝贝、看台文化等形象及其表演，或构筑美好的生活观念，或放大明星的英雄壮举，或呈现暴力的合法宣泄，或绘制温情的性别能指等，使人们的各式欲望，如归属欲、理想欲、成就欲、竞争欲、刺激欲、情色欲、消费欲等本我欲望和无意识需求在电视体育的画面凝视过程中被感染、被揭露、被煽动、被挑起，遂浑然两忘、乐而忘返，俨然心醉迷狂于这一体育之声光影像嘉年华[1]。

然而，当下人们更多通过媒体去认识体育，体育在媒体的拓展下，其内涵和意义不断丰富，并通过各种议题（体育新闻事件）、符号（体育影像）、隐喻、符码（运动和体育明星等）等来诠释。英国媒介文化学者格雷姆·伯顿在《媒体与社会：批判的视角》一书中将媒介定义的体育分为九个方面，包括体育作为一种构建民族认同的象征、生产体育明星的聚集地、时尚、阶层性的文化活动、健康休闲活动、媒介建构起的现代意义上的战争、新闻活动、媒介商品、人类的

---

[1] 王庆军. 拟态狂欢：消费时代电视体育传播的范式 [J]. 体育学刊, 2011, 18 (1)：30-35.

精神产品[1]。从伯顿的分类可以看出，媒介建构体育远远超出了以体育赛事文本的新闻报道，而是转向体育赛事文本以外的体育明星、体育生活、体育商品及媒介体育事件的构建。媒介不再是简单地再现现实中的体育，而是根据媒介技术和传播方式建构媒介专有的体育图景，呈现一种拟态体育现实。李普尔在《舆论学》中研究发现人们并不凭借自己的亲身感受和亲眼所见去观察和认识外界，而是越来越依赖媒介去认识这个世界。因此，现代人们在日常生活中的体育态度、体育话题及相关体育活动，并不是真实地对客观体育环境及其现实因果关系的反应，而是完全顺从于媒介的"拟态环境"建构和情感呼应。

然而，媒介的镜头所呈现的部分现实场景和现实，不仅影响人们的认知，也影响体育现实世界。因此，媒介在商业的介入下和本身技术特征，从来不是"镜子式"的再现现实世界，而是媒介选择、加工和重建体育世界。在资本逻辑的引领下，媒介与现代体育之间的博弈一直此消彼长，而体育也在不断地妥协，通过改变规则、赛制、比赛时间等以迎合媒体利益最大化的需求，而在这其中也致使转播权和赞助费水涨船高。拿世界杯来说，大众媒介主要以图像或影像体育符号制作媒介文本，将赛场的比赛过程、运动员表现及比赛结果等制成影像成为符号，而这些影像构成了媒介与受众对足球的想象世界。图片新闻体育则善于利用时间、空间、角度、光线、色彩等手法塑造足球比赛的精彩瞬间，同时，也在一定程度上放大了运动员的表现及具有争议性的违规结果。而电视媒介则擅长利用镜头的机位、景别、停留时长、跟拍、变换焦点等手法录制长、短影像视频，既还原了体育的现场，又根据媒介特点塑造出想象的世界。

此外，媒介通过设置体育议题来营造丰富的体育话语，吸引了大量受众，成为球队和体育明星的忠实粉丝。媒介已完全不满足单一的体育比赛话语，不仅在比赛期间大肆采用民族主义、国家认同和意义建构等叙述方式来调动用户的情感参与，而且制作大量的球队和明星的精彩影像集锦以供粉丝观看。运动员被编码成符号，成了部落图腾的象征，是国民情感的寄托。如世界杯中，若某一支球队赢得最终胜利，而这些运动员必将被他们的同胞视作图腾人物而备受尊崇。另外，将镜头和话语瞄准了体育明星的场外生活，不断报道运动员的八卦绯闻和训练逸事，往往运动员的一次聚会，一句话语都被媒体所大谈特谈。媒介在这种话语建构中，创造了一个想象的、供人玩乐的拟态体育世界。

---

[1] 格雷姆·伯顿. 媒体社会：批判的视角 [M]. 史安斌, 译. 北京：清华大学出版社, 2007：341.

三、图像化呈现：媒介体育的制胜法宝

20世纪中后期以来，难以想象体育摆脱图像而存在。从随处可见的广告影像到各种创意的形象设计，从商店橱窗、城市景观到时装表演，从体育运动的视觉狂欢到影视、游戏或网络的虚拟影像，一个又一个转瞬即逝的图像不断吸引、刺激乃至惊爆人们的眼球[1]。以图像为主导的表达形式广泛存在于报纸体育、电视体育及新媒体体育之中，脱离图像的媒介体育不仅难以吸引受众，更是丢弃了赛事转播权及广告位等经济价值。以报刊为例，20世纪70年代，美国出现了大量以图像叙事的新闻报纸，如媒体巨头华纳媒体创办的《体育画报》定期推出的泳装特刊就吸引了美国19%的男性受众，发展到今天更是以其充满性感诱惑的视觉图片而吸引300万的用户量，成为美国第一个获得两次国家杂志奖的卓越表现奖的杂志。人们已经不满足报刊只是对体育比赛结果的文字播报，而是期待目睹现场比赛，因此不管是综合性体育报刊还是专业性体育报刊，都开启了以图像叙述为主的体育新闻时代。然而，在这里奥委会并不是注重图片和电影的商业价值，而是在乎图片和电影的文献价值对推广奥运会的作用，但是其也强调注意拍摄过程中不能干扰体育比赛的正常进行。然而如今从职业体育赛事到奥运会都十分注重对图像的著作权保护。在过去的里约奥运会上，国际奥委会禁止任何媒体或个人在社交媒介上发布未经授权的赛事短视频或GIF动图。而就在比赛期间，Twitter某用户擅自发布三张与奥运会赛事相关的短视频和GIF动图，奥委会便以侵犯版权为由不仅要求删除视频，并将其账号永久关闭。无独有偶的是，2016年10月，NFL新规则限定比赛期间各球队禁止在社交媒体上分享比赛图片，违者处以巨额罚金。这几年，一些国际体育组织为保护版权以保持赛事直播和转播权的收视率，纷纷出台新规禁止社交媒体发布图片等。

伴随着海量内容的媒介化泛滥，人们不再那么耐心而虔诚地接受文字文本，而是追求直观化、感性的视觉欣赏。然而，导致人们观看方式迁移的重要原因是新媒介技术的到来。图像生产和呈现技术的飞跃进步及大众文化的发展使得报刊的图像化趋势越发加强，不仅占据版块较大，而且照片的色彩、立体感和清晰度都极尽完美。然而，到了电视时代，电视媒介介入体育，电视完美地诠释了以身

---

[1] 肖胜伟. 视觉文化与图像意识研究 [M]. 北京：北京大学出版社，2011：16.

体为载体的体育运动，满足了人们对直观体育的视觉需求，其不仅为体育留下了可观的影像记忆，更产生了高额的电视转播权费用，进而与体育命运相连。电视影像极其灵活地录制和播放了体育赛事，并且在科技推动下实时传播体育赛事，一整套的集采编、录像、剪辑、讲解、播出等为一体的媒体运行方式产生。图像原本只是为了再现体育，却为了播放的效果而对现实体育内容进行了移位和重构，深刻影响了体育的实践行为和时空感，体育的意义和信息也遭到重大的改变。体育表演的意义从未像今天这样强烈，其传播也从未像今天这样广泛，然而比赛却要迎合图像的标准，将原有的设置进行移位：改变体育规则以使比赛更加适合电视表演，改动比赛时间为了便于电视直播，把运动员装扮得极为花哨并贴上标志以加强广告效益[1]。特别是为了广告收益，图像化呈现更是层出不穷，无孔不入。依托图像技术的发展及满足人们的娱乐需求，图像生产和报道倾向于恶搞化，过多地展现明星的逸事绯闻，特别是进入当代社会，后现代的体育发展危机逐渐暴露出来。后现代的消费文化也绑架了体育文化，体育被当作对象式的认识，是商品化的物品。

因此，现代不管是报纸、杂志还是电视媒介图像超越文字，视觉化趋势越发明显。"信息社会"和"消费社会"的特征便是大众媒介和图像异常发达，英国文化研究与后现代理论家默克卢比认为，在当代社会大众媒体与图像已占据了"支配性地位"[2]。媒介体育的视觉化生存，让受众看的行为本身就构成了商品和消费。在体育赛事产业来说，几乎所有的体育只有在可见的和可被展示的情景下才具备成为消费品的性质。受众在观看中获得个人身份的认同，就连运动员的服饰都掺杂了很多的附加意义，让人们在其中发现和认同自我身份。因此，媒介体育消费是一种视觉化的符号消费，观看作为商品交换价值和意义生产的传递。

但是，媒介体育的视觉化趋向又来于何处呢？媒介体育的视觉化转向的历史轨迹是如何呢？新媒体时代媒介体育又呈现出怎样的视觉化发展动向呢？而要回答这一问题，需要我们沿着媒介体育与图像的历史发展路程，寻找其深层的关系。

---

[1]乔治·维嘉雷洛. 体育神话是如何炼成的 [M]. 乔咪加，译. 北京：中国人民大学出版社：119-120.
[2]曾一果. 媒介文化理论概论 [M]. 北京：中国人民大学出版社，2015：145.

第三章 图像的演进：媒介体育的视觉化进程

不同的媒介形态昭示着不同的人类文化记忆和形式。媒介作为文化传承的载体，其本身又催生了一种新的文化场景。从面对面的言传，到印刷媒介，再到电子媒介，主导了不同的知识生产和文化秩序格局，深刻影响文化知识变迁和社会进步。然而，不同的媒介形式更是决定了体育的命运和形式。在古希腊时期的体育，人们通过口语传递运动会的消息，而到了印刷媒体时代，报纸文字开始大幅度报道体育事件，而电视媒介时代的来临更是决定了现代体育的命运。

然而，媒介体育的发展逐渐显露出对人类视觉感官的追求，媒介不仅再现现实，而且建构虚拟的视觉景观，我们不禁发现人类已经进入视觉媒体时代。图像叙事远远凌驾文字，以图像和影像为主的视觉表达形态以迅雷不及掩耳之势让文字和声音成为一种次要的解释作用。体育作为一种以身体为主要表达方式的文化活动，具有鲜明的视觉性和感性化，每一场赛事就是一个个视觉符号的串联组合，特别是现代奥运会的精彩赛事转播生动地诠释了图像是如何完美地表达体育的方方面面，更创造了高额的转播费用。因此，本章节考察媒介体育的视觉化历程，并从中了解媒介体育的发展轨迹。

第一节　从文字到图像：媒介体育的视觉化取向

一、"世界被把握为图像"：一个视觉文化时代的来临

早在人类初期的旧石器时代，图像就出现了，图像先于文字而存在，如常见的动物图腾、人类将所见之景及生活事件镌刻在石壁之上的壁画等，图像则成为承载记忆的主要媒介，开启了人类早期的视觉媒介时代。同时，在古希腊时期，

先贤大哲们也意识到视觉经验的重要意义。赫拉克利特则认为:"眼睛比耳朵更重要"[1]。亚里士多德也指出观看多于其他感官诉求:"无论我们将有所作为,或竟是无所作为,较之其他感觉,我们都特爱观看。理由是能使我们识知事物,并显明事物之间的许多差别,此于五官之中,以得于视觉者为多"[2]。但是,柏拉图则认为观看具有罪恶性和虚假性,一方面认为视觉的快慰高于身体的欲望,另一方面他的洞穴寓言隐喻着人类错将作为光投射在洞壁上的影子认为是真实的世界,表明视觉和影像的欺骗性和虚假性。然而,文字的发明和出现,以其虚指性和稳定性逐渐取代了图像,成为文明社会中最主要的交流媒介。作为记忆的媒介,图像早于文字,但文字以其无可比拟的抽象性和反身性使其在逐渐成为最主要的记忆媒介的同时亦成为思维的载体,进而不仅记录外部世界,还记忆人的内心世界,甚至曾经被阐释为思想的直接溢出[3]。

到了19世纪,随着摄影术和电子媒介等的出现,人们开始喜欢简单且直观的图像表达,不管是报刊还是电视媒介都出现了以图像为主的新闻叙事,而文字作为补充,新闻界也流传着"一张图片胜过一千个字"的说法,媒介也正逐渐进入视觉文化时代,强调图像的应用与表达。发展到现在,现代生活时刻出现在荧屏上。随着消费社会的到来,人们的生活不仅被视觉化,而且已习惯通过视觉媒介去了解生活中的变化。

但是,视觉文化时代并不是取决于将万物图像化或视觉化呈现,而是表征出当代人们对图像的钟爱与偏好。在大众传媒的推波助澜下,我们或许都能察觉到影像和图像在人们日常生活中扮演着重要的角色地位,图像成为我们了解世界的重要方式。因此,视觉文化时代的来临,是大众传媒技术及消费社会的变迁等多种因素合谋诱发的新的文化形态,具有典型的后现代文化特征。后现代主义标志着一个时代,在这个时代里,视觉图像及那些并不必然具有视觉性的事物的视觉化在戏剧性地加速发展,以至图像的全球流通已经达到了其自身的极致,通过互联网在高速运转[4]。然而,视觉文化时代的来临体现出高度视觉化的表现特征。相对于文字的阅读来说,文字隐喻的是理性的深度观看和思考,而图像则为感性

---

[1] 北京大学哲学系外国哲学史教研室. 古希腊罗马哲学 [M]. 上海:三联书店,1957:90.
[2] 亚里士多德. 形而上学 [M]. 吴寿彭,译. 北京:商务印书馆,1959:1.
[3] 阿莱达·阿斯曼. 回忆空间:文化记忆的形式和变迁 [M]. 潘璐,译. 北京:北京大学出版社,2016:247.
[4] 尼古拉斯·米尔佐夫. 视觉文化导论 [M]. 倪伟,译. 南京:江苏人民出版社,2006:9.

的表达，唤醒人类的情感涟漪，引发人们身体的狂欢。

当今社会，从电影到电视，从电子媒介到数字媒介，层出不穷的影像贯穿始终，就是报刊封面也是专门辟出更多的图像新闻内容以吸引眼球，充分满足人们的视觉欲望。总之，崭新且精美的图像产品正在不断地被生产出来，而这一切归于以图像为代表的媒介技术时代的到来。从印刷媒介到电子媒介，不同的媒介技术昭示出不同的时代思想和文化体系。不同的媒介迭代不同的媒介载体，印刷文化的文字取代了口语传播方式，电子媒介的图像表现形式又迭代了文字，当今随着新媒介的出现及 VR/AR 技术的场景化虚拟现实技术再次升级了图像表达，同时这些呈现方式又引发了不同的观看和思考方式。

以图像和影像为代表的媒介革新引发了当代视觉文化时代的来临，以至于人们的生存也越来越依靠于视觉化存在，追求视觉效果的感官诉求，如散播在各个区域角落的监控摄像头、各大医院的 X 光及核磁共振的影像病情检查等。从手中的教科书、商场琳琅满目的商品、多样化的广告形象，图像散播在生活的每一处。视觉媒介让不可见的可见，让世界以图像形式出现，不仅赋予了新的视觉文化，更摧毁了过往了文化秩序。它让观看变成一种消费，产生出眼球经济。体育运动不但是身体技能的竞技，更是争夺人们视线的"战争"，甚至申办奥运会也成为各国文化的视觉形象的展示和较量[1]。总而言之，视觉媒介编织的无形大网，包围了我们生活的方方面面。从绘画到图像，再从影像到虚拟现实的拟像，高度视觉化呈现直逼我们的现实世界，视觉媒介也正在支配我们的思念观念及价值信仰等。因此，视觉文化时代的来临是以图像化和影像化为表征符号，以大众传播媒介为主要呈现载体，突出可视化和直观感知的文化时代。

与此同时，大众传播媒介正以摧枯拉朽之势席卷整个世界的文化表征，体育也包括在内，被媒介展现得淋漓尽致。确切地讲，现代体育的发展体现出典型的视觉化生存，而这生存更多指的是媒介化的视觉存在。奥林匹克的业余主义与崇高的道德追求正在让位于视觉媒介体育所带来的商业化及娱乐化倾向，虽然早在一百年前奥运会的创始人已经在排斥媒介的过度商业化干扰，但是他们也很难想象离开媒介的体育如何存在。当今人们关注体育，较多凝视媒介体育，媒介通过影像更是极大地突出了体育的美感和速度，更加彰显了身体的力量。当今社会，不管是报刊媒介，还是数字媒介，其图像化和影像化趋势越加明显，衍生出媒介

---

[1]周宪. 视觉文化的转向[M]. 北京：北京大学出版社，2008：7.

体育的视觉消费文化属性。

二、"一图胜千言"：媒介体育文本青睐于图像的表达

　　媒介体育的传播方式一直与大众媒介技术革新和传播方式紧密联系。从最初的口语化传播，到20世纪初报道体育赛事的大众媒介，其强调的是报刊媒介用文字对体育赛事的报道，或广播对体育赛事的播报，再到作为媒介事件的媒介体育，视觉化的增强在媒介体育的变迁中起着决定性的作用，而图像则成了媒介体育最基本的元素。从1964年日本用同步卫星转播东京奥运会，就萌发了由体育媒介到媒介体育的转变路程，直到1984年洛杉矶奥运会，尤伯罗斯创设了电视转播权，并以2.8亿美元价格卖给了默多克的天空电视台，一举改变了奥运会赔钱的历史命运。然而，电视实现了体育图像的动态化呈现，颠覆了媒介体育以文字为主的叙事时代，使得媒介体育的发展臻于成熟。当前体育报纸、杂志纷纷改头换面，不仅扩充图像新闻的版面，而且办起了体育新闻画报，掀起一阵气势汹汹的视觉潮流，开启了媒介体育的"读图时代"。从《足球报》到《中国体育报》，图片新闻占据报刊封面和内容版块的核心区域，且"图像为主，文字为辅"的叙事方式逐渐展开。于是，图文并茂、以图为主的媒介体育满足了现代人的快节奏生活和视觉直观体验，逐渐形成媒介体育的图像化趋势。后现代媒介体育的发展路径，无疑是媒介体育的视觉化再现越加增强和清晰，在新型图像技术的助推下，朝着全景化、可视化与立体化的沉浸式潮流发展。

　　然而，媒介体育的视觉化趋势是多种因素共谋的结果，包括传媒技术的进步及消费社会的到来等多种原因。首先是传媒技术的快速发展成为媒介体育视觉化取向的决定性因素，也是媒介体育视觉化的物质保障。著名媒介学家麦克卢汉认为媒介是人的延伸，无疑，现代大众媒介不断地延伸人类的视觉欲望，让人类看得更远、看得更多、看得更快，大众传播媒介让远在大洋彼岸的体育比赛，瞬间变成近在咫尺的观看和交流。视觉媒介的图像化和影像化再现及卫星电子媒介的实时传播，跨越了时空的障碍，使得全球任何大型体育比赛都能及时、快捷地呈现在世界各地人们的面前。此外，随着视觉图像技术的高度发展，使得受众观看变得更加清晰化和现场化。随着当下数字技术、大数据技术与5G技术的发展，摄影、摄像设备与各种制图软件应用高速发展，高科技催生了亿万像素、立体影像、3D打印、数据可视化与虚拟影像、图像实时传输等新型图像技术，3D电

影、多媒体电视机、3D 电视机、3D 显示器、虚拟影像设备、影像无人机等新产品相继出现并不断更新[1]。视觉媒介技术的发展使得当代体育俨然成为一种争夺眼球的视觉大战，而在这过程中媒介体育的视觉化取向越发的明显。

与此同时，消费社会的到来是媒介体育图像化的又一重要原因。20 世纪，随着机器大工业时代的到来，机器的大规模性生产代替了人类手工制作，使得人们从繁重的体力劳动中解脱出来，并在八小时工作制的推动下，人们获得了作为生存的休闲和娱乐时间，物质生产资料不断增加，都市发展愈加繁荣，社会进入消费型社会，人类开始由注重生产到追求消费文化生活。鲍德里亚在《消费社会》一书中说道："在消费社会中由于物质资料的极大丰盛，人们已经把消费从满足基本需求的层次上解放出来，从而使我们处在'消费'控制着整个生活的境地"[2]。2019 年，我国城镇化率已经提高到了 59.6%，中国已经进入城市化的快速发展时期，转向以消费为中心的社会模式。现代社会随着商品经济的快速发展，物质产品极大丰富，商品簇拥着消费者，人类生活从生产型世界进入消费型世界。商品的堆积迷惑了人的眼睛，促使人类欲望延伸，使人们很少关注商品的使用价值，更加关注其象征意义。换言之，人们不在执着于商品的使用价值，较多在乎商品的交换价值和符号意义，即消费此商品象征的品牌或档次的身份标出价值，进而制造出了一个商品的"拟像社会"，解构了人与人之间的关系。

同时，商家为了促使商品交换价值的实现，毫无顾忌地将高雅艺术的手法和技巧运用于广告设计和产品的包装之中，呈现出一个"景观社会"，这不仅使得人们淡化了商品的使用价值，更加促使艺术泛化和生活化。而此种情况也蔓延到了媒介体育领域，周宪在《视觉文化的转向》一书中描写道："更有甚者，当今的体育比赛已全然成为一种景象的陈列和动态展示。中国喜获 2008 年主办奥运会的权利，在相当程度上就是向世界展示中国景象的胜利；而奥运场馆和首都建设，也同样依照景象原则展开的系统工程。"[3] 景观社会伴随的是一种视觉图像的趣味判断，而当前媒介体育已经超越语言的文字叙事方式，开启以图像叙事为主导地位的视觉传播时代，媒介体育图像遍布媒介体育的方方面面，形成巨大的媒介体育景观。体育媒介通过生产图像和偶像，利用视觉修辞和快乐传播原则，

---

[1] 于德山. 新型图像技术演化与当代视觉文化传播 [J]. 现代传播（中国传媒大学学报），2018，40(4)：21-25.
[2] 让·鲍德里亚. 消费社会 [M]. 刘成富，全志钢，译. 南京：南京大学出版社，2001：5.
[3] 周宪. 视觉文化的转向 [M]. 北京：北京大学出版社，2013：123-124.

营造视觉图像冲击、议题设置及拟态生产体育明星,刺激受众感官,吸引用户眼球,产生视觉消费行为,烘托出狂欢化的拟态气氛,进而打造出当代媒介体育视觉化取向的新格局。然而,媒介体育的视觉化趋势,主要围绕着图像、体育表演和身体三个部分展开。

(一) 图像即商品——媒介体育的视觉消费

媒介体育的视觉传播所表征的是一个图像化、数字影像化的世界,它让我们的世界变得视觉直观化和图像符号化,使得人们认识体育由理性欣赏走向耽于感性娱乐狂欢的消费社会。在消费社会,我们不管身处在何种角落,无论在地铁上,还是街道上,到处充斥着媒介体育的图像,不论是商品的外形、杂志的封面,还是广告的设计都或多或少有着体育的图像。可以这样说,我们正伫立于前所未有的媒介体育视觉化发展时期,特别是在奥运会等重大赛事举办时,各大媒介纷纷报道和宣传,刹那间,媒介体育的图像包围人类。然而,人们以为依靠自己的视觉看到的是真实且全貌的体育,但是却被媒介体育的摄影、镜头切换、场景变换等一系列手法引向特定的观看内容。媒介体育的视觉化趋势模糊了现实与虚拟、真实与虚幻的距离,将媒介呈现的世界当作了真实的世界,而人和体育都处在一个媒介视觉化的时空之中。当前,随着沉浸式传播技术的深入发展,媒介体育的呈现方式变得更加引人入胜。

消费时代的大众媒介并不是公益机构,媒介体育图像的猛烈扩张不仅与媒介技术同步发展,更主要受雇于媒介经济的诱惑。大众传播媒介通过传播体育文化获得了海量的受众群体,建立了媒介的品牌效应,使得媒介赚取了高额的广告等费用。同时,媒介也勃兴了观赏型体育消费,延伸了体育的现场,催生出转播权及版权费。换言之,体育图像即是商品,观看行为成了消费行为。但是,这种商品的交换和消费过程并不像物质商品"物物交换"的简单形式,而是一种符号性消费。

自1936年电视录制柏林奥运会伊始,媒介便铸就了以奥林匹克运动会为代表的现代体育神话。现代电视通过特写的镜头、高超的剪辑手法、蒙太奇的拍摄技巧及声影结合的制作方式,特别在今天VR技术的加盟下,打造了一场场运动视觉盛宴,吸引了无数受众的目光和呐喊声,而赛事转播费和电视体育精彩赛事时段的广告费更是数以亿计。然而,在绝大多数的观众眼中,体育节目仅仅是一种"免费"的娱乐资源而已,殊不知在观众所不可见的屏幕另一端,正活跃着一个商业电视的经济体系[1]。

现代大型体育比赛的观看方式从现场到电视，现场观看支付的是门票，而作为电视或手机的观众支付的是什么呢？在回答此问题之前，就需要明确媒介提供的商品是什么，而交换价值又如何实现的。从传统西方经济学的角度来看，媒介体育提供的是与体育相关的赛事节目等商品，并主要通过将部分时间段售卖给广告商获得高额利润，但是广告商消费的并不是体育节目，却是作为商品的受众。加拿大传播政治经济学学者达拉斯·斯迈兹是最早提出受众商品概念的人，他认为："受众商品是一种被用于广告商品销售的不耐用的生产原料，受众商品为买他们的广告商所做的工作就是学会购买商品，并相应地花掉他们的收入。"[2] 当然，从媒介、受众和广告商三者的利益关系出发可以看出，媒介通过制作体育赛事吸引观众，并将观众变成媒介的受众，获得受众的注意力并转换成"收视率"，进而将收视率打包卖给广告商，最终实现交换价值。从受众的经济角色来说，这种交换模式出现了两类劳动和两次售卖。第一类劳动形式是受众通过长时间观看媒介体育节目，其注意力被打包卖给了广告商；而第二次劳动则是"情感劳动"，发生在受众于日常生活中向他人宣传广告产品，并发展了部分"隐形的消费者和观众"。如果说，第一次劳动是为了消费体育节目而进行的货币支付，那么第二次劳动则成了免费劳工，广告商和体育媒介运营商赚取了剩余价值，而这其中受众也进行了两次售卖，即被作为收视率生产者商品被体育媒介运营商售卖给广告商，同时被当作购买广告产品的消费者商品被广告商售卖给产品商。然而学者加利更是直接地揭示了受众与劳工之间实际上就是雇主与劳工的关系，他指出："电视节目的制作经费是资方付出的成本，也就是受众（作为劳方）凭借收看电视而获得的工资；而广告则是资方的营收，受众'免费'收看电视节目，正是以劳作的方式换取工资"[3]。

因此，媒介体育影像作为商品，而用户的观看成了消费行为，交换价值通过符号的象征价值实现，这亦是体育视觉消费的本质特征。

---

[1] 王庆军. 从现场到电视：体育观众衍变及其可商品化的价值透析 [J]. 体育与科学, 2015 (5)：89-102.

[2] 奥利弗·博伊德·巴雷特, 克里斯·纽博尔德. 媒介研究的进路 [M]. 汪凯, 刘晓红, 译. 北京：新华出版社, 2001：273.

[3] 本尼迪克特·安德森. 想象的共同体——民族主义的起源与散布 [M]. 吴叡人, 译. 上海：上海人民出版社, 2011：6.

(二) 体育表演化——媒介体育的视觉打造

从原始的游戏到大型的体育视觉盛会，媒介起着决定性的作用，使得体育成为一种表演，遵循媒介的设计和理念进行调整和运作，并生发出体育竞赛表演业。随之而来，视觉文化的基本美学原则之一——表演性，也进军和渗透到体育文化的一切方面，成为体育文化的主导美学原则[1]。然而，西方体育竞赛表演首先是作为历史范畴而客观存在的，从古希腊发端，经古罗马及漫长的中世纪，最终随西方工业文明的崛起成为当代社会重要的文化现象[2]。早期的体育表演是一种纯粹的娱神的祭祀性表演；到了古罗马，体育被圈进了角斗场，成为贵族们的专属娱乐项目；而到了中世纪的骑士阶级，体育演化为骑士阶级娱乐性的比赛表演，满足自我表演和身份认同；当到了近现代，随着机器大工业及视觉传媒技术的出现，现代体育被影像化，让其产生了巨额的收入和利润，使得体育真正地跨越阶级和国家，属于全世界人民可以观看的竞赛表演。

且不说，体育改变了自身的竞赛规则，按照媒介的秩序来进行设计，衍生出媒介体育的新样态，而且使得媒介体育变为一种物质性的商品。因此，对于媒介来说，体育竞赛成为一种表演，使其呈现出一种媒介的奇观现象。所谓奇观，就是具有强烈视觉吸引力的新奇的影像和画面，或是借助高科技手段创造出来的奇幻影像和画面及其所产生的独特的视觉效果[3]。媒介让体育的任何方面都成为一种景观，从灯光璀璨的体育场馆设计到矫健身姿的体育明星身体标识，从运动项目的身体形态到凸显体育的拼搏精神，都成为媒介视觉叙事的重要角度。以电视和新媒体为代表的视觉媒介通过多样化的镜头拍摄包围了整个体育世界，完美诠释了运动员的动作、身体、速度及力量之美。与此同时，媒介的视角已经突破到了体育现场以外的体育明星世界，媒介不间断地追踪与爆料体育明星的私生活和八卦绯闻。

同时，大众媒介使用其文字、声音、图像等复杂符号，结合其镜头调整、剪切与放大的技术手法，加上完美的新闻传播技巧，对体育明星的相关事件和舆论

---

[1] 顾韶勇，宋卫东，孟欣欣. 审美泛化——大众文化视野下现代体育的视觉化转向 [J]. 体育与科学，2011，32 (4)：43-46.
[2] 李翠霞，赵岷，常乃军. 西方体育竞赛表演的文化探析 [J]. 成都体育学院学报，2017，43 (2)：30-36.
[3] 周宪. 视觉文化的转向 [M]. 北京：北京大学出版社，2008：256.

进行加工、重组和报道之后，呈现给观众一种脱离于日常生活中的运动员形象。当前人们对体育明星的认知度远远超过了体育本身，然而，由于体育明星远离人们的现实生活，其主要是由媒介生产和传播，这就意味着并不是所有的运动员或冠军都能成为体育明星，仅是那些既有优异的成绩，又符合媒介所塑造的形象。视觉媒介通过文本将运动员符号化和商品化，以提升用户对媒介的黏性。因此，媒介不仅让体育比赛成为一种后现代的表演，也促使媒介体育这一独特的体育形式趋于成熟。但是，媒介体育的图像化叙述一直聚焦在作为体育载体的身体。

(三) 身体景观——媒介体育的欲望化渲染

如今，视觉媒介的勃兴让体育图像铺天盖地席卷人们的生活，特别在今天的视觉文化时代，作为以身体为主要呈现内容的体育图像更是无处不在，身体亦是体育图像无法摆脱的重要符号。然而，纵观整个西方哲学史，自柏拉图以来就强调压抑身体的哲学纹理，灵魂是不朽的，而身体是万恶的源泉，身体处于一种宰割的位置。因此，苏格拉底从容地走向火刑架，他认为："死亡不过是身体的死亡，是灵魂和肉体的分离。身体的死亡，可以让人获得本真的善。"柏拉图则认为："我们除非万不得已，得尽量不和肉体交往，不沾染肉体的情欲，保持自身的纯洁，直等到上天解脱我们。"[1] 身体会妨碍人们对真理的认识，唯有摆脱身体的桎梏，灵魂才能走向真理。圣奥古斯丁主张，万恶的身体是无法通达天堂。而到了笛卡尔那里，身心二元论哲学得到真正的确立并深刻影响了西方现代哲学体系，他宣扬："我赖以成为我的那个心灵，是和身体迥然相异的……即使身体不复存在，心灵依然为心灵。"[2] 传统哲学直接导致了对身体的"遗忘"，褫夺身体"感性"理解世界的权利。同样，获取知识的来源只能是撇开身体经验的知识，强调心灵"理性"反思。后现代哲学的谱系体现出身心二元论哲学大厦的崩塌，伴随而来的是身心一元论哲学的勃兴。传统身心哲学延续着柏拉图身心二元论的论调，及至尼采哲学惊呼"上帝之死"，走向一种新的身心哲学，直至梅洛庞蒂彻底完成了身心一元论哲学的转向。而此时，身体也才真正被人们所接受，身体也不再是卑微的欲望表达，而是我的存在就是"活的身体"，充满了社会文化意义。

---

[1] 柏拉图. 法律篇 [M]. 张智仁, 何琴华, 译. 上海: 上海人民出版社, 2001: 224-225.
[2] 王瑞鸿. 身体社会学——当代社会学的理论转向 [J]. 华东理工大学学报（社会科学版）, 2005 (4): 1-7.

然而，媒介体育的图像化表达最重要的表现形式就是彰显身体美的标准。媒介体育的镜头表现于对身体的偏爱。一类镜头是对正在运动中展现力与美的身体的抓拍和聚焦，凸显突破身体极限的自由及人类对美的追求。媒介体育的图像化趋势折射出媒介、图像及身体三者的有机结合，共同推动了后现代媒介体育发展的视觉化潮流。然而，媒介体育的图像化是具有历史性和共时性，并不是一蹴而就的。因此，要理解后现代媒介体育的图像化趋势需要去寻找媒介体育图像化的历史轨迹，以清晰地展示媒介体育的过去和未来。

第二节 从绘画到摄影：纸媒体育图片化呈现的历史演进

图像作为媒介体育视觉化趋向的基本元素，如同生命中的细胞。因此，需要对图像的概念有基本的认识。图像的功能是类比，即再现现实，然而图像由于其制作者和其取景的偏向决定其不同的意指作用。图像传播则是以图像为媒介的信息生产及其传播过程。媒介体育的图像传播指的是依托大众传播媒介，以图像为表现形式的讯息产生与传播活动。然而，在中西方文明史上，人们一直在孜孜不倦地追求媒介的图像化趋势。同时，只有拉大媒介体育图像叙事的历史，阐明不同阶段视觉文化的历史分期，才能进一步管窥媒介图像化传播的内在本质和外在的驱动力。历史学家怀特认为："必须把历史看作是符号系统，历史叙事同时指向两个方向，叙事所形容的事件和历史学家作为事件结构的图标所选择的故事类型或神话。叙事本身不是图标；历史叙事形容历史纪录中的事件，告诉读者怎样才能找到关于事件的图标，使得事件变得'熟悉'起来。"[1] 简言之，这种历史叙事就是一种历史的分期，因此，媒介体育的图像叙事就是寻求媒介体育图像的历史演进。

视觉文化研究学者米尔佐夫根据形态学理论，并结合后现代性的发展特征，分析视觉文化中表现现实的基本状态，将视觉文化的历程分为三个阶段，即绘画、照片和虚拟现实阶段。换言之，这种分类透视出纸质媒介、电子媒介及数字媒介的图像化演进历程。本研究以奥运会的媒介化传播为主线，以图像的技术变迁为横轴线，将媒介体育的图像传播分为绘画阶段和摄影阶段。然而，媒介体育的图像叙事既是共时性，又是历时性的。当下侧重于从历时性的角度来看媒介体育的变迁过程，以管窥不同时代的叙事风格。

---

[1]周宪. 视觉文化的历史叙事 [J]. 艺术百家，2007（1）：1-6.

一、绘画阶段：纸媒体育对于图片使用的早期尝试

谨慎而言，电视之前的印刷媒介应是体育媒介，而不是现在所谓的媒介体育，因为那时候的媒介主要作用是记录、传播和宣传体育文化，并没有形成媒介体育的专有形态和文化属性。因此，早期媒介中关于体育图像的传播，并不能算得上现代意义上的媒介体育的传播活动，最多称得上媒介体育图像传播的史前史，而只有大众传播媒介的产生和成熟，媒介体育才能真正步入体育图像传播时代。但对体育图像传播的早期考察，是在寻找媒介体育图像传播的历史渊源和明晰其视觉现代性传承与改变。

早在古希腊奥运会，就有体育运动者形象的雕塑，经典的雕像有"掷铁饼者"和"持矛者"。相传，在竞技场，连续三次夺得冠军的运动员，其形象就会被雕塑，置于宙斯神像旁，雕塑作为一种物质性的视觉媒介既塑造了运动员的运动形象，又彰显出竞技运动的魅力，深受启蒙运动思想家们的喜爱和推崇。当然，古希腊奥运会经常采用绘画来记载和表现奥运会的盛况，并以陶器彩画的形式出现。古希腊的陶器绘画通过写实的方式，运用几何直线和象征的表现手法来描绘古奥运会的精彩瞬间，特别突出比赛中争斗的瞬间画面。早在公元前5世纪，就有《少年拳击比赛》的陶器图。而且，在公元前5世纪，出现了瓶画的绘画形式，一个瓶子上就有跳远的一些精彩比赛瞬间，如古希腊的《手持重物的跳远运动员》，其造型优美，结构独特。同时，在公元前668年，拳击被作为奥运会的比赛项目，随后亦被画家们塑在陶器上。此外，古希腊的一些陶器和花瓶上雕刻着短跑、赛马、五项竞技及战车比赛等精彩的赛事情景。然而，在古希腊一些王公贵族的墓室里面，其石壁上也雕刻了一些古代奥运会场景的壁画，如在大英博物馆保存有公元前5世纪的《奥运接力画作》。这些精美的绘画显示了奥运会的活动盛况，也意指了奥运仪式的神圣感和体育精神的伟大。同样，追溯到战国时期，也出现了一些绘画图，如在湖北荆门包山出土的公元前457至前221年的《漆奁彩绘出行图局部》，其布局完整、画法精湛，生动地再现了古代骑士奔跑的画面，实为战国时期漆画的典型代表。

到了文艺复兴时期，伴随着纸质媒介和印刷术的产生，以及对身体美和人文主义精神的追求，体育所彰显的身体自由在诸多绘画中得以体现，艺术家们一开始较注重写实的绘画风格，既展现体育的魅力，又表达对身体自由的追求。同

时，绘画也呈现出当时人们的运动穿着和运动技巧。而后，艺术家们绘制体育，从写实的绘画风格转向了写意的绘画诉求之中。法国著名艺术哲学家丹纳曾在其《艺术哲学》等著作中多次谈及体育，其特别热衷于解读绘画中的裸体运动者形象，欣赏这种源于自然中人之健康、健硕的身体艺术美，像角斗、掷铁饼、竞走、射箭等裸体运动员形象普遍存在于绘画和雕塑之中，只因体育是人类与神明最直接且真诚的交流方式。尽管那时候人们并没有体育的概念，体育作为人类一种生活方式，使人保持一种动物的"野蛮"与身体的"力量"回归。因此，人类在绘画和雕塑中勾画出的运动者的身体形象，凸显了人的生命本能冲动。

当然，绘画和雕塑中的体育并不算得上严格的媒介体育形态，也称不上媒介体育内容产品，因为媒介体育的产生与发展与大众媒介传播紧密相关。但是，透视大众媒介之前的体育图像，可以找寻到人们天生就对媒介体育的图像表达表现出情有独钟的热爱的线索。正因为人类对体育的天生热爱和对视觉观看的感性需求，才迫使媒介体育自诞生之日起就展现出浓厚的视觉化和娱乐化色彩。

到了 19 世纪后期，随着办报的勃兴及石印等印刷技术的发展成熟，图像新闻悄悄地在报刊中兴起，但是由于照相技术尚未发展，图像新闻的版面更多是采用人工绘制，最初采用的是镂印刷，再到石印印刷，以及后来的铜版印刷，而这些均以手绘为主，后来才是照相摄影时期。受 19 世纪查尔斯·狄更斯插图小说的影响，英国人赫伯特·英格拉姆于 1842 年创办了第一份带有图像的新闻周刊《伦敦新闻画报》[1]。《伦敦新闻画报》改变了以文字为主的大众媒介报道方式，开辟了图像插图为主的叙事风格，首次实现了大众媒介的视觉化转向。然而，这种风格也影响到了体育媒介的报道，在一些专门的体育报刊里面，大量的报刊封面及内容版块都设置了图像新闻。同时，作为一些感染力较强的体育海报也被制作出来，极其引人注目。

同时，在光绪十年（1884 年），法国商人美查在上海创刊中国首个新闻画报《点石斋画报》，截至公元 1898 年共刊出 4642 幅新闻画报，其图像叙事方式十分吸引受众，一度成为最流行的新闻报刊，而其中包括海外体育新知事件和国内体育时事新闻报道也受到人们的喜欢，其图像体育新闻涉及国外的自行车赛、放气球、马戏等，开启了人们的体育视觉现代性，也拉开了媒介体育图像传播的序幕。到了民国时期，出现了专门的体育画报，如 1927 年精武体操会创办的《精

---

[1] 李萌，陶红.《伦敦新闻画报》对晚清中国的图像叙事 [J]. 青年记者，2017（33）：103-104.

武画报》。1929年，在上海发行的以传播科学健身方法和体育比赛的《体育画报》等，还有知名的综合性画报，如《良友画报》和《北洋画报》都大肆报道了当时国内外体育盛况，这些以摄影图片为主导的图像新闻生产方式，生动地再现了当时的体育盛况，介绍体育知识和报道女性体育明星形象，其简单直接的图像新闻生产与视觉呈现，广受人们喜爱，传播了西方体育文化。因此，随着视觉技术的进步及印刷技术的提高，不管是专门的图像画报，还是综合性报纸，都越发注重版面设计的图像表达及文字的可视化，当今弥漫在电视体育中的算法新闻，也是将枯燥的数字变得可视化。遍览当今的报纸体育新闻，其图像表达和文字可视化已经变得极其寻常，视觉化渗透其中。

纵观媒介体育图像叙事的绘画过程，经历了从古希腊时期的以陶瓷和雕塑为介质的手绘图像体育时代、文艺复兴以纸质媒介为绘画的图像体育时代，以及19世纪的报刊图像新闻时代，拉开了不同介质下媒介体育图像叙事的序幕。因此，媒介体育的图像叙事受到了大众传播介质及当时社会文化的深刻影响，表现出的体育形态也各有不同，而体育也逐渐深入人们的日常生活之中。体育绘画作为人类视觉生活的重要组成部分，具有悠久的历史，体现了作者对现实体育的审美意识，随着人类文化的推进，其风格和种类不断变化。然而，随着拍摄技术的发明，媒介体育的视觉化趋势不再是通过绘画的透视和色彩来彰显，而是依靠机器逼真再现现实，新的媒介图像时代即将到来。

二、摄影阶段：媒介体育对于图片叙事的探囊取物

媒介体育的视觉化时代及图像叙事的历程，可以从多种视角来阐述和论证。无疑，摄影是最重要的一个途径，其出现不但宣告了从体育媒介向媒介体育的转换并推动了媒介体育的图像叙事的形成，而且在很大程度上改变了体育媒介的图像叙事历史及人类观看体育的方式。

摄影术诞生于1839年，最初由于其造价昂贵、技术复杂，一度成为极少部分贵族的玩具。然而，在经过30年的发展和完善，摄影普遍运用于新闻报道和记录等领域，出现了专业的摄影师和新闻记者。直到1888年，伊士曼发明面向大众所使用的柯达照相机，摄影术才真正在大众中获得了普及[1]。摄影并不受

---

[1] 理查德·豪厄尔斯. 视觉文化 [M]. 葛红兵, 译. 南宁：广西师范大学出版社, 2007：139.

专业技术的限制，任何人都可以用摄影设备拍摄事物。摄影术以其便捷性和真实性受到人们喜爱，并改变了人们观看的方式及看待事物的标准。美国批评家苏珊·桑塔格在其著作《论摄影》一书中写道："在教给我们一种新的视觉规则的过程中，摄影改变并扩展了我们对于什么东西值得一看及我们有权注意什么的观念。它们是一种基本原理，尤为重要的是，它们是一种观看的标准。"[1]

与此同时，摄影很大程度上改变了体育的世界。摄影术的发明使得人们更加快速、便捷与广泛地记录和呈现体育场景，让人类从人工手绘体育图像时代转向了机器复制图像时代，为体育全球化传播提供了必要的条件。早在1896年第1届现代奥运会举办时，就有一些摄影师拍下了运动员和现场比赛的一些画面。

与此同时，伴随着摄影图片进入报刊报道之中，很快各大报刊充斥着摄像体育图像，而在第1届雅典奥运会中，顾拜旦就邀请希腊的《信使报》宣传本届奥运会的情况，并且至少还有八家报刊也主动地对奥运会进行了报道，并配有相关现场图片，如希腊的《雅典报纸》、英国的《每日邮报》、意大利的《米兰体育报》等。这些报纸普遍以文字为主、摄影图片为辅的叙事方式，既绘声绘色地报道了当时的奥运会事件及赛事状况，又通过图片生动地还原了奥运会现场的精彩赛况，充分引发了人们的现代奥运的兴趣，成为人们街头巷尾谈论的话题。

此外，20世纪30年代的中国，随着外国摄影技术和办报理念方式的传入，摄影图像也已经融入综合类报纸和专业体育报的设计之中，像当时名震一时的《北洋画报》和《良友》，其体育专栏图像新闻均超过了300版，通过拍摄著名政要人物及当红体育明星的日常生活，特别是大胆性感的女性体育照片的出现，在一定程度上推动了中国思想启蒙运动，向社会传达了当时的时尚体育，实现了中国早期体育的现代性启蒙。特别是在那个战火纷飞的年代，通过生动活泼的体育图像，传播出体育的时尚之美，不仅给那时的人们一种美的期待，更给当代人一种时空错觉。

步入现代，随着数字化时代的到来，报刊体育图像表现精美，且具有彩色高清晰特征。此外，图像也广泛存在于网络和社交媒体之中，出现了图像泛滥的景观。奥运会传播的前电视时代，是以报刊媒介传播为主导的时代。电视的出现宣告了体育图像时代的终结，颠覆了静态图像的传播方式，一家家报纸陆续停刊，因为电视的影像再现是一种动态的图像，更好地满足了人们观看整个体育赛事的

---

[1] 苏珊·桑塔格. 论摄影 [M]. 艾红华，毛建雄，译. 长沙：湖南美术出版社，1999：13.

期许。但是，静态的图像并没有完全消失，而是以另一种形式和媒介化呈现，存在于我们生活的每一处。然而，影像又是如何记录和再现体育呢？同时，从图像到影像，媒介体育又经历了怎样的演变，又产生了何种影响呢？接下来，沿着现代奥运会的影像化历程，试图拨开体育影像化的神秘面纱。

第三节　从影像到视像：电视体育影像化再现的叙事变革

总的来说，在电视技术的进步及商业、政治等的多重影响下，电视影像叙事包括两个部分，一个是早期的忠实地以记录为主要目的纪实性影像叙事阶段，另一个是20世纪中后期以电视影像表现为核心的表现性叙事阶段。就影像本身的变迁史来说，也经历了单纯的影像呈现，到今天媒介融合时代，互联网+电视的多重语言叙事的视像阶段。

一、影像记录：电视体育的纪实性叙事特征

从印刷媒介到电子媒介的演进昭示着从图像到影像的变迁，电视既是对以往媒介的视觉化延伸，又使得图像流动化成为可能。简言之，影像是图像在电子媒介中的延伸，其颠覆了传统纸质媒介的图像生产与传播方式。任何一种媒介都有其特殊的表现方式，其在承载或传播文化时体现出别样的形态和类型风格。不同艺术或文化都有其独特的媒介表现方式，而这不仅是区分艺术或文化的本质特征，亦显示了媒介之间的不同，就像赵智等在其著作《解码影像——影像与文化传播》一书中写道："文学艺术的表现媒介是文字和语言；绘画艺术的表现媒介是二维平面上的色彩和线条；戏剧艺术的表现媒介是语言和外部形体动作；音乐艺术的表现媒介是运动的乐音；雕塑艺术的表现媒介是三维空间的点、线、面（体积）；舞蹈艺术的表现媒介是外部形体动作；影视艺术的表现媒介是运动的声画影像"[1]。印刷纸质媒介的表现载体是静态的图像，而电视则是动态的影像。

通俗地讲，影像是指通过一组光学机械、电子装置和数字设备及感光材料等来感受，并用物理或化学方法生成、编辑并存储，因光的反射而造成的被摄对象在一定角度上逼真的轮廓图像系列，以及那些利用传媒科技自我营造的超真实的

---

[1] 赵智，彭文忠. 解码影像——影像与文化传播 [M]. 长沙：湖南人民出版社，2009：3.

虚拟图像组合。简单来说，就是利用物质手段来再现视觉世界，而从媒介学的角度来说，影像作为媒介，可以承载和叙事新的文化体裁，并隐喻视觉符号的到来。因此，这就决定了二重属性。首先，影像客观而逼真地再现现实，影像可以直接作用于视觉感官，展现现实场景。其次，影像再现现实，但"有图未必有真相"，因为影像并不是呈现整个区域空间，仅仅是小部分的空间，经常容易扭曲现实。正如布尔迪厄在《关于电视》一书里所说的电视塑造奥运会的"双重所指"，"表面所指是一个纯体育的盛大场面，隐含所指是电视录制并演播的盛会场景。后者是一个'双重遮掩'的客体，一是谁也看不到它的全貌，二是谁也看不见它没有被人看见，每一个电视观众都可能错认为看到了真正的奥林匹克"[1]。

然而，流动的影像通过多机位、多角度拍摄并展现了现代体育比赛的全过程。影像能清楚而准确地再现现代体育的每一个瞬间，并结合声音对听觉的刺激，组成声画共存的视觉文本，给人以现场的即视感。麦克尔·里尔针在谈到电视影像与体育交织在一起的关系时，这样解释道："第一，体育比赛高频度的身体接触高度契合电视转播的需求，能够为电视提供丰富的视觉表现和听觉描述。第二，电视体育为大众提供了一种连续性和累积性的戏剧结构。在这种结构中，主角在无形中被划分为胜利者、失败者、喜悦者和哀伤者。第三，电视转播和体育赛事本身几乎是同时发生的，这一点与电视剧大不相同，因为电视体育赛事的戏剧效果是事前无法预估的。"[2] 无疑，现代体育比赛是最受欢迎和吸睛的视觉文化，以至于人们早已不知不觉地混淆了媒介体育与现实体育的界限，误以为媒介体育就是体育了。

然而，作为高科技与现代艺术相结合的电视影像媒介，自发明之日起，便重新塑造了这个世界。电视的问世，使得具有从游戏中脱胎而来且具有悠久历史的体育走上了媒介与体育的抗争和视觉化生存之路。首先，影像替代现实。影像再现整个现实过程，影像让体育全球化传播成为可能，这也导致体育成了一种媒介或者是观念的体育世界，人们不再通过身体参与去了解和认知体育，而是一味地在媒介上认识体育。其次，影像改变体育。当体育迎来了受众，并接受了视觉的审视，就决定了体育融入电视媒介的场域，改变自身以适应媒介转播，不仅逐渐分野出休闲体育、职业体育和商业体育等类型，而且使得运动项目形式也发生变

---

[1] 皮埃尔·布尔迪厄. 关于电视 [M]. 许钧, 译. 南京: 南京大学出版社, 2011: 127-128.
[2] Real, M. The Super Bowl: Mythic Spectacle [M] //Newcomb, H. Television: The Critical View. 2nd Edition. Oxford: Oxford University Press, 1982: 167.

化。阿帕杜莱在《现代性游戏：印度板球的非殖民化》一文中曾指出媒介特别是电视媒介"祛魅"了由英国殖民者传过来的板球文化，使得板球褪去了殖民主义文化，换上了印度民族主义的新衣，他说道："20世纪60年代末电视还只有很少的观众，现在它已经完全改变了印度的板球文化。"[1] 然而，电视媒介改变的远远不止板球运动，电视霸权已经完成渗透到现代体育的每一处，包括规则、赛事运作等，重写体育的现实世界，以至于库兰在其著作《大众媒介与社会》一书中指出："（电视）为了自身的方便，它改变了比赛的规则和时间；剥夺了体育比赛独立自主的管理能力；使之成为富人的嗜好和玩物；它对运动员百般纵容和奉承，使他们变成了超级明星。"[2]

此外，影像的偏向性会导致影像所热衷的体育项目受到人们的热烈追捧，其全球化发展和经营都相当可观，如足球、篮球等运动项目，而影像所不喜欢的，则受到人们忽视，发展前景一般。如同后现代研究学者库克对电视文化作出的精辟解释："凡是没有进入电视的真实世界、凡是没有成为电视所指涉的认同原则、凡是没有经由电视处理的现象与人事，在当代文化的主流趋势里都成为边缘，电视是'绝对卓越'的权力关系的科技器物。"[3] 然而，媒介体育在这时勃然兴起，作为一种新的体育类型出现在人们的视野之中，体现出拟态的体育狂欢样态。但是，影像体育作为典型的媒介体育的视觉文本，无可替代的视觉诱惑和逼真的再现效果特征传播了体育文化，扩大了奥运会等大型体育的影响力，带动了现代体育的发展。

早在1912年的斯德哥尔摩奥运会上，奥委会就利用电影的移动化影像拍摄官方奥运会电影，来记录和保存这一珍贵的时刻，并作为惯例延续至今。无疑，连续的动态影像最早存在于电影媒介上，但其对奥运会的影响却远远小于电视的媒介化传播。电视媒介与奥运会的联姻可追溯到1936年在德国举行的第4届冬奥会和第11届夏季奥运会。此次电视首次转播了冬奥会开幕式和赛事过程，由此拉开了电视转播奥运会的序幕。此后的柏林奥运会开幕式上，柏林的观众第一次在公共场合观看了开幕式的现场转播。当时，德国国家电视台动用了三部200公斤重的摄像机录制现场信号，再将电视信号传送到柏林市中心15公里以外的一些如啤酒屋、咖啡馆等特定观赛场所，通过25个电视大屏幕即时播放，允许

---

[1] 罗钢，王中忱. 消费文化读本 [M]. 北京：中国社会科学出版社，2003：380.
[2] 詹姆斯·库兰. 大众媒介与社会 [M]. 杨击，译. 北京：华夏出版社，2006：332.
[3] 汤林森. 文化帝国主义 [M]. 冯三建，译. 上海：上海人民出版社，1999：116.

到场观战的人免费收看比赛[1]。尽管当时的影像镜头混乱、画面模糊，但依旧转播了138个小时，吸引了1.6万人观看，给观众留下了深刻的印象。至此，拉开了影像直播奥运会的序幕。在电视发展初期，由于售价昂贵，画质模糊，内容稀缺，故成为少数贵族人的奢侈品。然而，从柏林奥运会免费转播奥运会伊始，吸引了无数的观众，繁荣了电视产业。此后，电视直播体育随着影像技术进步而不断变化着。

就影像而言，在1948年伦敦奥运会上采用了多机位直播方式，使得视角更加多元，扩大了现场的覆盖面，更加真实地还原了现场活动。此举也引得50多万名观众在全英8万台电视机旁观看了体育直播。而到了1960年罗马奥运会，第一次通过配备录像设备，实现了电视无间断地直播奥运会赛事。此外，在1964年东京奥运会上，慢动作回放开始应用，不仅提高了裁判裁决的准确性，更让人清晰地辨析高难度动作的精彩瞬间。

总之，这一时期的电视影像再现，主要是对部分项目进行了录播和直播，其影像呈现特征主要是黑白画面，且传播范围小、距离短。由于摄影机笨重且难以移动，使得摄像镜头只能围绕运动员的运动比赛节奏而变化，其影像叙事风格还是以呈现运动员或赛场的全景为主要叙事风格，试图呈现出奥运会的全貌。这一时期电视影像再现体育的主要目的是忠实地记录体育比赛过程。

二、视像表现：电视体育的表现性叙事特征

然而，到了1968年墨西哥奥运会，第一次运用了彩色影像技术，提升了影像的辨析度，而且在新闻中心设置有12台闭路电视以供记者随时掌握整个赛场近况，这使得观众可以赏心悦目地观看体育赛事，掀开了电视体育崭新的一页。由于高科技拍摄技术的运用及拍摄技术的革新，特别是商业利益的利诱，电视为提高赛事的精彩度，开始遵循影像逻辑来主动地表现奥运会，称之为"影像表现"阶段。1988年第24届首尔奥运会，主办方运用了高清晰度影像电视转播赛况。到了第25届巴塞罗那奥运会进一步提高了辨析度，菲利浦公司派出300名技术人员，首次通过卫星向欧洲地区观众转播奥运会盛况。数字电视直播设备首次装配并用于记录和录制奥运节目，告别了用磁带进行录制的奥运历史。此外，

---

[1] 曾静平. 商业体育电视论［M］. 西安：陕西师范大学出版社，2016：2.

还采用电视影像视频与计时计分系统相结合，提高了观众的现场感。毋庸讳言，本届奥运会完成改变了奥运影像传播史，具有里程碑式的意义。这时期，通过高科技摄影机的运用，以大胆拍摄出性感的、速度性及高清的体育画面为目的，摄影机广泛存在于水底拍摄、同步轨道拍摄，提高了视觉呈现的在场感。同时，随着通信技术的进步，赛事的全球性传播实现了可能。

1996 年第 26 届亚特兰大奥运会，7 万多台计算机首次登场，标志着互联网传播时代的到来。当今，在移动互联网的加盟下，电视影像迈向了视像阶段，呈现出声音、色彩、影像、镜头等多语言混合存在的视听影像阶段，实现了电视影像向电子技术的扩张，开启了影像的全媒体矩阵，并充分容纳了新媒体的互动性、虚拟性、在线性的特征。然而，此时期的视像叙事手法，注重于彰显运动员的表情和姿势，大量的近景和特写镜头广泛运用，意在刻画运动员情绪和细微动作，突出构图的新颖优美，强调赛事的精彩度。

总而言之，体育影像传播的历史紧跟着现代媒介技术发展的角度不断进步，实现了由忠实记录体育到表现体育的转变，并在全球卫星的加盟下，影像突破了空间的限制，飞入了千家万户的荧幕上，始终朝着高清晰、全景化、全场域发展。然而，从电视到互联网和新媒体，影像也发生了重大的变化，虚拟现实和拟像技术普遍运用于奥运会的转播之中，在社交媒体的推波助澜下，也使得多向度的传播成为可能。

第四节　从 VR 到 AR：新媒介下体育视觉真实的科技强化

一、虚拟表征：新媒介下的体育影像文化再现

电视媒介铸就了现代体育的神话，将贵族私域的奥林匹克运动带入千家万户的荧幕上，勃兴了现代体育的发展。如今，以电视为代表的传统媒介在奥林匹克文化传播中占据主导的局面已被互联网改写。近 10 年来，YouTube、Facebook 接连出现；弹幕、直播、表情包等新玩法不断创新；众筹、UGC 等"新方式"纷纷涌现——"更快、更高、更强"的奥林匹克格言，更是新媒介所追求的目标。自从 1996 年亚特兰大奥运会，以互联网为代表的新媒介首次参与电视直播伊始，标志着数字技术转播体育时代的到来。当媒介体育的指针指向了 2008 年北京奥运会，在我国首次以视频直播的形式进行开幕式和赛事直播报道，而当时我国已

有2.53亿网民，其中79.8%网民选择应用互联网为其获得奥运信息的首选渠道，其次才是电视和报纸。发展至今，互联网体育用户已突破3亿人，且用户更多选择互联网观看和交流体育。

无疑，新媒体成了人们进行体育赛事观看、交流和文化传播的主阵地。伴随着新媒体浪潮的深入席卷，时空界限越发缩小，互动性不断加强，使得体育文化传播的媒介生态发生重大变化，为其传播提供了机遇，构造出体育文化传播的时代引擎。然而，互联网时代的到来，又有何魅力深刻地改变了世界媒介体育的传播格局呢？澳大利亚及欧美的俱乐部掌门人和广告商已经将商业指挥棒指向了网络媒体，这是否预示着电视这曾经与体育的天作之合，铸就了体育赛事神话的重要媒介正在走向黄昏呢？反观当前我国在政策推动和媒介技术快速发展与更新迭代的情况下，体育传媒产业的内部发展也在暗流涌动。曾几何时，体育电视颠覆了体育报业的天下，让四十多家体育报纸缩减到今天的五家纸媒。那么，如今的新媒体会不会让体育电视跌下圣坛、进入寒冬，重蹈纸媒的命运呢？

伴随着新媒体和互联网体育发展的狂飙突进，以及用户媒介使用习惯的变迁，对电视体育的发展产生了巨大的影响。然而，互联网体育正是以其传播效果多屏化、传播速度的即时性、传播效果交互性及内容的海量性和可重复性，彻底颠覆了电视体育的传播方式，体现出新的传播特征。

互联网体育传播呈现出在线化、即时性和互动性特征。伴随着新媒介的数字化革命，新媒介朝着开放多元且全球化的姿态发展。互联网最大的特点就是在线化，通过数字技术将一切都以符号的形式呈现在网络上。互联网之前的信息革命完成了原子的比特化；而互联网的出现，则要完成比特的在线化[1]。互联网让体育处于一个在线社会系统之中，构建了一个虚拟的媒介空间，用户可以在互联网上即时地观看体育比赛，与同伴交流体育。同时，互联网的在线化、即时性和互动性颠覆了电视体育的单向度传播，受众只能看不能交流。而新媒介不仅凭借体育解说员的精彩解说，而且建立了互动交流机制，用户既可以观赏屏幕的精彩赛事，又可以即时参与互动交流，充分调动了用户的身体感官，促使其完全参与其中。互联网可以依靠手机、平板电脑等移动终端，实现在线、实时的多屏联动参与。高速摄影和360度镜头拍摄，加之对比赛时刻的拉长或重新浏览，满足了用户对人类关注细节动作的视觉需求。因此，新媒介的在线化和互动性，调动了

---

[1]王坚.在线［M］.北京：中信出版社，2018：32.

人类一切感官，在线的交流让人们身处于一种媒介塑造的拟态世界。

然而，当下在数字媒介技术的浸淫下，充分挖掘和释放人类的感官欲望，同时像 AR 和 VR 等虚拟现实技术高度满足了人类的感官欲望，让人身临其境，仿佛可以被事物碰触到。虚拟现实 VR（Virtual Reality），称灵境、幻真，亦称灵境技术，或称人工环境，是利用电脑及外部设备模拟仿真成三维空间环境和人类的感觉（视觉、听觉、触觉等），虚拟环境构建中的物体可以伴随位置的变化而改变，营造出接近真实的环境的感受，如同身临其境一般[1]。VR 技术通过计算机设备将现实世界真实的或虚无的物质性或功能性事物或空间构建出虚拟的世界，并利用软件系统实现视觉和声音的组合，运用设备输出，建立与用户间的交互关系。

VR 技术首次在 2016 年里约奥运会上出现，就受到强烈的追捧。里约奥运会中全息投影技术、AR 增强现实技术、VR 虚拟现实技术等新媒介的运用，引领了奥林匹克的场景美学[2]。美国广播公司和韩国三星公司联手使用 VR 技术直播了奥运会开幕式、比赛过程及闭幕式等，时长超过 85 小时，用户可以通过安装 NBC 应用的三星 GearVR 设备观看。现在，已经普遍应用于体育领域，包括体育赛事直播、体育游戏及体育教学和培训等方面。第一，在体育赛事的直播方面，VR 赋予了用户强烈的沉浸感，以其立体化、增强现实感，让观众如同置身其中，肢体随着赛事的节奏而不断变化。同时，用户可以自由地切换场景和镜头，尽览整个赛场。里约奥运会期间，CCTV-5 推出 VR 体验栏目《全景夺金》，通过 360 度全景 VR 与 AR 信息的交互结合，打造全新的"TV+"全景交互场景，把必须通过可穿戴设备才能体验的虚拟现实场景"剥离"到手机中，让观众通过裸眼就能体验到逼真效果[3]。此外，2017 年的中超联赛中，就采用了 VR 体育赛事直播技术。其中，国内的微鲸科技公司所主导的 VR 直播，在每场比赛中都会架设约 15 个 VR 机位设置，覆盖整个球场，包括裁判席、观众席等场域，使得球迷们可以观看 180 度的全景画面，营造出置身其中的虚拟感。

第二，在体育培训方面，一些健身房、高尔夫球场及体育训练场地开始采用 VR 技术来虚拟器材、比赛环境、比赛实况模拟或虚拟陪练等，不仅能有效地促

---

[1] 汤卓慧，朱培毅. 虚拟现实、增强现实和混合现实及其在轨道交通行业中的应用 [J]. 铁路通信信号工程技术，2016（5）：79-82.

[2] 冯雅男，孙葆丽，毕天杨. 新媒介对奥林匹克文化传播的影响 [J]. 体育学刊，2018，25（6）：18-24.

[3] 柴葆青. 试析 VR 技术在传统体育传播形态中的影响 [J]. 电视研究，2017（8）：77-78.

进运动员的运动感,更能通过设备捕捉运动者在其过程中的真实运动数据和技战术表现,如美国职业棒球大联盟(MLB)就配有 VR 头套,提高球队击球训练能力。然而,当前 VR 技术在体育领域中最普遍的是应用于体育游戏,特别是电子竞技及一些全息投影互动游戏,受到年轻人的极力追捧。目前,电子竞技伴随着互联网技术的发展而风靡世界,已成为一种新兴的体育文化产业。据企鹅智酷报告显示:"2017 年,我国电子竞技产业规模达到 400 多亿元;2019 年,电子竞技用户规模超过 5 亿人。"然而,电子竞技正是以其虚拟体育现实,制造超越现实的视觉感官,回归人类的游戏体育天性,一度掀起了电竞产业浪潮。

与此同时,当今多家新媒体体育平台,如咪咕视频、腾讯视频及 CCTV-5 新媒体平台开始联合科技公司打造 AR 体育产业,并在 5G 网络的支持下,将 AR 技术普遍运用于赛事直播中,其全景声、多维度视角增强了用户的观看体验,产生了沉浸式的观看效果。当下,新媒体利用手机端和 PC 客户端广泛开发 AR 体育的运用范围,其渗透到运动员训练、运动者锻炼及赛事广告投放等之中。

从手工绘画到机器复现现实,再到现在的虚拟技术超越现实体育幻象,引发了人们对媒介体育视觉化的反思,即数字技术勃发的新媒介体育时代,是继续再现和表征现实,还是现实体育的能指与所指都已发生转变呢?

二、拟像现实:新媒介体育影像的符号学诠释

以互联网和数字媒介为典型代表的新媒介体育因其强感官化和娱乐化超越了现实体育的时空概念和功能意义,给予用户以一种身临其境的沉浸之感,又赋予动态的感官享受,唤醒身体的活力。故而,新媒介体育不仅记叙着体育新闻,而且开创了新的视觉体育传播范式,演绎出体育影像的嘉年华。在新媒介的加入下,依靠着 360 度全景化立体的视觉呈现,逼真地近距离接触感触充分挖掘了体育的休闲娱乐价值,不再执着于现实体育对象,而是自己直接生产出拟像化体育世界。"拟像"一词来自拉丁语 semulacre,16 世纪晚期出现在英语中,用来描述雕塑或绘画等艺术作品对真实事物的再现,在此后的演化中这一概念通常被用来指称那些失去原本(original)、从而既无深度亦无特质的影像,其含义包括:(1)事物的影像。(2)具有欺骗性的替代物;只是假装的[1]。传统绘画、摄影

---

[1] 张劲松. 拟像概念的历史渊源与当代阐释 [J]. 天津社会科学, 2010 (5): 37-42.

和电视媒介是通过图像来再现和表征现实体育,然而,虚拟媒介技术的出现,直接抛弃了原型的对象,不再依赖具体对象物的存在来进行模拟,寻求事物的"像",而是自我构建出一种新的影像世界。从最早的图像时代延展到以机器制造为主的影像时代,再到超越现场的拟像世界,鲍德里亚认为拟像让物的能指和所指都消失了。从绘图到拟像也暗示着媒介体育步入后现代的历史进程中,其传播介质的革新,引发了媒介体育传播方式、文本以及用户的整体性改变。

1976年,鲍德里亚在其著作《象征交换与死亡》一书中,首次提出了拟像的"三个阶段",并在1981年《拟像与仿拟》一书中提出了拟像的"四个层次"。鲍德里亚一开始讲了博尔赫斯的一个寓言故事阐释拟像的内涵。一个国家的绘画师绘制了一张帝国的地图,囊括整个国土。然而,当帝国衰亡了,地图就撕毁了。国土不再先于地图,已经没有国土,所以是地图先于国土,亦即拟像在先,地图生成国土[1]。此时,在人们的观念里,地图不再是一种抽象的符码,而是与国土等同。然而,自工业革命及摄影术发明以来,图像占据了人们生活的每一处,同时,不同时期的媒介演绎出不同的图像形式,如手工绘画的形象时期、传统媒介的影像时期及现代数字媒介带来的拟像时期,鲍德里亚依次将拟像分为三个序列:仿造、生产与仿拟。

首先是仿造阶段,指的是文艺复兴到工业革命时期,人工摹写人或物的这段时期。仿造即是人类应用原始的媒介介质,如纸质、陶瓷或雕塑等进行模仿,体现出人之于对象的一种理解和构思。但鲍德里亚指出仿造并不是简单地追求对象的一种形似,也不是为了展现图像符号与对象之间的象征意义,而是图像符号超越对象,指向现实世界,如同文艺复兴时期的人体绘画来指涉"人才是万物的尺度"。其次是生产阶段,即在工业时代以机器模仿和逼真再现物质对象的时期。本雅明认为这是个机器复制的时代,机械生产的泛滥模糊了艺术的界限,影像的遍布消弭了高雅文化和大众文化的边界,影像不再反映或表征事物,而是直接等价于现实。同时,媒介依据现实世界建构了媒介专属的拟态世界,像电视体育及互联网体育,将体育从现场拉上了荧幕,吸引了亿万人参与其中。最后是仿拟阶段,就是当前数字媒介带来的虚幻世界。数字媒介摆脱了现实世界符号的能指与所指,通过数字系统自我生成与传播,直接构筑与人的感官相交流的场域。当前,电子竞技不需要现实体育的蓝本,便建立了人与体育直接交流的拟像世界,

---

[1] 汪民安. 后现代性的哲学话语 [M]. 杭州:浙江人民出版社,2000:330.

在现实体育世界里，也许这个球队难以战胜那个球队，那个运动员难以取胜这个运动员。然而，电子游戏可以任用户自选球队和运动员作为虚拟身份，在拟像的世界里凭借着对技术的应用和游戏规则的理解而展开斗争。在 2018 年世界杯足球赛中，克里斯蒂亚诺·罗纳尔多的葡萄牙队在八分之一决赛就被淘汰出局，但游戏玩家却可以在电子游戏 FIFA2018 中控制着葡萄牙队一路过关斩将夺得世界杯[1]。因此，电视和新媒体媒介体育是体育的仿真阶段，那么电子竞技则是体育的拟像世界。因此，从符号学来说，拟像所建构的符码世界，质符不再指代指称对象，却成了漂浮的能指，实现自我指称。

同时，鲍德里亚将形象分为了四个层次：①它是深度现实的反映；②它遮蔽了深度现实并使现实去本质化；③它遮蔽了现实的缺失；④它不再与任何现实发生关联，它是一个纯粹的拟像[2]。图像从模仿、再现及遮蔽现实自我构建的过程，不仅昭示着媒介的变迁历程，也反映了符号功能的演化，从符号表征到超越文本的符号拟像。而电子竞技就完美地诠释了作为拟像现实的媒介体育形态。电子竞技既是当代媒介体育的新形态，又是典型的后现代视觉文化的典型形式。电子竞技脱胎于原始以身体为主的游戏形式，又逐渐脱缰于手柄及键盘的简单操作，再到脱离单向度的视觉看到全景化视觉再现，进而逐渐发展成超强的视觉世界。因此，从视觉文化的角度审视当今电子竞技文化，更有其适用性和必要性。

市场研究公司 Newzoo《全球电竞市场 2019 年度报告》最新统计数据显示：2022 年全球电子竞技观众人数将达 6.45 亿人，而电子竞技总收入有望达 18 亿美元[3]。我国电子竞技在 2003 年被国家体育总局列为第 99 个正式体育竞赛项目，并随着媒介技术的进步而得到快速发展。目前，我国电竞用户已超过 3 亿人，电竞产业更是我国的朝阳产业，前景可期。那么，为何电子竞技如此地吸引用户，在我国发展的短短三十几年时间内，竟拥有如此庞大的用户群和电竞产业市场呢？电竞拥有何种魔力让众多玩家"运动成瘾"呢？对此国内外学者普遍从游戏论、体育学及原罪说等不同角度阐释电子竞技的体育内涵及其娱乐成瘾的动因，虽有所启发，但均未准确道出电子竞技的内在机理。有鉴于此，本书从电竞的拟像现实及视觉文化角度出发，以寻求电竞产业超强的视觉魔力。

---

[1] 杨剑锋. 体育的拟像：体育电子游戏研究 [J]. 成都体育学院学报，2019，45（2）：15-21.
[2] Jean Baudrillard. Simulacra and Simulation [M]. Ann Arbor：University of Michigan Press，1994：6.
[3] 李有强，张业安. 具身认知视角下电子竞技的演进态势、概念属性及发展取向 [J]. 成都体育学院学报，2019，45（5）：51-57.

游戏是孩童乃至人类的天性,某种程度上就像柏拉图所认为的游戏作为人类取悦上帝的宗教活动,他说:"人是作为上帝的玩具而创造出来的;这就是上帝所恩赐的伟大之点。……那么,怎样的生活才是正确的呢?一个人应该在'游玩'中度过他的一生——祭献、唱歌、跳舞。"[1] 因此,游戏作为人的天性,是人类进行电子竞技的原动力。与传统以游玩者的人类身体为表现的游戏方式所不同的是,电子竞技是游戏的另一种信息技术的表达形式,这也是电子竞技受到人们喜爱的"原动力"。在延续传统游戏自由精神的基础上,电子竞技运用虚拟现实艺术与技术构筑了一个具有可操控性的、充满想象的审美空间,玩家全情沉浸在这个生意盎然的意象世界中,并按照主观意志与智慧对游戏世界进行审美化创造,产生较传统艺术更为强烈的情感体验[2]。

鲍德里亚认为拟像包括仿真和拟像,仿真是基于现实世界的媒介镜像,而拟像则是可以无的放矢、子虚乌有的媒介世界。电子竞技则兼具着仿真和拟像的两重属性,仿真现实体育世界的电子竞技。例如,经典的竞技类电竞游戏《FIFA足球》,玩家可以自由选择球员,并用游戏货币购买曼联、切尔西等球衣,并能够选择比赛场地,玩家可以自由操控运动员的步频、射门、传球及防守等能力,进行对战,其运动员动作、比赛场景、灯光设计甚至是赛场判罚都与现实极其逼真。此外,电子竞技的拟像生产是脱离现实世界,不依赖于现实的摹本,无须符号的能指,即制作者利用信息技术制造的人造体育自然,最深受人们所喜爱的就是《魔兽世界》和《英雄联盟》,完全利用影像构造了一个虚幻的世界场景,但是却依然赋予每个用户以角色,让人沉浸其中。

目前,在 VR/AR 技术的加盟下,玩家不仅是以视觉为主的游戏参与,而是全身心地投入一个虚拟的现实世界,实现了人机互动的情境感,使其在虚拟世界里被赋予新的身份感和任务,玩家快速地移动手指、对同伴叫喊着"快、快、快"、脑子里一直想着取胜,其给玩家一种具身化的体验。鲍德里亚继承和延伸了麦克卢汉的"内爆"理论,其认为在拟像的世界里事物向内的爆发,其事物本身的意义不断延伸,特别媒介自身的信息爆炸或信息技术虚拟现实下让时间和空间消失,现实与虚拟的边界也消亡了。电子竞技的内爆体现在两方面,一个是电竞与现实体育的边界消失,另一个是体育意义的消失。电竞是媒介的镜像,人

---

[1] 柏拉图. 法律篇 [M]. 张智仁,何琴华,译. 上海:上海人民出版社,2001:224-225.
[2] 戴志强,齐卫颖. 电子竞技的原动力:虚拟现实的情感体验与艺术期待 [J]. 现代传播(中国传媒大学学报),2019,41(6):80-85.

类拟像生产的体育世界,用户若长期或长时间处在电竞的虚拟世界里,让媒介与现实的界限越发模糊,体育逐渐被影像所代替,其价值意义也消失了。

然而,电子竞技是伴随着互联网技术的发展而风靡世界,成为一种新兴的文化产业。国际奥委会在2017年将其视为体育运动。电子竞技凭借其强烈的视觉效果,超越现实的英雄身份赋予,满足了人类对于休闲娱乐的游戏本质回归,使得玩家忘却了现实社会的角色和生活压力,电子竞技消弭了休闲与工作的界限,将用户的休闲时间吸纳为劳动时间,当玩家沉浸在电竞所构建的虚拟平等、愉悦感的世界里,便开始进行着生产,成为体育数字资本积聚的重要环节,用户的休闲时间也被垄断,进而实现了电竞产业增值。在商业的操控下,他们完全不知被劳工化的命运和受剥削的玩工本质。

总而言之,纵览媒介体育的图像化历程可以发现,由于体育本身的强视觉性特性及媒介视觉技术的演进造就了不同时代的媒介体育形态和呈现方式,媒介体育也经历了从模仿现实到追求逼真现实,并且衍生出超脱于现实体育对象的拟态世界,人们在拟态体育里交流与互动,呈现出众声喧哗的景象。我们对媒介体育视觉化研究,采用的是一种宏观的历时性研究,窥视了历时性中的媒介体育与图像之间的相互关系,而媒介体育也在图像化加强中臻于成熟,实现了从体育媒介到媒介体育的转变。然而,媒介体育的视觉化过程亦是一个共时性的过程,是报刊、电视和新媒介共同的视觉化走向,那么当今的媒介体育的视觉生产与传播机制是什么呢?三者之间又呈现什么样的视觉景观呢?接下来,延续着当今媒介体育的视觉化倾向,揭示其图像生产与传播内在关系,以明晰视觉文化对媒介体育的现实影响。

第四章 图像生成：当下媒介体育的视觉生产

自改革开放以来，随着我国现代科技的发展和社会主义市场经济的逐步确立有力地推动了媒介体育的图像化进程。媒介技术的快速发展促使媒介体育的图像载体和信息内容发生转变，引领了一个视觉性的文化风向，数字化时代和视觉媒介技术成就了今天的以图像为主要文本的媒介体育时代。当下，媒介体育纷纷"改头换面"，掀开了媒介体育的视觉化浪潮，同时以文字为主要叙事方式的报纸媒介体育也应时而动，以摧枯拉朽之势揭开了强劲的图像叙事时代。从综合性的报纸，如《人民日报》里的体育报道，再到《中国体育报》等专业体育报纸的体育报道，一幅幅图片占据头版头条及内容版面，图片所占的面积远远大于文字，真正开启了中国人民"读报"的历史时期。于是，以图述文、图以载道、图以释文和精美图像满足了人们对媒介的视觉欣赏，并以此方式占据着媒介体育的传媒市场，进而构成了"有图有真相"的媒介体育世界。

因此，本章节在衔接上部分媒介体育的图像化历程，尝试诠释当下媒介体育的图像生产过程，解读当下媒介体育的图像传播特征和图像生产方式，并运用修辞学、符号学、新闻学和传播学等知识分析诸如当下报纸、电视和新媒体运用图像生产了什么，又是如何生产，图像生产产品背后的符号意义是什么等问题。

第一节 图像生产：报纸体育的视觉化转型

媒介体育是伴随着大众媒介的发展以及体育的媒介化报道呈现日益强化而衍生出来的媒介形态。媒介体育是体育新闻与体育传播发展到一定的阶段而产生的，尤其是大众传播时代的来临，大众媒介生产体育新闻与信息之后媒介体育相应而生。报纸是大众媒介所产生的最早的媒介形式，也是媒介体育的一种重要的媒介形态。体育报纸是为了满足广大体育爱好者的需求，刊载体育赛事新闻和体育时事评论为主的一类专业报纸，一般以日刊或周刊的形式公开发行[1]。有学者考察发现中国目前最早出现的专业体育报刊是1897年由英国人弗兰克·梅特兰在上海创办的《赛胜猎报》，为旅居上海的华侨提供体育资讯[2]。自此拉开了中国体育报纸的序幕。此后百年的发展历史中，我国报纸发展几经波折，其办报理念、内容设计和营销方式都发生了翻天覆地的变化。

我国体育报纸经历了中华人民共和国成立50余年的蓬勃发展，自1958年9月1日中华人民共和国第一份体育报纸《体育报》（《中国体育报》的前身）创刊，我国的体育报纸从以国家体委等各级体育专署机关办报为主的办报体制，逐渐演变为以地方媒体与体育管理部门联合办报为主的办报体制，其品种、数量和结构发生了巨大的变化，尤其是经历了1992—1994年的报刊大幅增加的3年和1997—1998年的报刊整治年后，我国现有体育报纸呈现出稳定发展的局面[3]。从20世纪50年代末的起步阶段陆续主办的10份报纸到20世纪90年代体育报纸的黄金时代，一时间办体育报如雨后春笋陡升至42家，再到发展至今天的5家报纸，体育报纸也走向了成熟期，且造就了体育报纸媒介向报纸媒介体育的发展。因此，报纸不仅是作为体育新闻，而且也建立了稳定的报纸媒介体育的内容和形态，真实而及时地反映中外体育近况。

一、视觉走向：报纸体育的视觉化呈现

1998年，花城出版社编辑钟洁玲为推广其策划出版的"红风车经典漫画丛书"，第一个提出了"读图时代"的概念[4]。随着摄影术和数字媒介的发展，似乎一夜之间世界被图像把握了，这股视觉浪潮迅速刮进了中国体育传媒业。新世纪伊始，电视体育以其强烈的动态图像传播效果，迅速吸引受众眼球，其狂飙突进的发展势头迅速宣告了体育报纸的寒冬来临，特别是在2005年体坛最有影响力的体育报刊《南方体育》和《球报》相继停刊，仅剩下五六家国家主管的体育报纸生存下来。在受到影像的冲击之后，世界报纸开启了现代化潮流，即图

---

[1] 王宏江. 我国体育报纸的现状与发展前景研究 [D]. 成都：成都体育学院，2001.
[2] 涂传飞. 中国最早的体育报刊《赛胜猎报》考述 [J]. 体育科学，2016，36（3）：74-88.
[3] 王宏江，郝勤，郭晴，等. 21世纪我国体育报纸的发展趋势 [J]. 西安体育学院学报，2003（1）：22-24.
[4] 孙晓燕. 解读"读图时代" [J]. 编辑学刊，2004（3）：19-22.

像化和视觉化趋势。现代报刊十分注重视觉化转向,不仅报纸的版面设计越来越注重图像化取向,加强色彩元素,并且各个标题、新闻文字报道乃至内容边框设计都添加了浓厚的色彩元素,告别了"黑白报"和文字为主的叙事阶段,更加注重图像符号的作用,突出形象化的版面呈现及图像性直观观看。

深受世界报业的影响,我国体育报纸也开始从整体面貌上发生转型,以重新获得受众的注意力,进而也形成了当前成熟的报纸媒介体育样态。有学者对《中国体育报》1984—2012年的每一届关于奥运会图像报道进行了统计,发现我国体育报纸的图像报道的数量逐年增加[1]。有学者指出中国报纸的视觉转向真正成熟于体育类报纸:"应该说报纸走向读图时代或者说视觉新闻时代并非是从体育报纸开始的。1992年《北京青年报》率先打破了传统的以文字为主、图片为辅的风格,出现了重图片,扩标题,用框架的版块式拼装版面的版式,尽管这一变化在当时遭到了不少争议,但随着时间的推移,简洁明快、美观清新、便于阅读的风格使得其大受读者青睐,但是真正使之得以发扬光大的却是体育报纸。"[2]

后现代报纸媒介体育的发展迈向了读图时代,伴随着大众阅读时间的减少,人们更加注重视觉感官,不再过于追求报纸媒介体育的新闻信息,而是热衷于感受富有视觉感知力的精美图像。体育报纸也逐渐改变图配文的历史,转成今天图文势均力敌或图像盖过文字的样式,彰显出新的报纸媒介体育的出版和设计理念,而这些正是读图时代的产物。读图形象地说明了后现代社会的发展特征,从购物超市到大街小巷,琳琅满目的视觉性的商品包装眩人眼球,图像让观看成为一种消费,填满了生活中的旮旮旯旯。读图时代有两个重大视觉特征:其一图像类著作、报纸图像新闻出版及海报等图像画越来越丰富和时髦,且图像为主、文字为辅的书籍生产越来越得到人们欢迎。其二人们更乐意接受图像类纸质媒介产品,特别对其中的图像更情有独钟。

值得关注的是,图像的增加成为任何一家体育报刊的新风格和新卖点,单一文字报道的体育报刊已经不再受读者的青睐,而造成这种巨大变革的原因也是多样的。首先,随着我国社会的不断进步和发展、印刷媒介逐渐发展成现在的数字媒介和电子媒介,相对于传统的以文字为主的印刷物,图片为主题的视觉文化在

---

[1] 孙妍,肖焕禹.视觉传播时代背景下报纸奥运会图片报道的演变特征——基于《中国体育报》8届夏季奥运会图片报道的内容分析[J].南京体育学院学报(自然科学版),2015,14(5):125-132.
[2] 王宏江,郝勤,郭晴,等.21世纪我国体育报纸的发展趋势[J].西安体育学院学报,2003(1):22-24.

社会文化中的比重在不断上升,我国进入了"视觉传播时代",图片已经深入渗透到人们的日常生活中,成为人们认识事物的重要方式[1]。从媒介技术的角度来看,不管是视觉传播还是读图时代,归根结底是技术变迁所引发的人类生活方式的转变,而现代数字技术所带来的就是以图像为主要表达的认知方式。其次,在电视、电影及新媒介技术的强烈影像冲击下,体育报纸媒介发展急转直下,从1999年多达42家专业体育报刊,到现在的5家报刊。然而,体育报纸也在寻求突破,开始了向报纸媒介体育的视觉化转型,强调受众至上的原则,增强报道的视觉传播效果,充分满足人们的视觉化需求,做到"五步三秒"陈列法则,即标题和版面设计需要在消费者视线停留的三秒钟内抓住其眼球。

犹太哲学家维兰·傅拉瑟在其著作《摄影的哲学思考》一书中也指出报刊的这种图像化趋势:"以往是文章主宰,现在是照片主宰。在技术性图像主宰的这种情况下,文章有了新的意义。"[2] 然而,西方的报纸媒介体育发展早在20世纪80年代就臻于成熟,报纸媒介体育的图像化表达渗透在报纸的文字、版面和框架的每一处,特别是一些体育画报的出现争夺了无数的受众。例如,在美国创刊于1954年的《体育画报》,以其个性且时尚性感的女性游泳运动员图像为核心体育图像新闻生产与消费方式,深受广大欧洲人喜爱,发展到今天其依然拥有300多万的订阅户,可谓是风采依旧,长盛不衰。其在栏目设置时,特别注重对图像的选取,以性感而婀娜多姿的泳装女运动员出镜率较多,满足了广大男性读者的视觉窥视欲的同时也迎合了女性读者对美的追求,且树立了社会关于美的标准。

我国报纸媒介体育的视觉化发展起步迟、发展慢。德国有学者曾在2006年对中国和德国的体育报纸进行了内容比较分析,发现我国体育报纸明显存在视觉效果较差,版面色调单一且枯燥;采编的图片所占版面比率较小;图片编排不合理等问题[3]。因此,这些视觉性缺陷都严重制约了我国体育报纸的发展,难以获得像国外体育报纸那样已经实现其从体育报纸媒介到报纸媒介体育的跨越,进而实现报纸媒介体育的现代化转向,重新拥有庞大而稳定的用户。因此,束缚于视觉效果的我国体育报纸难以从只作为一种媒介的报纸跨越到作为独特体育媒介形态的报纸媒介体育。

---

[1] 孙妍,肖焕禹. 视觉传播时代背景下报纸奥运会图片报道的演变特征——基于《中国体育报》8届夏季奥运会图片报道的内容分析 [J]. 南京体育学院学报(自然科学版),2015,14(5):125-132.
[2] 维兰·傅拉瑟. 摄影的哲学思考 [M]. 台北:台湾远流出版公司,1994:78.
[3] 陈小英. 中、西方专业体育报纸运作特点的比较研究 [J]. 体育科学,2009,29(9):56-63.

近些年，我国体育报纸不管在封面设计、图像内容及版面框架设计上均实现了跨越式的发展，视觉元素应用得到优化。创刊于 1993 年 1 月 1 日，由辽宁日报报业集团主办的《辽沈晚报》以其版面设计创意和视觉效果吸引用户，其在 2008 年北京奥运会期间设置了《奥运十大特刊》之栏目，以图像表现新闻的方式，完美塑造了北京奥运会的每一个瞬间。栏目组十分注重视觉设计，特别是收官之作《奥运史记》，采用"史记"的形式为基本框架，以竹简作为主要视觉元素，手绘奥运史的每一个重要人物或精彩瞬间，大气磅礴且富有浓厚的中国文化气息呈现在人们的面前，并在第 30 届全球最佳报纸版面设计大赛中，一举夺得全场大奖、最佳设计师奖、最佳图形创意奖、最佳封面创意金奖四项大奖。无疑，这是一次报纸体育的视觉胜利。

视觉文化时代的报纸媒介体育颠覆了往昔以文字新闻叙事为主的生产方式转向以图像报道为主的视觉传播变革，并引发报纸媒介体育的报道方式及版面设计方式的整体变革，并加强了报纸媒介体育的娱乐化信息传播，从而使得体育报纸占据广阔的市场，赢得大规模受众。然而，报纸媒介体育的图像生产并不是那么简单，其完全渗透于内容、版面、议题之中，反之，图像亦建构了报纸媒介体育的景观世界。

二、视觉叙事：报纸体育的图像修辞实践

在中国的报纸媒介体育之中，随着政府对体育报纸管理方式的转变，采取自主经营且自负盈亏，在市场经济的大潮中，体育报纸在产业竞争和意识形态的夹缝中生存。随着媒介融合的深入发展，报纸媒介体育传播过程中，报纸对体育的再现、象征和意义建构都不容忽视。报纸媒介体育所设置的体育议题，成为受众街头巷尾所热议之事，让体育变得家喻户晓。特别是，奥运会举办期间，各类体育信息播报、体育明星荟萃，持续增加。简言之，报纸媒介体育，特别是新闻记者在传播体育时，也按照报纸媒介的法则构建出报纸中的体育。当前，在体育报道的报纸媒介中，图像修辞受到新闻记者的高度应用，是讲好体育故事的重要手段，体育图片因其直观性和形象性打破了知识鸿沟，不受受众的年龄、阶层及语言等的限制，发挥出图像的语义价值。

（一）报纸体育的图像文本生产

伴随着社交媒体的兴起，我们处于一种海量信息的媒介社会之中，每日海量

的新闻或符号信息挤压人们的眼球。人们似乎也没有认真读体育报的时间，只是浅尝辄止地浏览报纸中的体育图像和大标题，这种图像叙事已经让人们了解了报纸所要传达的新闻讯息。而在此过程中，报纸媒介体育借助图像进行议题设置，制造报纸媒介体育事件，塑造体育明星，构建报纸的拟态体育生产模式。

1. 利用图像文本生产体育图像新闻

早期的体育报纸采用以文字叙事为主、图像为辅的叙述风格，而当下的体育报纸则是图像报道为主、文以释图的局面，并受到广大读者的喜欢，并由此诞生了体育图像新闻。因此，图像新闻是报纸媒介体育极为重要的产品，那么不同的图像风格及其主题等则构成了图像新闻生产的基本要素。图像新闻是指刊登在报纸、杂志或其他传播媒体上的图画新闻（新闻漫画等）和影像新闻（新闻照片等）。图像新闻并不是一张张简单的图片设置，而是蕴含了新闻的要素和特征，故而图像新闻应具备新闻的时间、地点、人物、起因和结果等六要素，还要强调图像本身的真实性、讯息性、拍摄技巧及观点性等特点。而报纸媒介体育的图像新闻则指的是在报纸和杂志等特定新闻媒介上，运用图像文本报道体育事件等。

报纸媒介体育的图像新闻生产既遵循着报纸新闻的生产方式，又契合摄影术的拍摄风格，共同构建图像新闻的生产场域。我国著名的图像新闻学者韩丛耀在《图像——一种后符号学的再发现》一书中提出图像新闻生产的场域理论，即"图像的生产场域，源自所有的图像再现都以某种方式制造，其生产制作的环境条件则可能影响图像再现的效果。制作图像时所用的技术决定了图像的形式、意义和效果。显而易见地，图像技术关系着图像的外观，并且因此干涉了图像可能发挥的作用和可能受到的对待"。因此，体育图像新闻生产包括生产机构、图像新闻的内容、图像新闻的拍摄地、编排种类和图像设计方式等部分。以《体坛周报》为例，其生产结构隶属于湖南体委，图像新闻聚焦于时事体育新闻事件，特别是近期的体育赛事播报，但是其图像新闻生产偏向于一种不关切人们直接利益的、娱乐性的软新闻体裁。《体坛周报》的时事体育新闻报道属性决定了其拍摄地和图像选取应是赛事新闻的发生地，几乎每一期的图像选取的都是所在赛场的运动员或赛场情况。此外，在图像新闻的版面设计中，每一期版面中图像几乎占据了版面的三分之二区域，且以单幅图像出现为主，有时也会出现两个及以上的图像拼图。在内容版面较多以多幅拼图出现的形式，展现不同的新闻议题。

同时，《体坛周报》图像选取侧重于人们耳熟能详的体育明星，不仅注重对时事体育比赛的新闻报道，而且偏重于渲染体育明星的趣闻逸事，制作报纸媒介体育事件，引起有争议性且满足人们窥探欲望的舆论话题。此外，体育图像首要的、且最重要的实体体裁内容是运动员，通过运动员的戏剧性的身体动作及人物的夸张表情，赋予图像以个性化、民族性、政治性甚至包括种族性和性属性的符号，唤起广阔的社会话题，引发多样的新闻议题。

2. 运用图像符号，塑造体育明星

在报纸媒介体育世界里，从来都不缺体育明星的存在，或者说是在塑造一个个体育明星。一方面，这种意识源自受众的心理需求，在一个现实世界里，粉丝需要偶像去突破一切障碍，寄托摆脱困境的心理依赖；另一方面，报纸媒介体育需要抽象的明显符号，实现商品化转换，诱惑大众进行视觉消费。因此，体育明星是报纸媒介体育理所应当的产品。符号学家赵毅衡认为，"符号是携带意义的感知"。图像作为一种符号类型，承载着意义的所指，综合了各种观点和看法。体育报纸图像文本符号化是对意义的诠释，包括运动员形象、胜利或权力意识。在人们不断追求个性符号、地位符号、身份符号、时尚符号的过程中，体育明星作为体育领域的稀缺资源更容易成为特定历史时期被符号化的产物，成为大众竞相追捧的对象。同时，受众认同这个体育明星就接受了报纸媒介所塑造的这个明星的个性和形象，换言之，亦会增强受众对报刊的支持度。因此，体育明星是报刊媒介体育一直报道和拟态生产的主旋律。

然而，"体育明星"并非职业称谓，也非权威授予，而是通过大众传媒的命名和传播而成为社会约定俗成的称呼，并在传媒的渲染之下被赋予诸多符号意义[1]。我国体育明星的媒介话语身份变迁经历了体坛明星、运动健儿到体育明星等的话语编码，尤其是早期的报纸体育媒介的议题建构，将在奥运会等大型体育赛事中成绩突出的运动员，以浓墨重笔的叙事方式和极尽煽情的文字报道手法，并加上专版专栏上的生动身体图像表达，凸显出运动员超强的体育能力和道德品质。此外，报纸体育图像通过对运动员身体美和强健的细腻刻画，一度引领时尚潮流的生活方式，巩固其体育偶像的作用。于是，在报纸媒介体育的图像新闻报道和身体表达下，体育明星被刻上了民族英雄的意指形象和时代潮流的象征符号，在连续不断的图像中生产出体育明星的多重语义，在广为传播中获得"神

---

[1] 黄启龙，邓星华."体育明星"符号资本的生成逻辑与累积路径 [J]. 体育学刊，2019，26（1）：47-51.

话"的地位。

(二) 报纸体育的图像修辞

所有的报纸体育图像、体育摄影图像都是经过镜头的特写,是人为有意设计和处理的产物。换言之,图像是带有一种媒介的偏向,并不一定是如实地反映真相,而是记者或编辑等专业制作者出于对现实事件的个人理解,进行体育报道或文案编辑,生产出的体育新闻。麦奎尔认为媒介在生产文化时,亦是具有筛选性的。"就其正面效应看,它保证了新闻生产的时效性;就其负面效应来说则不可避免地引发了新闻内容上的偏见"[1]。尤其,图像作为新闻报道的语言叙事,无可避免地带有记者的刻板印象和反映真实的空间局限性。因此,图像是生产者的社会意义构建,如同舒茨在《社会世界的意义构建》一书中所写,"任何人接触到某个既存的制作品时,可以用两种不同的方式加以诠释:一方面,他可以专注于它的对象性,包括真实或理念的对象性,而不去在意他与制造者之间的关系;另一方面,他可以把它看成制造者意识流程的证明,也就是制造者如何在逐步的设定过程当中制造出对象来"[2]。因此,结合中国发行量最大的体育报《体坛周报》的图像文本,提取2016年8月5日至21日里约奥运会的报道,挖掘图像的新闻指向和修辞方式,发现视觉图像丰富的所指和象征等的修辞意义。总的来说,视觉本身的色彩、视角及所占的版面位置等都有一种强烈的表达力和传播力。

1. 图像尺寸和位置表现媒介偏向

相对于体育报纸的文字版面构成,图像的数量及图像本身的尺寸决定了其话语偏向。在《体育周报》中,图像的人物选择特别是封面图片多以中国运动员为主,且强调胜利的一刻。以图像的尺寸大小及所占的位置来突出中国运动员的形象,强调民族的文化认同感。此外,新闻报道的重视程度也取决于图像所占的位置。按照现在的观看逻辑,图像内容从左往右变得由重要向次要转变。从《体育周报》六期的《奥运周刊》图像新闻设计来看,其中国获胜运动员照片不仅有的占据整个版面,而且左边图片都是中国运动员图像,出现最多的运动员是孙杨和郎平,集中象征着国家形象。这种图像版面设计强有力的突出了中国代表团

---

[1] 沃尔特·李普曼. 舆论学[M]. 林珊, 译. 北京:中国人民大学出版社, 1984: 51.
[2] 阿尔弗雷德·舒茨. 社会世界的意义建构[M]. 游淙祺, 译. 北京:商务印书馆, 2012: 187.

勇于拼搏，夺取胜利的瞬间，体现出主流媒介利用图像偏向所生产和塑造的国家意识形态和民族主义精神。

2. 图像色彩彰显国家意识

报纸媒介体育中的图像文本选取和报道并不是简单而孤立地反映客观现实，而是隐喻或象征着某种意识形态或观念，色彩作为图像的基本和核心元素，调动了人们多样的视觉感官。色彩作为符号元素之一，通常表现出象征意义，在国人的意识形态表征中红色常与民族独立、人民解放繁荣振兴等概念和价值取向相关联[1]。《体坛周报》的六大奥运专刊的专版首页上较多以红色和蓝色为背景色，以黄色为醒目字体的主色调，色彩亮丽，夺人眼球。同时，红色也是我国运动员的运动服的主要色调，是中国传统庆典专用色调，并与国旗、国徽颜色相统一，体现强烈的国家意识。奥运专刊第二、三版的版面，以蓝色为背景色，隐喻主人公孙杨的项目特点，并突出孙杨上半身的红色运动服及衣服上的国旗标志，具有鲜明的国家形象意识和中国文化韵味。此外，在奥运专刊的第三版，通过对五位运动员的获胜场景和精彩动作瞬间的抓拍，并突出运动员帽子或胸前的红色五角星标志，完美地将视觉符号与国家形象和国家荣誉联系在一起，既体现出运动员努力拼搏，不负祖国的使命和责任担当，也表现出运动员的集体主义精神。

同时，体育报纸的图像报道在刻画运动员胜利时，较多选取运动员披着国旗的那一刻，运动员身披国旗，绕场庆贺，轻吻国旗，而此时那一抹红色，激动人心。同时，当焦距对准观众时，观众亦手举鲜红的国旗，奋力摇摆。无疑，鲜红的国旗作为国家形象的象征，其图像能指不言自明，亦表征出中华民族的崛起和中国人民的伟大。

3. 图像视角和场景突出运动员形象

拍摄镜头与被摄主体的距离决定了图片景别，不同的景别传达出不同的视觉意义[2]。摄影一般采用全景、中景、近景和特写的手法展现人物或现场特征，《体坛周报》内的照片多采用全景和近景的手法塑造运动员形象，全景能展现整个运动员的全身及其周围环境变化，画面感更加真实，而近景能更好地捕捉运动员的动作、神态甚至是情感，使得观看者有一种面对面交流的亲和力，从而减少

---

[1] 刘畅. 《人民画报》（1978—2012）封面图片对国家形象的建构与传播 [D]. 昆明：云南大学，2015.
[2] 王真真，王相飞，李进，等. 人民网体育频道在对里约奥运会报道中的国家认同建构 [J]. 体育学刊，2019，26（2）：21-26.

了视觉的压迫感。同时，体育报纸中的照片所选取的拍摄视角能体现出不同的视觉感受和报道偏向，一般拍摄视角包括高度、距离及方向。根据已有的诸多研究发现，仰视镜头中出现的人和舞台常被视为强大和优势，与之相反，俯拍则赋予物体或人以弱势地位，而水平拍摄显然展现了观众和拍摄物体与人之间的平等[1]。《体坛周报》中的照片以平拍和正面拍摄为主，增强了画面的纵深感，通过正面形象的构建，平拍的直视感拉近了人物与观众及观看者的距离，突出了运动员的英雄主义形象。

拍摄的场景能塑造出不一样的报道指向。在《体坛周报》中有的照片再现运动员在赛场里获胜吼叫瞬间的表情、运动员置身于观众中的自拍瞬间、运动员与教练自信击掌的刹那，也有的虚构背景突出运动员拥抱瞬间。不同的场景表达出不一样的符号意义，也隐喻不同的运动员形象。例如，在乒乓桌旁边的丁玲、刘诗雯和李晓霞三人合影，并用黑白色突出一种寂静感，配文以"享受孤独"，刻画出中国乒乓球无与伦比的巅峰时刻。因此，图像的视角和场景选择对于刻画运动员形象起到了重要的作用。

然而，拍摄的视角、所置的场景及图像本身的色彩建构了多样的符码系统，同时也决定了图像的不同意义构成，而媒介体育也在这种图像文本中不断突破自己，形成自身的生产方式。

第二节　影像生成：电视体育的视觉化表达

如果说静态的体育图片似乎是铭记在脑海中的，其明确界定和结构的图像很容易通过精密（详细）的细节让人联想起来的话，那么运动的体育影像通常似乎填满了所有大脑备用的和知觉的空间，将其他与其动作、颜色、声音及情节相关的主题都挤了出来[2]。从静态的图片到变动的电视影像，真实地再现了体育现场，让整个过程流动起来，充分刺激了人们的多感官，让观众身临其境，如坐其中。在中国电视体育发展的60年里，人们对体育的认知和话语交流似乎就是对电视体育的媒介认知：耳熟能详的篮球明星、技艺超群的网球王子、魅力性感的游泳女神、NBA的比赛安排及足球杯的比赛时间等，都可以成为体育爱好者茶余饭后

---

[1]周翔.传播学内容分析研究与应用[M].重庆：重庆大学出版社，2014：159-160.
[2]大卫·罗.体育、文化与媒介：不羁的三位一体[M].吕鹏，译.北京：清华大学出版社，2013：176.

的话题，而这一切都源自作为电视体育的影像文本的内容生产及其对观众所产生的意义。

但是，影像生产并不是那么简单地直接呈现现实体育，而是基于现实体育场景、摄像机机位运动节律、结合蒙太奇的处理方式和巧妙的灯光声音的配合，并受到体育本身、意识形态及大众的欣赏需求所构建的电视体育节目。无疑，电视影像具有媒介的偏向性而再现了现代体育，但媒介影像又拘泥于何种现实世界的羁绊，不是忠实地再现真实体育场景，又是如何通过影像生产的呢？因此，这就需要对作为媒介文本的影像生产与传播过程进行深入分析。

谨慎而言，电视体育是以影像为本的视觉呈现。简言之，电视体育即"电视化"了的体育，亦即由电视制作人在自觉对社会总体文化逻辑服从的基础上，将体育及其文化信息等内容经刻意甄选、剪裁、放大、拆解、重组和超文本链接等，营造出一种紧张的、刺激的、狂欢的、好看养眼并有"意味"的电视体育作品[1]。那么，影像也是一种视觉再现艺术，综合了色彩、节奏、画面、蒙太奇等特性打造出逼真而超真实的影像体育世界。从媒介技术学角度来说，影像再现体育并不是那么简单，而是发挥了各个技术元素之间的纽带作用，打造了影像体育的情感和节奏。

首先，画面作为影像的第一外观要素，使得整个运动图景得以呈现，而各要素围绕着画面展开合作。电视体育影像画面始终以运动员的身体动作为刻画核心，再现出步调不断变化的运动图像。然而，电视影像之于观众的吸引力则在于运动员所表现的身体动作节奏上，真正影响人们的并不是动作本身，而是动作的速度和节奏，或轻盈舞动或快速扣篮，举手投足既展现了体育的魅力，又紧扣人们的眼球，随着运动员的身体变化而情感多样。其次，伴随着摄像机的推、拉、摇和移的镜头变化，媒介巧妙地运用远近交替和快慢转换的镜头方式，塑造了一场场精彩的体育瞬间，仿佛让人们置身于真实的场景之中。譬如，大卫·罗这样说道[2]：

> 因为电视体育是一种步调不断变化的运动景观（举例来说，当高尔夫球和冰上或草地曲棍球相比时，就绝对是沉闷的），当它容易理解时，

---

[1] 王庆军.消费时代的电视体育研究 [D].南京：南京师范大学，2015.
[2] 大卫·罗.体育、文化与媒介：不羁的三位一体 [M].吕鹏，译.北京：清华大学出版社，2013：231.

就要利用其运动的视觉戏剧性，而当它不易理解时，就要制造一种势头迅猛的感觉。即便是看起来已然紧张的体育也被电视加速，以抓住并未倾心于它的观众的眼睛，然而体育电视文本节奏不断加速的做法与将所有镜头都减速的念头产生了冲突，减速的念头是为了从各个角度将各种细节都看清楚。将体育电视的景观搞得更加喧哗和更加紧张刺激以询唤（阿尔都塞的术语）潜在的观众，甚至让他们呆若木鸡，节目编排者试图占领家庭和思想的内外空间。

此外，蒙太奇的处理手法、光亮及音乐的配合让整个影像画面顺畅起来，自然而然地再现了现实体育，当然，这种自然化的体育表达，是一种媒介语言的预设和生成的结果。因此，影像文本再现体育让人们深信不疑，甚至觉得电视体育世界就是真实的体育世界，而现在媒介技术的处理下直接压倒现实，似乎影像体育比真实体育更真实。电视体育再现、报道等传播实际上已经衍生出一种专门体育的娱乐形式，类似一种电视拍摄和制作出的电视剧作品，简言之，电视体育是经过电视媒介按照自身逻辑建构出的具有典型电视特征的体育形式，而人们在观看时，鉴于电视是对现实体育的录制或直播，并没有刻意地意识到镜头的切换或视角的转换等媒介行为，却认为电视呈现的是自然而然的体育。

麦克卢汉认为电视媒介延伸了人的眼睛感官，让人类看得更远，将一切事物可视化。电视媒介的工具理性纵然弥补了人类的视觉感官，但其并不是真实地还原了体育世界，而是利用影像建构了虚拟的体育，其也逐渐代替了现实体育，人们更加习惯于在电视荧屏上观看体育赛事，进行体育交流。电视媒介所建构逼真的影像体育，诱惑人类肢体且引发无尽的想象。但对于电视的体育传播来说，由于处于电视文化符号的单一性功能的能动有机组合中，尽管图像原本只是为了展示，结果却将所要展示的内容进行了移位和重构，从而一下就造成了一种双重的改变，即赢利方式的改变及比赛方式的改变[1]。电视体育所呈现的并不是现实中的体育，或者可以说是现实体育的一部分和加工过的，而影像的体育世界，体育的形式内容和意义也面目全非。从文化学来说，电视媒介所构建体育在消费社会的驾驭下，成为一种大众的"俗文化"，有着阿多诺所言的"文化工业"的色彩，电视体育生产的批量生产和机械复制，并赋予了视觉色情和娱乐狂欢，欺骗

---

[1] 乔治·维加雷洛. 从古老的游戏到体育表演：一个神话的诞生[M]. 乔咪加，译. 北京：中国人民大学出版社，2007：130.

大众的眼睛。

因此,电视体育裹挟着技术逻辑、商业链条、意识形态及大众文化的多重力量,成为一种制度化、商业化的消费文化产品。伴随着上述的巨大影响,电视体育正在以强劲的势头改写着现实体育的时间、空间和形象。媒介体育融汇着资本、政治和社会文化要素影响其中。不得不说,这一切的权力都在规训着电视体育的现在和未来,都控制着电视体育的影像文本生产与呈现。总之,电视体育是一种以影像为表现方式再现体育现场的拟态图景,但是,发展到今天影像已然脱缰于体育现实世界,演化出复现体育现场的电视作品,包括体育真人秀及电视体育媒介事件,如《武林大会》等节目。那么,电视影像究竟如何生产,并生产出何种电视体育呢?接下来,沿着现代电视体育影像发展的特征及电视体育媒介产品,发掘影像生产电视体育节目的现实逻辑。

一、电视体育节目:电视体育的影像生产

从文字到图像呈现,媒介体育的图像文本综合和组合了声、字、图等语言形式,突出对现实的相似性,增强真实感。影像视觉文本作为电视节目的基本构成元素,融合了色彩、声音、光线等众多综合性元素,进而塑造出再现现实的视觉效果,正如丹尼尔·贝尔所说的:"目前居统治地位的是视觉观念。声音和影像,尤其是后者,组织了美学,统率了观众。视觉文化成为人们精神生活和文化生活的主要方式。它影响着社会意识形态的构成、改变着大批接受者的价值取向和人生目标,在青少年中制造大批崇拜者。特别在思维方式上,它更多地回归到以直观、个别、具体、经验和象征为特征的审美意识中,很容易把观众带入虚拟故事人物的生活和命运之中。"[1] 电视体育作为一种文化的复合体,以影像为文本组合了语言,声音及人物动作等多种符号形式生产出电视媒介体育节目。同时,在商业的加盟下,市场逻辑操控电视体育进行机械性生产,进一步扩张了影像文本的视觉冲击性及可复制性效果,利用影像媒介技术大规模生产电视体育文本,吸引消费者眼球并获得利益。

影像的内容由两部分构成:一是影像再现对象的内容,称之为再现性内容;二是由影像存在于艺术中的形式表象所体现出的内容,称之为表现性内容[2]。

---

[1]丹尼尔·贝尔. 资本主义文化矛盾 [M]. 赵一凡,蒲隆,任晓晋,译. 北京:三联书店,1989:154.
[2]郝朴宁,李丽芳. 现代影像理论的文化阐释 [M]. 北京:科学出版社,2008:9.

因此，电视影像具有再现和复现的双重性，电视影像生产的体育产品以电视体育节目的形式呈现，其节目包括再现现实体育赛事的直播类节目和复现体育的专门电视体育节目等。例如，奥运会的直转播、专为电视媒介设计的节目，包括电视体育真人秀，体育新闻资讯和《武林风》等电视体育赛事节目，以及所衍生出的体育纪录片和电子游戏等新型节目。简言之，影像文本所生产的不同电视体育节目，都遵循着影像文本的规则和逻辑，表征出不同的体育运动，而且其节目之间及节目与体育之间也有着十分宽广的界限，需要互相调整和适应。但是，电视体育的影像生产也并不是那么简单，融合了摄影、镜头、场景切换、解说、蒙太奇处理及特技语言等多种操作方式，特别当前在媒体融合背景下，催生了弹幕文化及社交论坛等在线平台，使得影像生产综合了更多的元素。鉴于电视体育直播类节目及专门为电视设计的体育类节目是影像生产的主要产品，故而重点阐释影像生产的两个节目类型。

（一）电视体育直播类节目

当一台台摄影机架在四年一届的奥林匹克运动场之时，多机位拍摄加上演播室里的精彩赛事制作和解说人的精彩解说，进而播出的体育直播节目，吸引到无数观众的热情观看。"当家庭和酒吧的舒适又伴以如屏幕更大、高清画质、环绕立体声、多机视角及慢镜头重播这样的电视转播技术的改进，那么可以说，这可不仅仅是对不在现场的补偿了，而这更可能是更令人满意和开心地感受体育及参与'直播广播史'的方式。"[1] 确实，这些像奥运会及世界杯等的重大体育赛事已经不是一个单纯的电视直播，而是演进成媒介体育事件，成为全球人们关注的焦点。法国著名媒介学家丹尼尔·戴扬等在《媒介事件：历史的现场直播》一书中认为媒介事件应是国家级乃至世界级的，令人窒息且舆论影响大的电视直播的媒介事件，包括划时代的政治和体育竞赛（如奥林匹克运动会、总统竞选）；表现超凡魅力的政治使命或者具有挑战性的出访（如萨达特去耶路撒冷的出行）；大人物们所经历的过渡仪式（如皇室婚礼、肯尼迪葬礼、就职、颁奖典礼等）[2]。因此，媒介事件是大众媒介通过议题设置和新闻报道等方式再现现实

---

[1]大卫·罗.体育、文化与媒介：不羁的三位一体[M].吕鹏，译.北京：清华大学出版社，2013：213.

[2]丹尼尔·戴扬，伊莱休·卡茨.媒介事件：历史的现场直播[M].麻争旗，译.北京：北京广播学院出版社，2001：1.

事件的过程，在此过程中媒介策划、推动了整个事件的发展，导致人们只关注媒介所报道的议题真相，逐渐形成媒介事件。此外，社会经常将媒介体育事件视作假日一样的狂欢节，唤起人们的集体记忆和某种价值认同，向社会希冀一种和平、平等而自由的理想社会生活。在大众媒介的仪式化运作下，媒介体育事件已经成为最受世界各国、商业组织及传媒机构青睐的媒介体育节目。

电视体育媒介事件并不是一种偶然的事件，而是像人们期盼已久的狂欢节日一样，为此传媒公司或国家机构动用一切人力物力参与组织策划、进行广告宣传、并提前周知观众一切事件的日程安排、代表队水平、选手状态及会徽和吉祥物等的象征符号。特别在比赛过程中，在媒体的国家认同和民族主义报道偏向的引导下，上升为国家的重大事件，唤起不同国家和民族的认同感，以至于电视直播体育这种再现体育现实比现实体育比赛更重要。丹尼尔·戴扬认为媒介事件的脚本应囊括三个部分，即竞赛、征服和加冕，同时任何一个媒介事件可以有一个或多个脚本构成，而这些脚本类型之间是相互渗透和联系的。然而，竞赛是电视体育类直播节目的最主要媒介事件类型，征服和加冕两个元素类型也在某些方面体现在电视体育直播类节目之中，因为观众观看电视体育直播更多是关注赛场的比赛动态及体育明星的运动表现，寻求一种竞赛输赢的结果。此外，体育比赛场上运动员的互相竞争及拼搏的精神直接昭示着人们对身体自我的征服；获得冠军后登上颁奖台，接受观众的欢呼、领导的颁奖及升国旗、奏国歌等颁奖仪式，体现的是对体育英雄的"加冕"。

打造电视体育直播赛事节目的媒介事件是一件复杂工程，不仅需要各方面组织协调举办赛事，还需要传媒组织各方面的配合，也包括对直播赛前、赛中以及赛后的事宜安排等。因此，电视体育直播完全是媒体经过精心筹划的媒介事件。电视直播的内容是由传媒组织悉心设计，运用媒介的规则秩序及市场的逻辑进行现实体育文本的加工和再生产，这也意味着观看形式全由媒介组织决定。电视体育直播类节目的媒介体育事件，其制作方式和叙事结构基本由电视技术支持、体育表演及观众参与三要素构成。

首先，电视角色的参与是电视体育直播的基本环节。电视制作人在演播室里，通过运用摄影机录制、剪辑和控制多镜头视角切换，以及快、慢镜头转换塑造出立体的影像文本，营造出"在现场"的观看气氛。同时，通过解说员对影像文本的解说诱导，进一步拉近观众与现场的距离，特别是一些著名解说员声情并茂的解说，引发观众的情感涟漪。其次，作为媒介事件底本的体育竞赛，运动员成了电视体育节目的演员,体育偶像的运动表现及比赛结果的不确定性是其电视体育的主旋律,体育比赛也依循电视影像的逻辑改变了形式和规则,比赛也成为大型的体育表演。最后,观众的参与和反馈是电视体育类直播的最终环节,电视体育节目的制造最终为了吸引观众的关注。

然而,由于电视体育直播是一种单向度的传播方式,电视体育开始邀请电视评论员进行点评和解说,并通过观众短信和电话留言等方式,吸引观众参与到电视体育节目的交流当中来,而此时观众的在线参与也成了电视节目的重要组成部分。可见,影像作为视觉符号来生产电视体育直播类节目,通过建构媒介体育事件,熏染狂欢化的电视体育节日,在电视技术的支持下,打造出最有影响的电视体育节目产品,致使体育电视直播类节目成为各国电视史上最受欢迎及收视率最高的节目。

(二)复现体育的电视体育综艺类节目

电视体育直播类节目是以现实客观发生的,再经过媒体的视觉编码和影像内容生产,打造出体育媒介事件。然而,当电视体育直播类节目刚兴起没多久时,电视体育媒介又以新的内容和形式为人们带来了媒介奇观。一股冠体育之名,行娱乐和商业之实的电视体育综艺类节目,包括专门为电视体育设计的电视体育竞技比赛节目如《武林风》、体育真人秀的节目如《来吧!冠军》等,正在以新的魅力和不可阻挡之势席卷电视体育节目的半边天,成为体育视觉文化中一种新的亮丽景观。

然而,这一类区别于以现实体育为蓝本的体育媒介事件,却成为复现或模仿现实体育活动,并完全由媒介组织、筹划和实施的电视体育事件,美国学者布尔斯廷在《图像》一书中将其称之为"假事件(Pseudo-events)",即是媒体专门策划报道的虚拟现实。1998年10月30日,央视体育频道率先推出一档电视体育综艺类节目《城市之间》,以体育活动为内容事件、以大众参与为主,展示城市形象的大型综艺节目,一度获得较好的收视率和占据较高的收视份额,并开拓了中国体育类综艺节目之先河。进入到新千年,出现了中国民族体育风格的电视体育节目,如2004年河南卫视打造的《武林风》和2007年央视体育频道推出的《武林大会》,受到业界和受众的好评。而在北京奥运会之后,更是掀起了体育综艺节目的狂热浪潮,如湖南卫视的《我是冠军》、北京卫视的《勇敢的心》、东方卫视的《报告教练》、天津卫视的《中国足球梦》等,不胜枚举。伴随着冬奥会的成功申办，一些围绕着冬奥会而展开的电视体育节目也如雨后春笋般不断涌现，如北京卫视的《跨界冰雪王》、广东卫视的《冰雪的游戏》、黑龙江卫视的《冰雪星动力》等节目。无独有偶，综艺性体育节目完全是由媒体组织所打造和推出的，以全民参与为价值诉求，以商业为目的，一款娱乐性、戏剧性的电视体育节目。

视觉文化时代的电视体育类节目的影像生产逻辑通过对节目的符号构建、空间构造，实现其大众化、娱乐化的影像文本的构建过程。首先，在视觉语言符号的构建策略上，当前影像制作较多采用基于计算机和磁盘文件的非线性编辑形式，将素材以文件形式存在计算机硬盘，以节目序列进行编辑。在具体的影像制作过程中，电视媒介善于运用动态的场景布置、多角度的景别效果和多样的镜头切换寻求一种真实且搞笑的影像内容，特别是对选手的亲切采访，谈其心理状态，并将镜头聚焦在运动过程中选手的微表情上，既展示了选手真实的身体表现，又拉近受众与现实的距离。在镜头的处理上，较多运用全景镜头，延伸观众的视野，而选手在运动过程中，则采用小景深和特写镜头，描绘现实运动的细节，进而将这种娱乐性影像内容转换成具有丰富内涵的视觉符号，尤其是不同的取景和摄影，放大体育的娱乐化和生活化效果，强化受众的感性认识。而在时尚语言的符号建构中，镜头的景别、运动、光线、构图、色彩等因素的灵活运用，不仅赋予了时尚符号丰厚的思想内涵，而且凸显了时尚符号的意义表达[1]。

影像对节目叙事空间的构造，有别于纸质媒介的单一化空间叙事，其运用了多元素之间的组合呈现方式，既强化影像的视觉刻画，又突出声音元素的组合效果，突出选手的真实表现。此外，在符号空间的构造上，采用戏剧化表达与纪实相结合的手法，特别是体育真人秀节目。总之，体育真人秀与体育赛事直、转播不同的是，尽管其都是录制现实体育，但是真人秀具有较强的规训性，体育明星或事件的发生是媒介之前就设计好的，其场景设计、言语表达、艺术呈现及符号设计等更多是满足对媒介体育画面内容的形象塑造和对观众情感的挖掘。总而言之，电视影像生产体育节目，不管是再现体育现实，还是复现体育的电视体育节目，其深层的生产逻辑是依托于电视影像技术的进步及商业化的诱导，并根植于时代的大众文化的取向及社会消费心理的现实诉求而进行创作和后期影像制作。

---

[1]李锋，王智鸿. 电视时尚类节目的影像建构策略[J]. 传媒，2018（21）：41-43.

二、视觉狂欢：电视体育影像的意义生成

当代体育媒介不再是单纯地录播现实体育，而是成为赛事的导演，强迫赛事按照媒介的逻辑来进行。在媒介技术的映衬和建构下，转变成受观众所喜爱的影像符号，这种影像符号并不是无动于衷地再现现实体育，而是迎合受众的欲望化需求，演绎出新的意指和能指的狂欢，进而使得影像文本生产出新的意义，不仅扩张了体育的本质内涵，也衍生出新的意义场域。因为影像文本再现或复现体育现实，运用电视媒介秩序规训了体育的意义，传达了人物情感和诸多体育信息，建立了故事情节，引发观众情感认同。此外，影像文本从形式变成了内容，构建出了意象世界，传达某种观念和情感。而要对电视影像进行真正的剖析，则需要回应电视体育影像如何生产意义？又生产出何种意义这一问题。

意义和意义生产一直是语言学和符号学的研究领域，而影像作为非语言范畴，却与语言相似的是都依赖符号生产意义，正如我国符号学家赵毅衡所说的，"符号是携带意义的感知"[1]。换言之，意义的生产依靠符号生产，而符号隐喻意义。语言学家索绪尔曾提出意义生产模式，即：能指—所指—意指。而符号学大师罗兰·巴特则在此基础上创设了意义生产的神话学模型，第一层次的符号表意是能指与所指表现的现实意义，而第二层次则是神话的生成，只保留能指的形式，而掏空了第一层次所指的现实意义，神话变成了意义生产的结果，亦如罗兰·巴特所认为的："以神话的态度看待世界，人们对这个世界就不会有任何质疑，对于自然真实的东西就会变得熟视无睹。"[2] 电视语境下的影像文本是一种开放性且多语义的生产式文本，而这种浅白和直观的文本给予受众更多的权力自我生产意义。由此可见，影像符号的意义生产包括三个层次：首先是作为文本的体育影像；其次是由记者、摄影师、导演和体育明星等组成的影像内容生产者；最后是作为意义解码与再编码的观众。那么电视体育影像是如何生产意义的呢？

（一）体育影像意义生产模式

1. 体育神话：电视影像体育意义生产的基础

传媒先天具有神话建构的能力，任何一个媒体文本都与"神话"有关，所

---

[1] 赵毅衡. 符号学：原理与推演 [M]. 南京：南京大学，2016：1.
[2] 尼尔·波兹曼. 娱乐至死 [M]. 章艳，译. 桂林：广西师范大学出版社，2004：104.

谓"神话"主要是指由话语制造出来的有关社会与文化的各种占主导地位的看法，它聚焦于其对象在意识形态上所占据的主导地位，并且通过各种具体的人物和角色体现出来[1]。电视媒介的出现将古老的体育游戏拉到了现代的体育神话，让体育成为一种大型的表演，成了人类的狂欢节。相对而言，第二次的影像传播显得更加重要，直接促成了体育的神话建构和全球化传播。影像文本构建了超强的体育神话议题，产生了强烈的传播效果，使得体育明星及运动员强健的身体得到了多次展示，在多媒介的配合下呈现出体育的媒体奇观。

2. 营造话题：电视影像体育意义生产的重要方式

确切地说，当代社会是大众媒介建构的影像社会，生活处处被图像和影像包围，影像代替真实。鲍德里亚认为消费社会下的商品特征是象征性和理想性代替了商品本身的交换价值，同样电视影像所塑造的媒介体育的影像世界遮蔽了现实的体育锻炼与参与。之所以体育能成为众人皆知的媒介事件，不仅是电视影像再现直播的效果，还在很大程度上取决于电视媒介利用影像进行议题设置，营造丰富的体育话题，广泛吸引受众眼球。如今的体育运动，电视媒介大肆运用民族主义叙事技巧。以世界杯为例，若某一支球队赢得最终胜利，而这些运动员必将被他们的同胞视作图腾人物而备受尊崇。运动比赛表面上是体育的盛宴，实际上却衍生出了部落的景象，一种部落间的争斗与抗衡。运动队的名字就是国家的名称，运动场上队员的竞争，就是国家间的竞争。奥运场上的比赛，也成了国家间的龙争虎斗。媒体的言辞报道更是带有挑衅性和刺激性，隐喻这是一场国家间的"战争"。正是电视影像将运动员变成了民族图腾人物，将不偏不倚的观众变成了运动员的粉丝和崇拜者。体育偶像及运动强队的图像滚动报道和播放在电视体育新闻节目上。

因此，不管是奥运会比赛前还是比赛中，以及诸多的体育真人秀节目，一大堆体育议题，包括赛事情况或是体育明星的八卦绯闻，其相关视觉影像产品涌现在我们身边。在此过程中，影像文本内容已经脱离了现实，影像遵照自身的逻辑去过滤、剪辑，重组了体育世界，甚至在现实体育的"缺席"下进行了超真实的再现，其文本意义生产甚至游离于文本之外，产生新的能指与所指。

---

[1] 格雷姆. 伯顿史. 媒介与社会：批判的视角 [M]. 安斌, 译. 北京：清华大学出版社, 2007: 76.

(二) 视觉狂欢：电视体育影像的意义生成

在观众的电视体育的审美经验里，电视体育充分满足了观众的视觉享受和感官刺激，绚丽的画面、身体的夸张造型，惊险的对决及暴力的身体冲撞场面，引发观众的尖叫或振奋。电视媒介尽可能地挖掘体育的娱乐价值，渲染其夺目的、戏剧性的节目内容，并尽量保持内容的故事性和结构的完整性，制作出电视的媒介景观，而这一切的意义生产最终指向众人的狂欢。

最早提出狂欢理论的是米哈伊尔·巴赫金，他在《陀思妥耶夫斯基诗学问题》和《弗朗索瓦·拉伯雷的创作和中世纪与文艺复兴时期的民间文化》中总结和凝练了"狂欢理论"。巴赫金认为狂欢包括两种世界的对立，一个是等级森严、充满权威的秩序世界，另一个是权威的颠倒，寻求一种供人们戏谑、亵渎，以及加冕和脱冕的狂欢节，因此人们需放下秩序世界的权力和身份，才能进入狂欢节。巴赫金说道："用狂欢节这个词结合各种地方现象并将它们概括在一个概念之中的这种过程，是与流动于生活本身中的现实过程相一致的。各种不同的民间节日形式，在衰亡和蜕化的同时将自身的一系列因素，如仪式、道具、形象转嫁给了狂欢节。狂欢节实际上已成为容纳那些不复存在的民间节日形式的储存器。"[1] 因此，巴赫金认为狂欢节应具有节日的仪式性、全民的平等性及脱离常规生活的颠覆性特征。此外，狂欢指向了身体的放纵、语言的恶搞的开放性生活状态，而这也决定这是一种虚拟的诗性文化。

电视影像以快乐为传播理念，刺激人类感官世界，拒绝深度的思考，虚构了一种拟像的狂欢世界，营造出一个超真实的狂欢空间，这里没有阶级差异，甚至没有国别，全世界人们围绕在影像体育周围追求一种欲望的表达和身体的宣泄。与此同时，约翰·菲斯克在《电视文化》一书里分析了美国的电视节目《摇滚与摔跤》，认为电视摔跤是对体育世界的拟像模仿，是对规则与正义的讥讽。电视影像夸大了身体化仪式性表演，那轰然倒地的瞬间，那重锤一击的一刻，激活了大众的现实侵略冒犯的快感，人们似乎不在乎输赢，只享受脱离现实世界的动作表演和身体冒犯的狂欢，菲斯克这样说道："所有选手一律公平、平等的体育价值观，以及尊重败者并适当庆贺胜者的体育价值观，体现了民主资本主义自我

---

[1]米哈伊尔·巴赫金. 巴赫金全集·第六卷[M]. 李兆林，夏忠宪，等译. 石家庄：河北教育出版社，1998：8.

珍视的主流意识形态（The dominant ideology）。以表现丑陋的和扭曲变形的身体为主特征的荒诞现实主义（The grotesque realism）就是这样分别从符号学和政治学两个层面与主流意识形态相抗衡。"[1]

电视体育实际上是体育的图像或影像组合而成的符号系统，其主要以刺激人类的情感和欲望为目的，满足人的感性需求，进而利用镜头来演绎出体育的狂欢节。大众在这种能指的影像世界中享受着和消费着，让影像体育建构的狂欢节代替了超越现实的身体释放和颠覆秩序的快感，而电视也在这种构造中讲述着一个个体育神话。然而，观众却在这个影像场域里忘却了影像背后的商业化侵蚀，自愿沉浸在电视影像所生成的"狂欢"意义中，而这个体育影像场域也成了人们在闲暇时间或脱离真实秩序世界，获得原始动物性欲望的诗性语境里。

第三节　影像叙事：新媒体体育的视觉生产方式

近些年，国际奥委会主席托马斯·巴赫在不同场合多次说到要加大数字媒介在奥运会中的应用，吸引海量用户。随着媒介技术的快速发展，当前社会生活呈现出高度媒介化生存和表征的特征，同时不管是职业体育还是大众体育都更加依托于不同媒介的包装、加工和传播。自20世纪初，电视媒介与体育的缔结姻缘，国际体育赛事变成了大型表演，由此衍生出媒介体育现象和作为媒介体育产品的媒介体育内容，成功地吸引到全球受众的注意力，诞生出媒介景观。自1958年北京电视台转播北京队和八一队的篮球赛伊始，叩开了新中国体育媒介化发展的大门。在六十年的风雨蹉跎中，电视媒介体育始终占据着体育内容生产及体育舆论传播的制高点。然而，在当前传播渠道扩展、版权交易日趋开放的互联网时代，新旧媒体之间的竞合与互动，体育组织与媒介间的依赖与博弈，资本与技术间的角力与联姻，改变着电视体育传播的内在动力。无疑，不管是从视觉技术可视化呈现上来说，还是从观看方式的便捷性及用户的主要选择上来看，新媒体成了当前人们进行体育观看与交流的主要渠道。然而，何为新媒体呢？

新媒体是相对于广电媒介而提出的概念，新媒体打破了传统媒体的传播方式，开启了用户互动传播的新纪元，使得"人人都是麦克风"，让传播走向了多向度的综合传播。其是伴随着科技进步产生的，相对于"传统媒体"而言是具

---

[1] John Fiske. Television Culture: Popular Pleasures and Politics [M]. London: Routledge, 1987: 248-250.

有时间性、历史性和技术性的概念，且具有数字化、超媒体性、交互性和网络化传播特征的媒介形态。新媒体时代突破了传统大众以传者为主的单一传播方式，引发了全民生产与传播的时代。学者匡文波认为："新媒体是利用数字技术、网络技术和移动通信技术，通过互联网、宽带局域网、无线通信网和卫星等渠道，以电视、电脑和手机等为主要输出终端，向用户提供视频、音频、语音数据服务、连线游戏、远程教育等集成信息和娱乐服务的所有新的传播手段或传播形式的总称。"[1] 从媒介形态看，新媒体呈现出数字化、网络化和移动化特征，包括社交网络、移动手机媒体等形式；从传播方式看，具有交互性、超时空和虚拟性特征；从用户角度审视，用户表现出信息消费者和生产者的统一性。

自从美国学者尼葛洛庞帝在《数字化生存》一书中，唱衰"电视消亡说"开始，电视将死论一直甚嚣尘上，这也映射出电视体育发展的寒冬可能来临。然而，当前我国在媒介融合与媒体融合的时代背景下，尽管新媒介技术发展迭代之快，形式多样，但是电视媒介与新媒体媒介之间并不是一种非线性取代关系，而是一种融合性、互动性与相关性的交融状态。但是，由此我们需要审视新媒体以何种力量迅速夺取了媒介体育的主要阵地，并彻底改变了媒介体育与视觉传播的内容和形式，而图像是左右当代媒介叙事和吸引用户注意力的主因，这就需要进一步分析新媒介的图像技术变迁特征，以明晰新媒体对用户产生的视觉冲击性和对媒介体育的内容、形式及消费产生何种影响，也促进视觉体育文化的重大转型。

一、视觉主导：新媒体体育视觉传播的特征

作为视觉媒介的电视媒介和新媒体媒介均因图像技术的演化而受到巨大影响。从图像呈现技术来说，一是图像如电视图像制作技术能够记录体育事件，二是新媒体还增加了图像的存储技术，其具有储存量大、储存时间较长及方便搜索等优点，通过制作体育节目将其影像化，结合文、图和视频等方式，为系统完整地加以介绍、传播和保护体育文化提供了便利。然而，对于新媒体体育影像的把脉，则需要理解其技术呈现方式及用户心理，即从影像技术及用户视觉感受两个方面进行诠释。

---

[1] 匡文波. 新媒体概论（第四版）[M]. 北京：中国传播电视出版社，2012：4.

(一) 新媒体体育影像呈现技术

首先，从体育图像制作主体来说，新媒体时代体育图像制作主体出现了万众皆媒的现象。在传播主体来看，"万众皆媒"意味着新媒体突破了依赖专业媒体人为主导的单一主体传播，而转向每个人都可能成为传播者，使得传播主体走向了多元主体共存的时代。每个人或组织都可能成为信息内容的发布者或拥有独立自主的传播载体。从受众来说，新媒体打破了地域空间的限制，使得文化传播迈向了跨地域、跨民族和跨文化的交流。新媒体时代所赋予的"一对多"或"多对多"的传播特征，以其传播范围之广，速度之快，受众之多让图像制作通过新媒体技术渠道，采用影像、图像、声音及文字等相结合的制作方法，传播其文化内涵，极大地增加了体育图像制作的群体。

其次，从图像与影像的呈现关系，新媒体的体育呈现出图像与影像的交互性特征。学者彭兰认为："在现阶段，新媒体主要包括网络媒体、手机媒体和两者融合形成的移动互联网，以及其他具有互动性的数字媒体形式。"[1] 因此，基于数字技术为传播载体的新媒体能够融合传统纸质媒介及电视媒介，实现其媒介融合，这就决定了新媒体的图像呈现既可以在网页上以单独图片出现为主，又可以在视频传播载体上以影像传播为主，更可以制作简单流动的 GIF 动图，使得图像呈现出"我中有你、你中有我"的交互化和渗透性特征。

最后，从体育图像的呈现效果来看，一是实现了文本的可视化，二是创造了影像的虚拟化。其一，体育数据和新闻报道的可视化呈现。所谓数据可视化是对大型数据库或数据仓库中数据的可视化，它是可视化技术在非空间数据领域的应用，使人们不再局限于通过关系数据表来观察和分析数据信息，还能以更直观的方式看到数据及其结构关系[2]。随着大数据处理和云计算技术的迅猛发展，信息化浪潮覆盖在体育的方方面面，如在体育比赛直播时，各种比分及各队排名都被以图像或图形的形式生动地生成在画面上，各种柱状图、扇形图甚至是图像分数表达都充斥在画面中。

其二，数据体育新闻在新媒体上的出现让体育新闻满血复活，以新的样貌吸引到用户的注意力。数据体育新闻最大特点是淡化了体育新闻报道的文字主观化

---

[1] 彭兰. "新媒体"概念界定的三条线索 [J]. 新闻与传播研究，2016，23 (3)：120-125.
[2] 刘勘，周晓峥，周洞汝. 数据可视化的研究与发展 [J]. 计算机工程，2002 (8)：1-2.

呈现方式,强调大数据对运动员表现行为的可视化分析。例如,在网球大满贯比赛中,通过数据可视化展现出隔网相对的顶尖运动员发球落点与发球成功率之间的关系,或通过计算不同区的得分率来证明运动员发球或接发球得分情况等。此外,体育数据新闻充分满足人们的娱乐化需求,在2018年平昌冬奥会上,数据新闻就渗透在体育运动员、俱乐部、代表队及赛场的里里外外,只要用户在新媒体上搜索相关体育的关键词,一些可视化的信息立即涌现。从视觉呈现来说,体育数据新闻擅于将体育置于历史时空背景下,以图片为主的报道风格,增加了体育的视觉效果。例如,《纽约日报》在里约奥运会期间制作的名为《博尔特和"世界上跑得最快的男人们"》的数据体育新闻,以可视化方式将1896年以来的短跑获奖者置于同一个起跑线上,以纵轴的方式展现了人类的"速度"。

此外,未来的新媒体开始迈向智能媒体时代,其表现出虚拟现实、增强现实及全息影像的特点。随着影像技术的快速发展及人工智能的介入,新媒体媒介体育领域出现了虚拟体育现实,模拟现实体育事件,以增强用户的感官效果。并且,在AR技术的加盟下,增加了用户的现场感,唤起了用户的多方面感官。同时,全息影像亦开始运用于体育比赛领域。全息影像技术是指通过相干光干涉原理记录和查看图像,当合适地将其呈现时,客观物体的三维成像可以被精准地复制还原,这种照相技术可以记录客观物体所反射,甚至是透射光波里的一切振幅和相位[1]。当前,全息影像已经普遍运用于明星演唱会中,在空间中建构一种立体的3D影像效果图。而全息影像带给体育视觉革命也已越来越近,其让观众与影像之间产生一种互动,进而形成逼真的现实效果。因此,未来的新媒体体育图像发展逐渐朝着虚拟化、在场化及仿真化发展。

(二)用户的体育视觉体验

新媒体作为典型的后现代视觉媒介,颠覆了传统媒介体育的图像生产、呈现与受众接受的风格,新媒体体育图像传播一改报刊与电视媒介的单向度生产与传播方式,进入全民参与生产、分享与共享阶段,极大地丰富了图像资源,使得图像获取和传播更加的方便并加强了互动交流。此外其最大的特征是,不再像传统媒介一样需要依赖现实世界的情景再现,而新媒体完全可模拟影像突出一种超真

---

[1]段鹏. 智能媒体语境下的未来影像:概念、现状与前景 [J]. 现代传播(中国传媒大学学报),2018, 40(10):1-6.

实的在场感。因此，从用户的视觉体验而言，新媒体体育图像和影像呈现效果带给了用户超强的沉浸感、互动感及身体的在场感。

第一是沉浸感。新媒体体育图像强调以大数据和在线网络化为基础，以人为中心，强调身体感官体验及立体化图像呈现的人图融合的传播效果，让人有身处影像之中的感觉。新媒体体育图像复制真实体育的能力越来越强，特别是虚拟影像及3D等技术的发展，以及当今在大型体育比赛中的普遍应用，实现了用户"身临其境"的感觉。例如，在奥运会直播中，央视也打造了"奥运+VR全景"频道，让人沉浸在这个影像世界中，似乎弥合了影像与现实的界限，超真实地体验观看奥运会的乐趣。与此同时，随着电子竞技的勃兴，引发了新一轮的视觉狂欢浪潮，让用户深刻感受到自己就是其中的一员，其沉浸体验主要体现在三个方面。首先，身体感官的介入性。电子竞技的超强视觉感官，让物理化的数字影像叠加在人类感官知觉上，让人痴迷于一种影像的空间，整个思维空间和身体感官围绕着影像内容而变动，甚至有的用户无法分辨影像的"虚"与现实的"真"的界限。其次，置于影像空间的身体沉浸感。身体与空间的关系一直是哲学现象学的研究主题，强调身体在空间的融合感，感知主体的我与客观世界之间的联系，进而回归到身心一元论的维度。新媒体虚拟体育影像也建立了体育影像与主体人之间的虚拟空间感，深刻地感受到影像空间里运动员的一举一动，特别在比赛高潮期间，用户的身心依循赛事的变化而变化。最后，影像空间赋予了用户的身份感，尽管在观看影像之前，大多数用户已经是某队的粉丝，但是影像充分调动了运动员的身份置换效果。特别是虚拟现实影像让用户因运动员的胜利狂欢而兴奋，也会因运动员受到不公正判罚而愤怒，虚拟影像让用户生动地感受到运动员的细微表情和心情变化，此时用户仿佛也成为球队的成员。此外，电子竞技的影像生产直接赋予用户以某种身份，设定具体角色的服饰、装束及装备等，让用户在影像的世界里尽情地厮杀，使得用户获得一种角色的控制权，好似影像角色化身已经消失，而影像被认为是真实的自己。总而言之，新媒体的虚拟影像使得媒介成为一种沉浸式媒介，让用户置身其中。

第二是在场感。在场是德国哲学的重要概念，意为对象显现的存在，其直接呈现在事物面前，而新媒体体育影像的用户在场感，简言之就是用户在其影像的内容和形式的诱导下，置于影像的场域之中，而这种人的存在，偏重于人的心理和行为的空间感。当然相较于沉浸感，并不是简单强调运用视觉呈现技术来突出或还原现实体育场景，给人以完美的视觉呈现清晰度或观看视角，而是突出视觉技术引发的多维视觉观看立体感,让观众仿佛置身其中一样,有一种自己就在场上的参与感,突出身体参与和心理感受。尤其是电子竞技及VR的影像呈现,给予了用户以一种空间的身份感,如同自己就在比赛之中,也是其中的一员。在2016年里约奥运会期间,新媒体呈现了奥运会的新玩法,赛场内运动员们竞相拼搏,赛场外各大新媒体组织结构也拉开架势,力图给观众带来最好的观看体验。央视实现了媒体融合,打造了央视网和新媒体直播平台,承办了奥运会的开幕式直播及多个奥运会项目的VR直播,总计超过100个小时。同时,腾讯体育使用了VA和AR技术营造了全新的奥运体验,并且打造了数字电视的3D播放画面,特别是田径项目的比赛,使用户能产生与选手同在一条起跑线上的感觉,新媒体的全景影像直播充分调动了用户的感官体验,让其与影像空间及体育比赛完美融合在一起。

第三是互动感。传统广播和电视媒介是由专业媒体人生产,受众被动接受的传播方式。新媒体一改传统媒体单一化的影像生产与单向度传播模式,转向了多主体生产与多向度传播的媒介时代,实现了用户与平台、用户与用户,甚至用户与影像内容里的运动员等实现了互动交流。首先,新媒体使用"先赋权,再收编"的策略,营造轻松而愉快的网络环境,吸引用户参与,成为粉丝,进而建设大规模网络用户群。新媒体通过打造网络社区平台,不断扩充体育图像、影像和短视频内容,提供NBA等国际精彩体育赛事,依靠技术赋权开放多屏同步弹幕号召亿万粉丝互动交流赛事的精彩瞬间和明星的赛场表现,诱惑用户完善个人身份信息,给予网络身份更多的权力,如使用VIP表情包和个人头像装扮,充分调动用户与用户、用户与媒介之间的认同感。此外,网络媒体搭建社区平台,每日发布多条包括不同赛事和体育明星的媒介体育影像文本,鼓励用户参与自我发布内容,加强社群的讨论,调动用户的情感。

其次,媒体也建立多元的体育明星和不同赛事的社区交流圈,呼唤用户的长期情感投入,进而转换成欲望和消费的动力。作为赋权给用户的新媒体体育平台,看起来是让用户自由表达,实际是用户的自我展示和表达落入社区平台中。长此以往,在媒体影像的话题引领和他人目光及消费文化的影响下,用户逐渐去迎合社区固定的议题及意识形态,不由自主地陷入网络体育传媒环境的驯化之中,被其收编。在2016年里约奥运会,央视网、腾讯和暴风等新媒体平台,开创了全景直播与全民直播模式,鼓励用户通过移动终端共同观看、共同直播,其直播角度渗透到奥运会场所及体育明星的方方面面。

二、影像劝服：新媒体体育的视觉生产方式

新媒体时代开启了受众人际互动传播的巨大变革，一方面经历着"人人都是通讯社，个个都有麦克风，谁谁都是评论员"的传播主客体间的同一性，另一方面传播渠道从单向度走向综合传播。因此，新媒体体育组织既自己建构影像生产，吸引用户参与，又诱惑用户自主生产体育影像，增强了用户黏性。鉴于此，新媒体的体育图像叙事有双重属性，一方面是媒体叙事，另一方面是用户叙事，但最后其劳动成果都贡献于新媒体平台。

（一）利用直观图像，制造体育新闻舆论

与传统静态的报刊图像及动态的电视影像视频相比，新媒体体育图像既融合了其影像制作手法，如奥运会等的直播，又体现出不拘一格的新风格，包括素材形式上的静态图像、GIF 动图、短视频等。但由于新媒体平台没有任何门槛，其生产者水平参差不齐，目的多样，并不像传统媒体那样由专业媒体人制作，进而导致整体图像内容上显得粗糙和简单。在当今新媒体图像信息过载的情况下，新媒体直观图像的简单表达，能衍生出多语义的意义，并引发舆论狂潮，特别是对体育明星的八卦绯闻照片，更是起到"一图激起千层浪"的效果。例如，从 2017 年 4 月 27 日，格斗教练徐晓东 20 秒 KO 太极拳师雷公，到 2018 年 3 月 18 日，格斗"狂人"暴打咏春大师丁浩，一时间相关视频刷爆微博和娱乐新闻网站头条，点击率破 50 余万次，相关舆论一窝蜂地认为以太极拳和咏春为首的传统武术不堪一击，更将矛头指向了传统武术与现代搏击的"争斗"[1]。因此，新媒体体育图像不仅起着对信息内容的"证明或解释"作用，也传达出编码者的内容偏向。

新媒体平台善于利用影像和图像的纪实功能与叙事真实技巧，拍摄图像或影像内容，经常在报道时将镜头和话题集中在运动员的身体某一部位，放大运动员的性感魅力，且在议题设置时过分突显运动员的"私生活"，而忽视了对运动训练和比赛本身的报道。如此，制作出体育图像的故事情节，传达出体育图像内容的模糊意义，并给予用户充分地怀疑和讨论的空间，渲染出"有图有真相"的体育新闻事件，很可能几秒钟时间就引发几十万网民的参与，更多的图像不断转

---

[1] 俞鹏飞，王庆军，张铖. 网络体育舆论的构成形态、极化传播及其引导策略 [J]. 沈阳体育学院学报，2019，38（4）：86-91.

发和刷新，夺人眼球。

（二）组合与互动：新媒体体育视觉说服策略

与传统媒介影像传播的单向度及被迫性收看不同的是，新媒体体育影像传播具有典型的人际传播特征，由于新媒体具有较强的媒介融合性和多播放平台特点，体育用户完全拥有自主选择的权力去选择何种媒介渠道、何种新媒体平台去观看、转发、交流评论体育影像内容，而这在很大程度上就规训着媒体组织应坚持"用户为王"的服务理念，吸引用户积极参与，而视觉的组合与互动交流则成了新媒体组织利用自身特征推出的重要视觉说服策略。

首先，组合是建立在新媒体媒介技术的基础之上，主要是融合不同媒介及媒介内容，打造多平台传播与交流机制，将整体用户全部迁移到新媒体的特征。新媒体体育赛事直播时直接吸纳了传统媒体的专业化和权威性的影像内容生产方式，结合新媒体的移动性和便捷性特点，实现了小屏带动大屏，多屏联动传播的效果，实现了电视、电脑、手机等的多屏共享，充分满足了不同用户多样化的观看需求。其次是影像内容的组合。随着影像剪切和编辑技术的进步，让影像内容的改编和获取变得简单，新媒体平台战胜了影像内容难以获取的障碍，轻松地对影像符号重新存储、编码、剪辑、再现与分享，不仅供用户持久观看，而且使内容的扩散和传播成为可能。同时，新媒体利用自身的大数据技术，建立体育用户画像，立足于不同受众内容选择、接受习惯等方面，明确适合的传播内容和载体，实现内容精准传送。此外，新媒体平台的影像内容制作和发布，可以组合文字、声音、音频、视频、图像、GIF动图等多种表达方式，而且可以同时上传多张影像文本，根据用户自身个性化需要进行设计和再加工，引发用户的情感共鸣和认同感。

同时，新媒体平台最大的特征是开启了全民参与互动的浪潮，用户积极参与到平台所提供的影像内容之中交流讨论，往往一个话题能引发上亿人关注和参与，出现"蝴蝶效应"。2017年，中国乒乓球协会因体制改革缘故，免去了刘国梁的乒协总教练职位，消息一公布，立马引发相关教练员和运动员的退赛行为和微博支援的视觉内容，引起全国网民的热议，一度上升为当年的热门舆论议题。刹那间，微博和微信大肆生产和转发"这个不懂球的胖子"的图像和影像，其图包括刘国梁夺冠时及任教后不同时期的多幅照片和视频等，引发用户的集体记忆。新媒体建构了网络公共体育空间，通过设置体育议题，引导网民积极参与，并将其纳入彀中。

CHAPTER 05 / 第五章

为利润而生产：媒介体育的视觉编码策略

无可置疑的是，在当今的消费社会，媒介体育的视觉化取向和视觉生产与编码策略一切都以利润为核心的策划打造，刺激受众的体育消费狂欢，后现代视觉文化视域下的媒介体育是由消费来主导，且消费者在消费的过程中获得认同感和地位，呈现出"我消费，故我在"的现象。当今社会，随着科学技术的迅猛发展和社会的大变局，媒介体育视觉化发展有目共睹。奥运会、世界杯及各种世界性、全国性的体育竞赛电视、网络的现场直播，扑面而来的各种广告、杂志等都成了我们日常生活中极其平常的一部分。如今，从报刊到新媒体，其媒介体育的图像生产与表达已经渗透于社会生活的方方面面，成为我们这个时代十分耀眼的文化特征。媒介体育视觉化发展所反映的是一个数字化、影像化的消费社会，它使得人们的生活由文字走向图形符号，由深层剖析走向了平面延伸。

图像作为这个时代的重要特征极大地丰富了人们的视觉体验，人类眼观的欲望得到了前所未有的满足。视觉文化时代伴随着数字经济的到来，是一个视觉内容丰裕而受众注意力稀缺的时代，媒介体育的视觉化趋势是媒介组织为了有效地吸引受众的注意力，满足受众的媒介体育消费需求，刺激用户的消费行为，进而增强用户对媒介体育的黏性，获得利益的过程。因此，媒介体育的视觉化表达不仅是技术进步的结果，更是在经济利益和消费主义的诱导下，媒介为利润而进行的。体育媒介迎合大众的消费诉求，将体育视觉内容产品演变成消费对象，进而影像化的消费社会里，而视觉文化编码则在媒介体育传播中得到充分体现。

此外，媒介体育图像生产的电视体育赛事、新媒体体育赛事等内容节目在消费社会的映衬下，极大地改变了媒介体育的样态及人们的体育生活。那么，需要进一步追问媒介体育是如何利用视觉编码策略来刺激受众的媒介体育消费行为，进而追逐利益的最大化？媒介体育从图像生产到视觉消费，其经历了怎样的过程？其又与实务性消费的不同在哪里呢？其视觉消费的内涵和本质又是什么呢？接下来，沿着媒介体育视觉编码策略及视觉消费的重要范畴展开讨论。

第一节　奇观化呈现：媒介体育吸引眼球的技巧

2016年里约奥运会举办之际，央视网融合传统电视媒体4个频道转播体育赛事，并融合"一微、一云、一平台"，携"三微一端"新媒体平台的全媒体矩阵，多网联动报道赛事，在微信、微博制作短视频新闻。在里约奥运会举办期间，央视体育频道利用其优先获得转播权优势，不仅通过电视转播赛事，而且在官方微博账号上不断发布和传播相关赛事图片或短视频，其内容不仅涉及精彩动作瞬间、夺冠瞬间，还包括热门体育明星的表情包剪切，充分调动用户的参与热情，引发网友的广泛参与和转发评论，其短视频的播放量超过了70亿次，获得青年网友的一致好评。仅傅园慧视频播放量即超8000万次，其微博粉丝半天涨粉110万人。同时，央视在微信平台上打造VA/AR全景奥运观看平台，引发网友热议。当前的媒介体育时代，伴随着我国媒体融合走向更深层次的交融和发展，其媒介体育的形式与内容更加多元和广泛，尤其是以图像和影像录制和呈现为主的视觉主导形式愈加朝着全景化、情景化和沉浸化发展。

当今，每逢奥运会、世界杯及NBA总决赛，从报刊到电视，从新媒体App到门户网站，各大媒介组织使出浑身解数，营造狂欢氛围，大肆制造话题，提供优质体育内容和传播服务，并积极引导用户参与体育社区讨论，其图像化和影像化表达越发地让人体验到置身于现实体育之中的场景感，从而导致媒介体育文化俨然出现"媒介体育奇观"现象。然而，媒体精心制造的媒介体育奇观，其目的都是吸引用户眼球，促进用户的媒介体育消费。

一、图像表征：媒介体育的奇观化呈现

凯尔纳吸收了老师居伊·德波的景观理论，并融合了媒介文化相关理论，独到性地创造了媒体奇观（Media Spectacle）概念，其认为："媒体奇观是指那些能体现当代社会基本价值、引导个人适应现代生活方式、并将当代社会中的冲突和解决方式戏剧化的媒体文化现象，它包括媒体制造的各种豪华场面、体育比

赛、政治事件。"[1]

媒介体育的媒体奇观也是当今社会特殊的社会文化现象，媒介不仅将体育赛事塑造成了恢宏壮观又富有魅力的神话景象，而且通过设置体育新闻议题及录制体育真人秀等方式，诠释了别样的专属媒介的体育奇观。凯尔纳通过对乔丹和耐克的媒介奇观分析发现，媒介、商业、体育及文化的多重组织联姻共同构建了乔丹神话，一大堆围绕着乔丹而展开的话语内容，包括专场技能秀、粉丝见面会、比赛集锦甚至是八卦绯闻，媒体更加热衷于比赛意外的性丑闻、俱乐部矛盾等，导致全世界球迷热衷于在媒介上反反复复观看乔丹的惊鸿一瞥的扣篮、眼花缭乱的攻防技术和生活趣闻，并以此建构了乔丹的媒介神话。因此，凯尔纳认为体育文化奇观即："媒体运用高科技的'魔法'将体育运动转化为最高级别的媒体豪华场面的铺陈。"[2] 最终，媒介体育奇观涵化观众，使其被动地接受媒体所塑造的体育形式，促使他们产生媒介依赖，进而接受和消费媒介体育所提供的体育内容和形象。媒体与体育的结合，在商业的加盟下，演化成媒介体育，必然会呈现出奇观化现象，并表征出多种样态。

（一）媒介体育图像的巨大堆积

人类接受的知识和信息其中有75%是来源视觉，媒介的进步始终在追求着逼真化和拟物化的视觉呈现，同时，媒介体育奇观与图像和影像血脉相连，影像在媒介体育奇观中占据着统治地位和支配地位，缺少体育图像的内容生产和氛围营造，亦没有媒介体育奇观的生成与甚嚣尘上。媒介奇观亦呈现强大的影像堆积和视觉诱惑，影像既承载奇观的物质生产，又充当着媒体意识形态的塑造工具。简言之，媒介体育奇观即经过影像的魔力，精心设计出超现实的体育世界。因此，媒介体育奇观的外在表征的最大特征是体育图像和影像的巨大堆积。

居伊·德波在《景观社会》一书开篇写道："在现代生产条件占统治地位的各个社会中，整个社会生活显示出一种巨大的景观积聚。"[3] 而且，这种影像和图像的呈现方式和内容生产渗透在全媒体之中，包括报刊、电视等传统媒体与新

---

[1] 道格拉斯·凯尔纳. 媒体奇观——当代美国社会文化透视 [M]. 史安斌, 译. 北京：清华大学出版社, 2003：2.
[2] 道格拉斯·凯尔纳. 媒体奇观——当代美国社会文化透视 [M]. 史安斌, 译. 北京：清华大学出版社, 2003：2.
[3] 居伊·德波. 景观社会 [M]. 张新木, 译. 南京：南京大学出版社, 2017：1.

媒体，往往一个话题能引发所有媒介联动，跨媒体间共同打造体育文化奇观。在当下中国社会，以体育赛事和体育明星为主要构成对象，其影像化呈现尤为突出。

媒介体育奇观的图像堆积不仅体现多媒介融合共同生产和传播体育影像，而且视觉表达形式多种多样，信息极其泛滥。不管是专门的体育媒体，还是综合性的媒体对体育的痴迷和报道可见一斑，大型比赛事项和平常体育明星的家长里短，都是媒体关注的焦点。2016年8月8日，中国运动员傅园慧在女子100米仰泳半决赛的角逐中，以58秒95获得小组第三的好成绩，并成功晋级决赛。而在赛后的央视记者采访中，傅园慧丰富的肢体表情及率真的受访发言，随后被央视将其以短视频剪辑并发布在微博上名为《傅园慧赛后魔性受访："58秒95？我已经用了洪荒之力！"》，一时间网易新闻、腾讯视频、新浪娱乐、各大微信平台公众号和用户朋友圈广为转载和再编辑传播，一时间其微信话题达到1万多条、短视频浏览超过5000万次、新媒体门户网站表情包新闻报道量超过1万多条、微博话题甚至达到5.5亿浏览量，其新闻呈现形式不一，包括图像、GIF动图、小视频及动漫等多种视觉传播方式。而且，多种媒介联合报道，涉及《人民日报》《光明日报》《南方日报》等几十家报刊媒体，且央视体育新闻也进行了专门的报道，而最多的则是新媒体媒介报道，傅园慧的名字一时间家喻户晓，成为奥运会中最受关注的人物，被网友戏称为"行走的表情包"和"段子手"。此外，国外媒体也大肆报道傅园慧表情包，均赞扬其是体育界的"泥石流"。自央视采访傅园慧视频经各个自媒体传播后，不仅得到了国内受众的广泛关注和喜爱，还得到了国外多家媒体的报道，包括英国的《卫报》、美国的《华尔街日报》等多家权威报刊媒体的关注，引发全球网友的热烈反响。此外，当前的体育影像建构和话题引导已经延展到体育真人秀、体育综艺节目等多种视觉内容形式，实现体育与娱乐类节目之间的互动与跨界整合，催生出多元的媒介体育形态。

如今以傅园慧为代表的体育形象传播渠道极为广泛，从传统媒体的报刊和电视，以及新媒体媒介的微信、微博、门户网站等，多重媒介反复叠加报道、交叉传播，制造多重影像和图像吸引眼球，赢得用户的注意力。当然，媒介体育奇观不局限于体育图像的海量堆积，还体现在通过图像连接了人与人、人与体育之间的社会关系，建构了媒介体育意识形态的话语场域。

（二）媒介体育的奇观表征

体育与媒介的联姻，尤其在今天的媒体融合及新媒介图像泛滥时代，体育的媒介介入，加之体育的娱乐性和普遍性，立马使得整个媒介充斥着体育的图像和影像。其媒介体育奇观所表征的内容丰富，种类多样，而最主要的是身体奇观、偶像奇观和场景奇观。

首先是身体奇观。体育是以身体为载体的运动，一切的运动形式都依靠身体而表现。自古希腊奥运会开始，人们就通过体育运动向上帝展现所恩赐的健美的身体。在媒介体育之中，镜头对运动员的身体观照更是表现得淋漓尽致，快镜头的推进完美地塑造了超越身体极限的速度感，慢镜头的特写描绘出了暴力身体的张力，这些都充分展示了健与美，悲壮与野蛮的身体。但是，媒体的奇观远远不满足于对运动身体的简单刻画，而是满足了人类的"偷窥欲"和"犯罪欲"，通过抓拍和放大隐私部位，唤醒人们的原始欲望，使得身体奇观朝着性感化及暴力化的趋势发展。电视影像空间的身体意向（暴力渲染、情欲煽动、性感叙事等）能够与人的某种欲望的隐秘呼应，故而造成人们的视线经常浸淫于被"魅化"后的"身体奇观""暴力美学""性感符码""刺激影像"等原始欲望中，让窥视欲望和隐秘快感瞬间激活和迅速满足[1]。当前，在媒介融合背景下，镜头下的运动员多以展示健壮的身体、妖娆的肢体姿势及暴力的血肉撞击，构架出身体的媒介奇观。

其次是偶像奇观。现在不管是报刊、电视，或是新媒体平台，体育明星的报道和形象渗透在媒介的每一处，体育明星的报道远远大过于赛事本身的介绍，不管是在赛事过程中还是在赛后，体育明星备受媒体青睐。如姚明、科比、孙杨、傅园慧等都被媒体打造成家喻户晓的人物，其图像和视频比赛集锦成了最热门的阅读率和播放量，体育明星成了媒介奇观。往往一个很小的话题，一夜之间便能引发上千万的图像新闻报道，以及诱发上亿人的关注。例如，傅园慧表情包、替补出场就锐不可当的NBA球星林书豪等都受到了媒体的热捧。媒体通过挖掘最具媒介价值体育运动员，运用媒体的议题设置和话语建构，大肆制造体育明星话题新闻，构建运动员媒介形象，招揽广告宣传，将其符号化，建立榜样力量和民族英雄的象征意义，进而塑造出媒介体育明星奇观文化。

最后是场景奇观。从报刊体育图像到电视体育影像，场景空间实现了从静态到动态的变化，其烘托的视觉生产和呈现的场景远远不一样。当今，从电视影像到新媒体的全景化呈现与沉浸式传播，颠覆了传统媒介体育场景的呈现方式。然

---

[1]王庆军. 拟态狂欢：消费时代电视体育传播的范式 [J]. 体育学刊，2011，18（1）：30-35.

而何为场景呢？场景，就是场地中发生的情景，也就是在一定时间、空间内发生的人的行为和故事[1]。媒介的体育场景包括两个内容，一个是体育内容场景，另一个是媒介传播场景。体育内容场景就是媒介体育内容所生产和展现的绚丽的体育舞台灯光效果、运动员的运动服饰和图腾文身、粉丝的横幅，以及虚拟影像所建构的内容场景，如自动生成的游泳赛道线、屏幕上的比分分析，乃至新媒介的"一波弹幕来袭"都展现出体育内容场景的奇观。与之相应的，媒介传播场景旨在引发新的用户观看体验革命，沉浸式体验、全景化再现及虚拟性存在，引发新一轮的场景奇观，唤醒了用户的所有感官欲望。

二、图像仪式：媒介体育的奇观化建构

在消费主义的大行其道下，媒体在商业的诱惑下，为了吸引用户的视觉消费，按照自身擅长的传播运作方式，以及娴熟的媒介制作手法，构建出体育符号及其体育图像的叙述方式。遍览当今全媒体矩阵下的媒介体育奇观，媒介通过其话语建构方法，通过其媒体所独有的图像生产、仪式传播及营造狂欢节日等方法，制造出令人缭乱的媒介体育奇观。

首先，媒介体育奇观的视觉构建。当今，以体育图像和影像为主的视觉表现形式充斥在人们生活的每一处，从大型购物超市的商品景观，到公园和特色小镇的形象设计，再到奥林匹克运动会的盛世狂欢。图像成为这个时代最富裕、最丰富的日常生活资源，成为人们无法逃避的符号情境，成为我们文化的仪式。图像的剩余和堆积直接产生了视觉的景观社会，"在现代生产条件无所不在的社会，生活本身展现为景观（spectacles）的庞大堆聚"[2]。媒介体育的视觉建构方式表现出两个特征，一个是图像和影像的狂飙突进和海量生产，另一个是图像的视觉修辞。今天的媒体时代，大型体育赛事的精彩纷呈、所爱之队的失常发挥、体育明星的家长里短和赛事表现，往往一场比赛和一个事件，就会引发全媒体的联合图像新闻生产，刹那间各种图像和影像形式遍布媒体，而导致这样的结果也是各大媒体在追逐新闻的时效性和速度性，每个机构都在抢先报道，或是深度报道，烘托成全民话题，赚取用户的注意力。此外，媒体体育新闻图像的选取及影像的录制和剪辑再现，是媒体所精心设计和选取，画面构图不仅注重镜头的图像

---

[1]沈贻炜.影视剧创作[M].杭州：浙江大学出版社，2012：162.
[2]居伊·德波.景观社会[M].南京：南京大学出版社，2017：3.

变换技巧，"以影像的突出、错位、变形、幻构等特殊呈现手段，力求达到强化、扩展、深化或建构某种特定含义和特殊视听效果[1]"。同时，注重图像的语言修辞和主题话语突出，特别对运动员的微表情及运动员的民族认同的图像，兼顾了图像本身的隐喻、夸张等的图像修辞法，以营造氛围，打造不一样的视觉效果。

其次，媒介体育奇观的仪式建构。媒体之所以能制造媒介体育奇观，并引发上亿用户的关注和参与，尤其是在新媒体时代的交互性的群体传播时代，制造出大的媒介事件，也是因为媒体善于运用媒介的仪式化传播方式。对于体育而言，从古老的祭祀活动，体育赛事本身就呈现出仪式化表征，而今天现代图像和影像突破了时空的界限，放大和扩展了体育仪式活动，并通过媒体的各种仪式化活动，将体育打造成"媒介事件"，进而在众多观众的拥护下，演化成媒介奇观，一场现实的体育比赛或是体育相关活动，在媒体的仪式传播下，成了纯粹的媒体文化现象。媒介体育仪式体现在对现代大型体育的仪式化程序设计，包括全程报道运动会的火炬接力、开幕式、比赛颁奖、闭幕式等仪式化过程，还包括对比赛本身的仪式传播，渲染各个队伍之间龙争虎斗的"竞争"氛围，突出"胜者为王、败者为寇"的征服霸道，营建为胜者"加冕"的国家认同。同时，对于比赛报道安排、体育真人秀等节目的周期播放都赋予了仪式的神话叙述。体育媒介的仪式化传播，面向全世界所有观众，建立人类共同的价值观念，超越种族、民族及宗教等的隔阂，使得媒介体育的意义实现全球共享。媒介仪式以体育明星及体育赛事或体育节目等的媒介事件为话语，通过各种媒介传播渠道，打造体育仪式语境，聚集分散的观众，分享体育讯息，建构共同的价值观，进而形成亿万人观看、参与及传播的"媒介奇观"。

最后，媒介体育奇观的狂欢营造。当下全媒体时代，特别是媒体融合背景下，传播方式延伸到多向度的全民传播与全民皆媒时代，其媒介体育美学散发着一种超越现场体育的全民狂欢韵味，一场NBA和世界杯决赛，或一个体育明星的绯闻，都能引爆整个媒体的狂欢。媒介体育在商业的诱导下，其制作理念倡导娱乐、快乐、趣味等来充分激发民众的视觉欲望和心理宣泄，在嘻哈音乐、性感体育宝贝、焦点明星等的表演参与下，营造出颠覆传统等级观念、国别差距的欢快氛围，构造出体育影像的狂欢嘉年华。尤其是今天的新媒体时代，新媒体技术解放了传者，打破了中心化的媒体传播格局，创造了自由、平等和开放的传播空

---

[1] 李显杰. 电影修辞：镜像与话语 [M]. 北京：文化艺术出版社，2005：4.

间秩序。正是这种不需要任何门槛即可成为万众皆媒的"无中心化"传播方式，用户的话语建构颠覆了传统媒体的"意识形态"和冲击主流媒体垄断话语地位，那些曾经面目模糊的原子化个体，曾被斥之为"群氓""乌合之众"的群体，在互联网时代以另一种方式连接与聚合，正在改变社会的结构与权力的格局[1]。一大堆用户自制的体育影像娱乐视频、体育用户直播、网络体育粉丝见面会、体育网红等众多形式充斥在媒介上，丰富了媒介体育的形式，并呈现拟态狂欢的景象。如同巴赫金所发现文艺研究所表现出来的狂欢趋势：狂欢建构了一个"颠倒的世界"，通过对人们日常生活的戏仿，使生活由严肃的现实状态转入暂时的游戏境界，人们忘却了阶级、等级和身份，在诙谐的笑声中获得自我的释放[2]。正如尼尔·波兹曼所认为的今天是影像文化取代书写文化，引发的"娱乐至死"的时代，一切均以娱乐和狂欢的形式和语境出现，旨在调动民众的感性需求，让其自愿产生视觉消费行为。

行文至此，可以看出媒介体育奇观是多种力量和权力交织的复杂产物，也是社会经济、视觉技术发展及民众心理多种维度共同结合的结果。然而，当下我国乃至世界的媒介体育奇观亦是传媒产业发展、商业诱导及民众消费至上心理而催生的流行体育文化，尤其是媒体运用自身的视觉文化传播策略，为突破当前浩如烟海的媒介文化内容产品，而制造出来的吸引用户注意力的技巧。

第二节 明星化打造：媒介体育增强用户黏性方式

从报刊到新媒体，从大型体育赛事到真人秀，似乎体育明星的信息和媒介形象贯穿在整个体育报道和节目之中，可以这样说，体育明星深受媒体的青睐和粉丝的喜爱。但是，体育明星毕竟是"高高在上"，远离平常人的现实世界，那么为何体育明星的信息充斥在生活的各个方面变成街头巷尾、茶余饭后热议的焦点呢？而且为何消费者购买体育明星代言的商品，就觉得是值得信赖的品牌呢？那么，这一切都归于媒介的塑造和建构，而媒介为何这么热衷于体育明星的打造，乃至于依赖体育明星的话语设置呢？这一切又都离不开一个原因，就是体育明星的营造实现了媒介体育商品的最终流通过程——消费。媒体建构体育明星，并不

---

[1] 喻国明，马慧. 互联网时代的新权力范式："关系赋权"——"连接一切"场景下的社会关系的重组与权力格局的变迁 [J]. 国际新闻界，2016（10）：6-27.
[2] 王虎. 网络恶搞：伪民主外衣下的集体狂欢 [J]. 理论与创作，2006（6）：59-61.

是简单地打造体育明星,实则以体育明星之名,行明星商品化和消费符号化之实。

一、体育明星:一个可资利用的符号商品

"不管人们是否愿意,人们已经对政治名人、传统文化名人的兴趣出现了弱化,所谓熟视无睹。社会识别率最高的倒是体育明星、歌星、影星等"[1]。当前,面对新媒介引发的浩瀚媒介内容所导致的大众注意力资源稀缺时代,体育明星却一直占据着媒介的主要内容和民众的注意力,这不禁引发人们的思考,何为体育明星呢?媒体和大众为何如此关注体育明星,并贯穿在媒介体育消费的始终呢?在回答此问题之前,需要明确当前的消费时代。现代社会随着商品经济的快速发展,物质产品极大丰富,商品簇拥着消费者,人类生活从生产型活动进入消费型世界。商品的堆积迷惑了人的眼睛,促使人类欲望的延伸使人们很少关注商品的使用价值,更加关注其象征意义,进而制造出了一个商品的"拟像社会",解构了人与人之间的关系。

波德里亚指出:"今天,在我们的周围,存在着一种由不断增长的物、服务和物质财富所构成的惊人的消费和丰盛现象。它构成了人类自然环境中的一种根本变化。恰当地说,富裕的人们不再像过去那样受到人的包围,而是受到物的包围。"[2] 同时,商家为了促使商品交换价值的实现,毫无顾忌地将经典艺术的手法和技巧运用于广告设计和产品的包装之中,呈现出一个"消费社会",这不仅使得人们淡化了商品的使用价值,更加促使商品泛化和生活化。而消费社会也蔓延到了当代中国的媒介体育消费领域里,使得媒介体育消费出现时尚化、符号化的取向。然而,以文字、图像和影像为主要呈现形式的视觉体育消费,也表现出强烈的符号消费特征,而以体育明星为核心和消费诱导的体育赛事直播、真人秀节目和广告代言等深受广大消费者的喜爱。因此,消费社会语境下的体育明星是既作为媒介体育的符号形象,又作为媒介体育的消费产品。换言之,体育明星是具有媒介体育的经济属性和符号属性的双重角色。

首先,作为消费符号的体育明星。"在消费社会中大众把体育明星作为符号

---

[1] 苗艳. 消费社会"名人符号"分析 [J]. 上海师范大学学报(哲学社会科学版),2011,40(2):95-100.
[2] 波德里亚. 消费社会 [M]. 刘成富,全志钢,译. 南京:南京大学出版社,2000:1-2.

来解读和消费，大众所认识的不可能是体育明星的真实个体，而只能是大众传媒等作用下明星的符号化形象，这种符号化形象能使人产生象征联想，即为体育明星符号的意义"[1]。因为，体育明星并不是凭空产生，亦不是运动员的自我宣传，其是自身内爆及媒介制造的结果。其一，运动员本身具有非凡的运动才能和突出的卓越成绩而区隔于其他同侪，受到媒体的关注，同时，在当下的娱乐至死和网络所带来的多元价值的时代，一些具有超强个性表现的肢体动作和诙谐幽默的语言，往往更容易引发青少年的追捧，如傅园慧的表情包完全掩盖了其比赛晋级的优越成绩。其二，当媒体进行运动员形象的报道及宣传之时，运动员已经作为一种符号的存在，被媒体加工、再生产出新的媒介形象而受到大众的热爱，也正如学者杨文运所认为的：体育明星是"由大众传媒利用图像、声音、文字、色彩等复杂符号，对运动员本人某些事件或信息进行选择和加工，重新加以结构化以后，展现在大众面前，并激发人产生象征意义联想的运动员形象。"[2] 媒介善于利用文本和传播技术来设置话题和设计媒介形象，营造符合大众心中所崇拜的体育英雄形象，进一步扩大体育明星的符号意义，引导其拥有众多粉丝和成为媒介体育的消费符号。布尔迪厄认为符号是一种资本，资本包括经济资本和文化资本，体育明星符号作为文化资本则象征着身份，其不仅区隔于其他方面的表征意义，又成为消费时尚的隐喻，同时也成了消费者所消费的商品，混迹在商业之中。

其次，作为商品的体育明星。谨慎来说，体育明星连接着媒介体育内容产品的生产、分配、交换和流通的全过程。媒介之所以乐此不疲地打造和宣传体育明星，是为了不断提高其收视率和阅读率，以引发观众的关注度，变相获得更多的广告资源等经济资源。在媒体组织和商业资本的共同渲染下，本不能被人们所接触和认识的运动员，一下子成为万众瞩目的体育明星，拥有众多的粉丝，往往体育明星的一场比赛、一次机场现身，便引发数万人的现场追星聚集和媒体报道。媒体所拥趸下的体育明星，加之其自身的奋斗故事、高超技术和美丽的长相，使得体育明星成为一种粉丝的消费"图腾"，引导人们的消费价值取向。体育粉丝开始大规模地观看体育明星的比赛及体育明星参加的真人秀，购买体育明星代言的广告产品，参与体育明星大发布会和社区讨论、互动和评价体育明星的社交账

---

[1] 李春阳，王庆军. 拟态神话：消费社会语境下体育明星制造的范式 [J]. 山东体育学院学报，2018，34（2）：39-43.
[2] 杨文运，马国强. 体育明星的符号学解读 [J]. 体育学刊，2007（8）：24-27.

户和话题，甚至模仿体育明星的穿戴和装扮，而这一切都来自媒体的信息报道和媒介呈现。同时，体育粉丝的一系列行为演变成了消费行为，并让体育明星变成了"商品化"存在，激活一连串的体育广告代言和明星体育赛等相关产业，而媒体和商家正是利用体育明星的资本价值来生产相关产品，明星本身也成了被消费的产品，观看明星比赛即是一种简单的、基本的消费行为，明星也是最原始的商品。于是，类似全明星赛、职业联赛和体育明星俱乐部纷纷建立，并与媒体一起不断地制造体育明星商品，吸引受众的关注和消费。然而，体育明星绝不会因一人的消失或退役而结束，始终是一个又一个体育明星被生产出来，由此诱发一批又一批的体育粉丝，进而产生了庞大的体育消费环境，体育明星也在这其中不断被商品化。那么，作为符号和商品的体育明星又是如何直接引发消费者的消费行为和间接的消费诱导呢？这就是媒体的重要营销技巧。

二、身份认同：体育明星的媒介消费诱导

无疑，媒体和商家并不是平白无故地生产体育明星，而是体育明星的制造完美地契合了媒体组织及商家的经济需求，激活了受众的媒介消费行为和媒介依赖。在当下消费主义的影响下，媒体和商家极力渲染体育明星，充分挖掘体育明星的符号象征价值，诱惑用户的视觉消费行为，既增强用户与媒体之间的黏性关系，又成全了商家的广告品牌构建。然而，消费者之所以购买与体育明星相关的产品和服务，是因为体育明星建构了用户的情感认同和时尚引领的符号价值。

现代社会，人们的消费理念已经在物质生产极大丰富的影响下，由追求生理性消费转向了精神消费，同时，人们更加注重商品的象征价值和身份彰显，人们开始为了消费而消费，人们因消费而感觉到自我的社会存在，由此进入一个由消费控制的社会。在这个消费过程中，物品逐渐与其固有的使用价值失去了关联，却与人类的审美、欲望等产生了联系。简言之，人类对商品的物质需要转换成了对物的符号价值寻求。然而，用户的媒介体育消费，十分关注所喜爱的体育明星所在的球队比赛，积极发布、转发和在社区群里参与讨论交流体育明星的信息，并购买体育明星所代言的广告商品，旨在寻求一种社会的身份认同。换言之，粉丝或消费者是基于体育明星的身份认同来进行相关体育消费，乃至体育赛事的视觉消费活动不再是纯粹的、非功利的鉴赏活动，而是带有区隔的象征符号，人们通过审美趣味表明自己的社会地位，建构或标出个人或集体的身份。

消费者在进行相关体育消费时，获得了群体认同的归属和情感价值，进而实现了自我的身份建构和认同。在此过程中，体育明星俨然成为消费的符号，而消费者围绕着体育明星符号建立起消费的认同感和共同体，且媒体不断地编码明星设置新的符号象征，特别善于利用图像和影像刻画体育明星的形象价值。例如，不懈奋斗的勇者、战无不胜的英雄和拼命三郎的王者等，其媒介形象吸引着无数的体育粉丝。马克思·韦伯曾在其著作《宗教社会学》里这样写道："个人的异常特性，即由于似乎拥有超自然、神意或是不寻常的力量，而吸引跟从门徒。"[1] 媒体充分挖掘了体育明星的个人能力和骄人运动成绩，赋予了体育明星的这种如同上帝般的"奇魅"形象，使得体育迷超越了时空、种族及语言，建立了大众共同崇拜的体育明星，如乔丹、姚明、贝克汉姆等国际知名体育偶像。

总之，当下媒介体育热衷于不断生产一批又一批的体育明星，旨在制造和挖掘体育明星的文化资本价值，使其成为媒介体育的消费符号，媒介在商业的加盟下反复文本建构及经济操控，唤醒消费者的消费认同和情感归属，让其落入消费的罗网中来。然而，媒介建构体育明星的消费议题和利用图像来突出体育明星的媒介形象，为得到大众的认同，亦是煞费苦心。因此，在当下视觉文化时代，媒介充分利用了图像修辞和视觉传播策略深度叙事体育明星等的身体，得到受众的强烈追捧和改编，也呈现新的媒介体育身体化叙事特征，最终引发众多粉丝的媒介消费。

第三节　身体的隐喻：媒介体育塑造的审美体验

现代大众媒介的叙述过度依赖"在场"的视觉图像呈现，而大众体育媒介和媒介体育的内容呈现则表现出对身体在场的图像叙述。现象学意义下的身体在场的图像表达和认知正在被各种媒介所纷纷效仿和践行，"眼见为实，身体在场"已经成为媒介体育最重要的叙述方式。因此，视觉文化时代的身体表达是媒介体育中一道亮丽的文化景观，其图像和影像化符号编码也已成为最主要的内容主题。毋庸讳言，体育只有通过身体才能展现运动的特征，因此，体育是天生的以身体为核心的视觉再现。媒介体育中的身体以其变化多样的动作形态、暴力与轻盈的身体姿态映衬出体育文化的韵味，让观众领略到身体的无限魅力，由此促

---

[1] 刘荣. 试论涂尔干和马克斯·韦伯的宗教社会学思想 [J]. 科学·经济·社会, 2003 (3): 69-72.

发了复杂多样的媒介体育的身体文化叙事。然而，媒介体育究竟建构了何种身体形象？不同媒介的媒介体育文本又叙事了何种身体美学？媒介体育中的身体叙事又如何成为一种消费语境下的符号消费转换？基于此，沿袭着媒介体育—身体—消费的三重维度，审视其内在的逻辑关系。

一、身体叙述：媒介体育文本内容聚焦的主体

当前伴随着视觉媒介内容和呈现形式的扩张，大众媒介的视觉化趋势此消彼长，尤其以图像文本叙事为主，已成为社会不争的事实。在视觉文化时代的背景下人的身体成为大众媒介争先恐后最喜爱的表现对象，作为人类形象和意义存在的身体，备受体育、媒介体育的关注和叙述。然而，身体却在西方哲学美学自柏拉图伊始，其文化语境中始终是遭受冷落和排斥的。从柏拉图的万恶的身体观，到圣奥古斯丁的邪恶身体，再到笛卡儿的身心二元论，身体置于精神的"附属工具"，已经完全被驱逐于理性和知识之外，直到尼采呼喊的"我的存在就是我的身体"，以及梅洛庞蒂从现象学之维将身体拉回了身心一元论的框架内，进而完成了现代性的身体"正名"。步入后现代时期，消费社会及新视觉媒介技术的到来引发新的身体审美和表达，身体开始进入了大众媒介的视线里，且身体叙述完全渗透到大众体育媒介的传播之中。

从体育报刊到电视体育再到当下的新媒介体育，以图像、色彩及声音等符号形式将人和自然世界囊括在自己的文本之中，同时将身体在场化，实现了身体的文本叙述，进而将运动的身体传递到了观众的面前。媒介体育的文本一方面在利用镜头和剪切技术遮蔽了媒介自身，产生身体的自我叙述；另一方面，又不断强化镜头对身体美学的干预，生产精彩的体育文本。换言之，身体的媒介叙述徘徊在媒介体育中的身体与身体中的媒介体育表达的复杂交织关系。然而，媒介叙述是人类叙述行为不断进化的结果，从最早的岩壁制画叙述、口语叙述、书面叙述、印刷叙述、电视和新媒介叙述等，其作品形式繁多，材料丰富，主题不一，体现了叙述者的话语表达。现代社会人类叙述手段越来越多，除了实物、图像、声音、文字外，身体本身也是人的一个重要的叙述手段[1]。而身体叙述作为人类最基本的叙述方式，蕴含了多样的身体语言与复杂的表意行为，一直在人类的

---

[1] 余艳青. 身体、体育比赛与电视传播 [M]. 北京：中国广播电视出版社，2017：54.

交往之中被人们所忽视，直至被搬到荧幕上，成为一种可以消费的商品，进而得到人们的注意。

当前，媒介体育的图像内容主体就是身体语言，集中体现在运动员所突出的力与美的身体。比赛时的速度与激情、胜利时喜悦的微表情，甚至是与奖牌失之交臂时的叫喊和哭泣，都是镜头的主要聚焦点。因此，也诞生了很多具有身体别称的体育明星，如"铁榔头"郎平、"移动长城"姚明、"大魔王"张怡宁、"飞鱼"菲尔普斯、"小飞侠"科比等，这些绰号生动形象地隐喻出体育明星在身体某方面的超常能力。如今经过媒介体育所塑造的运动员身体，在镜头的特写、剪切或包装下，变得既风情万种又具有运动魅力，且完全符合体育的要求和模式。伴随着美颜、PS抠图、虚假拼贴、智能构图及虚化等视觉技术功能的叠加，使得运动员的身体呈现在娱乐恶搞、图腾神话等的边缘徘徊，身体的叙事从传统媒介到新媒介不断变得复杂和多样，并不是如麦克卢汉所单纯地认为："电视媒介中的身体叙述就等于把日常生活身体叙事搬到屏幕内的内容一样。"[1] 在新媒介技术的魔力下，许多虚构的身体"在场"文本也不断出现，以博得众人眼球。归根结底，身体语言构成了媒介体育内容叙述的主要质料和叙述方式。

二、性感叙事：媒介体育身体叙述的美学取向

当今社会已经进入一个以消费为主的消费社会时代，一切都可以变成消费的对象，人们开始转向追求享乐性消费、符号消费和炫耀性消费。而媒介体育消费在电视和新媒体等媒介技术推进下，使得不可见的可见，不在场的在场，媒介完全可以脱离身体和物质本身来创造虚拟物质的影像，进而激发人们的欲望和需求。消费社会中媒介体育消费的最大特征就是对产品外在形象的符号消费，并以身体形象消费为中心。诚如迈克·费瑟斯通所言："大量存在的视觉形象主宰了消费文化中人们对身体的理解，消费文化的内在逻辑取决于培养永不满足地对形象消费的需求。"[2] 然而，现代媒介体育的身体叙述所彰显的是一种典型视觉话语下"性感"美学趋势，媒介激发了人性的原始欲望与对身体"秘密"的窥探欲。正如鲍德里亚在《消费社会》所说到的："性欲是消费社会的'头等大事'，

---

[1]麦克卢汉.麦克卢汉精粹[M].何道宽,译.南京：南京大学出版社,2000:227.
[2]林琳.敞开、挑战还是遮蔽与消费？——阎连科"神实主义"中身体写作策略的反思[J].当代文坛,2016(3):64-67.

它从多个方面不可思议地决定着大众传播的整个意义领域。它们主宰了消费文化中人们对身体的理解,将'看起来漂亮''性感'的重要性传递给人群。一切给人看和给人听的东西,都公然地被谱上性的颤音。一切给人消费的东西都染上了性暴露癖。"[1]

早在2001年,《南方周末》就开始设置了《花絮》专栏,以报道体育明星的性感图片和娱乐新闻。美国著名的《体育画报》,就是以刊登美女游泳运动员的性感照片而吸引到众多订阅者及其用户。在这种欲望化消费社会,体育明星的运动服也开始越来越"短",越来越"露",像游泳运动员的比基尼、网球运动员的短裤及舞蹈运动员的舞蹈服,都在彰显一种"性感"的身体,并且现实比赛也频繁地邀约举牌女郎和性感美女啦啦队。电视的镜头偏好性感的女运动员,聚焦其面部及其隐私部位,使得美女运动员和桃色绯闻成为各大媒体所关注的景观。而在新媒介体育中,身体的性感呈现被发挥得淋漓尽致,那种彰显性与美的图像、小视频、直播则受到用户的倍加青睐,其播放率和收看率数以亿计。因此,媒介体育将遮蔽的身体,彻底拉回了荧幕,成为一种时尚的消费对象,并趋向越演越烈之势。

媒介体育是人类文化发展进程中不可或缺的,并随着文明的发展,深深地打上了当代社会意识形态的烙印。当代社会,后现代的媒介体育向日常生活渗透的同时,与商业文化交织在一起,呈现出庸俗化和色情化的趋势。后现代的消费文化也绑架了体育文化,体育被当作对象式的认识,是商品化的物品,是性压抑宣泄的手段。在媒介体育审美过程中,人们开始容许毫无底线、毫无羞耻地表现运动中的身体。拳击比赛上,举牌女郎穿着越发裸露,美国女子内衣篮球赛装束极其狂野。在这样的文化影响之下,"薄、透、露"的运动装束将成为诸多体育竞技项目竞技服装的改革趋势[2]。那种彰显青春和健与美的体育运动,成了性和媚俗的"代名词"。特别在新媒介体育走向日常生活中迷失自我,在迈向产业化的进程中失去自我。体育在性文化的遮蔽下,特别是一些八卦明星披着体育的外衣,将体育用于异样的"走秀健身",使得人们模糊了体育的"锻炼性"和"性锻炼"的界限。且在大众传媒影响下,体育呈现出碎片化的审美体验,使人们不知道媒体到底是在讴歌体育之美还是丑化体育之恶。

---

[1] 让·鲍德里亚. 消费社会 [M]. 刘成富,全志钢,译. 南京:南京大学出版社,2001:137.
[2] 孟祥武,张永龙. 现代传媒对女性运动员性别角色与身体形象的构建 [J]. 体育与科学,2014,35(2):88-91.

三、被凝视的身体：媒介体育身体消费的实现

让·鲍德里亚曾认为身体是最美丽的消费品："在消费的全套装备中，有一种比其他都更美丽、更珍贵、更光彩夺目的物品——它比负载了全部内涵的汽车还要负载了更沉重的内涵。它就是身体。"[1] 自电视体育诞生以来，身体就是媒介体育中的主流叙述材料，男性的暴力化身体和女性的性感化身体是受众永恒的瞩目焦点，而媒介体育的最终逻辑在于利用图像中的身体叙述培养不断满足人们欲望的身体消费。因此，身体不再是赛场中的"肉身"存在，而是媒介中物质性和工具性的存在，满足人们的身体崇拜和图腾象征。媒介将赛场中的身体运动转移到荧幕上的展示和播出，赢得观众和运动健身爱好者的呐喊和尖叫声，这种身体的媒介镜像让身体变成了消费意义上的商品，在消费文化的熏陶下，演绎出视觉文化时代的身体消费美学。

视觉文化时代的媒介体育文化语境，弥漫着一种强烈的身体消费主义味道，消费主义的意识形态管控着身体，引发消费的快感。那么，消费的交换价值实现之于作为消费对象的身体而言，须是媒介的身体"在场"与身体的"商品化"。媒介体育的视觉化呈现始终围绕着身体进行叙述和多样化视觉策略展现，媒介的图像化表达体现运动员和观众等的"身体"在场，让受众始终以身体来进行视觉消费。对于传统的电视体育媒介而言，通过视觉制作技术将运动员的身体刻画得淋漓尽致，男性暴力性宣泄的身体激情碰撞瞬间、女性性感化表征的一颦一笑刹那，都构成了美丽的媒介画卷。同时，新媒介体育巧妙发挥其即时性和互动性传播优势，彻底让运动员的身体语言与受众的互动交流成了一种"表演"，甚至连寻常与观众互动的身体表达都会为观众所喜爱。因此，媒介体育的身体美学内容已经成为当代美学的典型代表，而在此过程中身体成了消费意义上的"商品"，变为他人凝视的消费对象。然而，身体作为消费的对象化存在，也受到消费主义意识形态的控制和权力规训。消费作为一种具有约束机制和控制功能的集体行为，它既是一种进行消费规训的价值体系，也是一种面向消费的社会驯化模式[2]。它让运动员的身体在受众的凝视和镜头的紧盯之下不断改变，包括运动

---

[1] 让·鲍德里亚. 消费社会 [M]. 刘成富, 全志钢, 译. 南京: 南京大学出版社, 2001: 120.
[2] 赵方杜. 消费主义：一种新的身体规训 [J]. 华东理工大学学报（社会科学版）, 2011, 26 (3): 1-7.

的动作、运动规则及身体语言交流等，目的就是突出男性的肌肉和及女性的性感身姿的独特魅力，以迎合观众的窥视欲，博得眼球。

毋庸置疑，相较于媒介消费者来说，其付出的是观看时间及情感依赖的交换支出，但在新媒介体育上，运动员的运动生活直播，或者是在线交流也会受到用户的虚拟物品打赏等。然而，用户的身体消费则更多是获得一种情感精神的需要，如娱乐交流、审美观赏及身份认同等消费需求。因此，消费主义视域下的媒介体育身体消费实质是一种媒介与消费话语对运动员身体的商品化及规训化过程，将身体竭力推到荧幕之前，吸引消费者的媒介参与，获得对身体审美的鉴赏追求和消费的价值认同。

第四节　消费化编码：媒介体育商业化操作的内涵阐释

在消费的诱惑和新媒体等视觉技术的不断发展状况下，导致媒介体育的最大特征是视觉内容产品极大泛滥并包围着我们。当我们打开电视或浏览手机时，甚至是走在路上，体育明星和体育赛事相关信息也往往会使人眼花缭乱，难以选择。鲍德里亚认为实物商品被包装设计，以视觉化方式出现。然而，媒介体育消费是直接的影像呈现和图像表征，其媒介产品和外在包装都极具视觉诱惑，这使得受众的观看行为本身就成了消费行为，媒介体育亦是一种人类的"视觉消费"。

一、视觉消费：作为观看的消费方式

如今在家庭和公共空间都充斥着体育符号，从报刊上那动如脱兔、身体强健的体育明星，到电视上精彩的大型体育赛事，再到网络上的体育娱乐资讯和体育赛事新闻报道，媒介体育无所不在。不管是作为延伸的、塑造过的拟态体育，还是作为独立的媒介体育文化，媒介体育俨然成为新的"体育世界"。同时，即便人们的语言、宗教和文化不同，却可以在不同的媒介旁边观看体育赛事和体育娱乐新闻等媒介体育信息。然而，在这过程中，你已被这体育所浸染的世界转变成媒介体育消费者。无论是你观看付费频道的体育内容，还是欣赏免费的体育节目产品，观看即是消费。

媒介体育的视觉生产是典型的视觉消费，是以视觉呈现为表现形式，以吸引受众注意力为核心的体验性消费方式。英国学者施罗德认为："视觉消费是以注

意力为核心的体验经济的核心要素。我们生活在一个数字化的电子世界，它以形象为基础，旨在抓住人们的眼球、建立品牌，创造心理上的共享共知，设计出成功的产品和服务"[1]施罗德认为视觉消费包括商品的外在图像及其表征出的身份与地位，也包括电视和新媒体带来的影像内容商品，而体育的视觉消费包括在观看现场比赛的观赏行为，也包括与体育相关的视觉呈现，特别是媒介体育所呈现的视觉内容商品。因此，从经济学角度来说，媒介体育的商品即媒介所呈现的体育内容。

　　进言之，媒介体育消费的主体是既是体育消费者又是媒介消费者，而商品则是媒介体育产品，包括阅读报刊、看电视体育等活动。诚然，媒介体育的内容丰富，形式多样，既包括大型体育赛事的直播和相关新闻报道，又有体育娱乐节目，更有体育明星的八卦绯闻。然而，传统报纸和电视媒体的体育内容生产，是一种媒介化的体育，媒体制作人通过编辑、加工和放大体育事件，为了进一步迎合消费者的娱乐情感需求，从刺激观众的感官出发，采用奇观化、娱乐化等方式构建媒介体育内容。当代的新媒体媒介体育内容产品，不仅网络制作商是主要的生产商，而且网络受众既是消费者又是生产者，在观看体育节目同时，大多数受众还主动上传体育影像，如体育 App 和体育短视频等。因此，媒介体育消费者消费的并不是现实中的实物，而是体育视觉内容，主要是对媒介所负载的信息和符号进行消费。在消费的过程中，人们并不是像获取食物中的营养一样，而是获取符号的意义，这就决定了媒介体育消费的性质首先是一种视觉消费，再是一种精神性享受。故而，媒介体育消费是以一种大众文化消费现象，体育消费者在接触、选择、使用和购买大众媒介所提供的体育产品与服务的过程中所引起的一切现象和关系。总之，媒介体育消费是用户在一定情境下，接触、选择及使用媒介体育内容，主要以图像和影像化内容呈现为主，最终以用户的视觉直接观看的方式进行的消费体验。

　　当代的媒介体育审美特征已经逐渐摆脱理性思考的文字符号叙事，转向了以图和影像为主的视觉修辞时代，其图像已经渗透于媒介体育领域，图像符号成为媒介体育的大众文化消费的表征。电视体育的出现深刻改变了人们的体育生活方式，在彩印技术的推波助澜下，改变了受众的媒介接触和媒介消费方式。尤其是新媒介体育时代的来临，只要与体育相关的事件或人物都成了数字化的影像文

---

[1]周宪.视觉文化的转向［M］.北京：北京大学出版社，2008：108.

本，直击用户的视觉享受。因此，现代媒介体育消费是一种视觉消费，对媒介所提供的图像和影像使用，不同于传统的实物消费方式和对其使用价值的占有。

媒介体育的视觉消费方式是受众享受大众体育媒介所提供的体育内容和传播服务等，并以观看为主的视觉消费行为，在媒介体育的图像化过程中，打破了文字为主的线性阅读方式，形成了直观生动的"读图"为主要形式的媒介体育消费方式。但是，媒介体育消费并不是完全简单地占有影像的使用价值，而是既通过影像的观看获取体育信息，并享受媒介所提供的传播服务。而在这过程中，媒介体育内容商品并不是一次性的服务，而是持续性的报道或更新素材，使得影像内容不断泛滥，甚至是内容过剩，但其影像内容不断勾起人们对体育事件结果及其故事情节的持续依赖，如世界杯或 NBA 赛程的不断更新，诱发了观众的情感欲望。

归根结底，媒介体育消费是以影像为产品，以观看为消费方式，满足消费者的精神需求和心理满足的视觉消费类型，在此消费过程中，消费者享受媒介体育内容所带的信息获取、服务需求及由图像所带来的身份认同和社会意义的愉悦感。然而，用户在观看媒介内容及消费图像文本产品时，又通过支付什么来实现商品价值的交换呢？当前我国媒介体育提供的是免费的内容产品，那么，消费者究竟是凭借何种价值交换引得体育媒介乐此不疲、费尽心思地制作体育文本和提升传播服务水平呢？那就是媒介将用户本身转换成了商品，实现了消费之间商品价值的交换。

二、意义消费：象征性消费价值的再生成

约翰·菲斯克在结合马克思政治经济学中关于商品的交换价值和使用价值的基础上，反思了电视媒介的商品交换，进而提出了电视体育的"两种经济"学说，一种是金融经济，另一种是文化经济。其中，金融经济注重的是电视的交换价值，流通的是金钱，而文化经济注重的是电视的使用价值，流通的是"意义，快感和社会认同"。菲斯克认为这两种经济互相独立又互为影响，共同构成了媒介经济的重要模式。菲斯克认为金融经济包括两类方式，一类是演播室作为生产者，通过制作体育节目商品，将其卖给了媒介的经销商，如同大型体育赛事组织将赛事的转播权卖给了媒体。另一类是拥有节目转播权的媒体组织，通过在媒介上播放节目，吸引受众的注意力，并将受众转换为商品卖给广告商，以赢得广告

费。因此，金融经济在于如何吸引观众的注意力，进而才能实现商品的流通和交换价值的实现。但是，此经济模式却无法回答观众为何自愿喜欢这类体育节目产品，换言之，无法解答体育节目商品之于观众又给予了何种魅力和价值实现。

基于此，约翰·菲斯克提出电视的"文化经济"理论。在电视消费的文化经济之中，其支付手段和流通方式并不是货币，而是意义。不管是电视影像文本，还是其他媒介体育文本，其蕴藏着作为意义的话语结构。菲斯克认为在文化经济里，影像文本产品并不是一次性的，而是不断流通着的，其使用价值不会被磨损。因为，电视体育文本乃至所有的媒介体育文本更多是一种符号商品，观众体验和消费的是影像和图像文本所传递出来的象征价值，进而获得一种精神和生理的需求。因此，在媒介的文化经济里，观众是媒介体育的意义和快感的生产者，自我编码和解码体育的意义。

此外，从媒介体育消费的过程来看，消费者通过观看媒介体育文本，对其的媒介体育节目，包括体育新闻、体育赛事节目及娱乐节目等的观看，获得文本的意义和快感，进而转化成现实的体育迷、参加相关体育活动或购买相关体育用品，再生产出新的意义，从而获得个人的身份认同感。简言之，媒介体育商品是以图像呈现为主，吸收了声音等元素，构建出媒介体育的消费产品，同时商品即信息，媒介体育产品亦是信息，表征着体育文化的价值。然而，不管是媒介体育的图像生产还是视觉修辞，最终目的都是为了吸引受众的注意力，服务于媒介的经济价值。因此，媒介体育总是使出浑身解数来涵化用户情感，增强用户的媒介依赖，诱导用户视觉消费，其视觉文化传播策略在媒介体育中展现得淋漓尽致。

CHAPTER 06 第六章

视觉的限度：媒介体育视觉传播的批判审视

我们正生活在一个被图像浸染的时代，一个媒介体育视觉化表达和传播为主的时代。毋庸置疑，视觉媒介的技术赋权和消费社会的文化心理共同造就了媒介体育的视觉文化景观，并给我们观看和参与体育带来了极大的舒适感和便捷的视觉体验。当下媒介体育的视觉文化表征和传播趋势直接造成了图像和影像的泛滥，使得体育图像紧紧地包围着我们，改变了我们的观看和参与方式。同时，媒介体育的文化生态里，直接产生了视觉过度化现象，不仅造成了人们对视觉表达的过分依赖，形成了视觉文化对人类的一种规训，而且媒介体育的视觉化表达越发地模糊了现实体育与媒介体育之间的界限，使得人与体育之间的隔阂越来越大，观看代替现实体育参与，加深了人类与体育交流的障碍。

加之，视觉文化与消费社会的合流，媒介体育本身图像内容的虚假新闻、恶搞叙事和媚俗传播等新的媒介体育亚文化形式，致使媒介体育文化价值的失范。必须承认的是，视觉文化勃兴了现代媒介体育和体育的发展，其生产方式、呈现方式、受众接受方式乃至传播范式都发生了翻天覆地的变化。吊诡的是，人类创造了媒介体育的图像表达，但却被图像所围困。一方面，以图像为主体的媒介体育视觉文化正在改变人们与体育世界的关系，使得图像制约人类；另一方面，图像本身的负面内容也在侵蚀媒介体育、体育与人类。因此，图像的兴盛与困境本质上是后现代性文化的兴起与困顿，是大众文化、消费主义文化与视觉媒介技术理性的必然产物。

第一节 视觉的包围：媒介体育图像对体育的规训

当今，图像占据了媒介体育及人类生活的主导地位，技术赋权的工具理性和视觉感性快感超越了现实体育参与的身体自由追求和价值理性。媒介体育的图像泛滥所生成的视觉意识形态直接介入和规训了现实体育,由此产生的图像霸权对体育的制约,以及图像本身的媚俗内容取向使得人们不再向往那种运动和锻炼乐趣,而是运动所夹带的色情化的视觉观赏和欲望体验,使得体育在这种视觉化生存中既遵循视觉的逻辑开展而迷失自己,又隔断了人与体育之间的现实联系,进而落入虚假的体育图像幻觉之中。

一、视觉包围体育:图像泛滥遮蔽现实体育

后现代的文化特征体现出高度的视觉化呈现和后现代社会所引发的"日常审美生活化"的到来直接包围着体育日常,以及催生体育审美的大众化和泛化。一方面,视觉文化的大行其道使得人们认识和参与体育,局限在视觉上的认知,导致人与现实体育生活的脱节;另一方面,图像的话语权力和视觉意识形态操控体育,迫使体育遵照视觉审美逻辑的样态改变。

后现代的视觉至上刺激了人们的感性狂欢和身体的欲望宣泄,审美的泛滥导致体育人文精神的缺失。视觉文化时代的到来,文化工业的大批量生产以及大众视觉传媒的推波助澜,精英体育走入日常生活。然而,视觉文化时代审美的阶层差异和商业化模式导致任何产品都裹上一层审美的糖衣,冲击人类的感官和知觉,造成一种审美泛化的假象,实则掩饰了人类对物品的真实需求。而体育审美更不例外,体育承载着丰富的符号价值和美学元素,在资本和科技的助推下席卷整个社会。紧接着,消费社会所迎接的大众传播快速发展,特别是移动互联网的勃兴,解构了旧的权力格局。建立在农业文明基础上的以血缘、地域关系为核心的"差序格局",以及在工业社会兴起的以国家和单位为核心的"团体格局",这些在互联网的浪潮下遭遇冲击。而且,由大众传播媒介诱发的个体或自组织群体的权力开始支配社会发展。再加上互联网跨越了时空的界限,将"体育盛宴"从地缘和门票限制的牢笼中解脱出来,使得体育观赏传播到世界各地,消弭了精英体育审美与大众审美的界限,体育审美落入了追求视觉盛宴和感官狂欢的世俗社会,体育审美也凌驾于不同阶层而逐渐成为大众共享。

然而,消费社会的体育审美受制于市场的逻辑,服从于大众的媚俗趣味,更多地崇尚体育审美的享乐主义、性感叙述及娱乐狂欢。而受众往往更乐于窥探体育明星背后的八卦绯闻,忘却了体育比赛本身的审美情感,以至于各大网站充斥

着体育明星的私生活事件。此外，伴随大众传播技术的发展，体育的拟态传播和剪辑再现让人们体验到强大的、虚拟的视觉盛宴所带来的"狂欢"，夹杂在体育比赛中间的"跳舞女郎"受雇于男性统治的权威且沦为性的隐喻符号，碎片化和片面性的视觉呈现致使体育观看变成肤浅的视觉窥视。体育的本质和体育人文关怀淹没在浩瀚的消费文化之中。

视觉文化的崛起及消费主义力量主导，图像并驾体育使其从根本上改变了体育与图像的关系。在早期的报刊和电视的传统媒介体育中，人们主动地、有选择性地去接触体育，了解体育赛事动态和相关知识，理性思考体育，现在随着传统媒体视觉内容和呈现方式化的增强，尤其是新媒体的海量图像和影像视频直接形成了对人和体育的冲击。视觉的审美化泛滥导致人们热衷于偏爱体育的外在表现，逐渐忽视体育的审美内涵和人文价值。大量的视觉体育产品被生产出来迎合人们的直观感受，而这些碎片化、断裂的图像又过多地展现体育的色情和暴力，以迷惑用户的视觉感官，人们沉浸在狂轰滥炸的视觉内容之中，失去对体育本身的领域，使得体育的价值只得依靠图像的存在而赋予。如同海德格尔在《林中路》一书中所说的："唯就存在者被具有表象和制造作用的摆置而言，存在者才是存在者的。在出现世界图像的地方，实现着一种关于存在者整体的本质性决断。存在者的存在是在存在者之被表象状态中被寻求和发现的。"[1] 因此，人们会发现，在传媒产业的影响下，体育被图像化充斥在人们生活的角角落落，凡眼睛所到之处，皆可有体育之图像，更别说大众媒介这个作为体育图像的生产地和聚集地。然而，越是强调体育的图像审美和视觉呈现，越使得图像本身的"快、泛、碎、浅"的阅读模式，加之图像的媚俗化取向，丧失了体育的本质和魅力，衍生出新的体育样态，图像也像"围城"一样紧紧地包围着体育。体育也早已遭遇体育图像霸权的规训。

二、视觉制造幻象：视觉割裂人与体育的关系

视觉图像对原本"高高在上"具有庙堂之高的精英体育文化进行了祛魅，传播到千家万户的荧幕上，但同时图像本身又对体育文化进行了重新"赋魅"，生产和建构了新的体育世界，并构建了符号消费和狂欢快感，体育的这种媒介化

---

[1] 马丁·海德格尔. 林中路 [M]. 孙周兴, 译. 上海：上海译文出版社, 2014：78.

图像表达在向日常化渗透时，不可避免地迷惑了大众的体育认知，而且也规约大众现实体育实践的社会参与。大众媒介特别是新媒体媒介擅长利用图像和影像的直观化传播策略，通过视觉刺激、偶像打造及图像符号意义建构来构建一种脱胎于现实的体育幻想，仿佛大众在媒介中所看到的体育才是真正的体育图景。体育幻象是在图像通过视觉媒介的生产、呈现和传播的条件下与体育和人产生的社会关系，而视觉意识形态是通过体育虚拟再现结合体育的意指生成与符号消费策略来抹平现实体育的存在感，大众服从图像幻象的诱导和召唤，让人们错认为图像呈现的体育就是真正的体育世界。

首先，图像在大众媒介的介入下让体育日常化，成为一种生活方式，进而形成一种体育的媒介景观，使得体育本身就成了图像景观积聚。由于时空的界限导致大部分人无法现场观看体育比赛和进行体育活动，因此视觉图像跨越了地域和时间的障碍，实现了体育的全球化传播，但也造成人类所看到的只是真实体育的表象，是图像构造的伪体育世界。毋庸讳言的是，这个世界是镜头和制作者所操控的世界，脱胎于现实体育，按照视觉和媒介逻辑自我生成和传播，同时，图像体育景观早已与现实体育融合在一起，每一场比赛都成了荧幕前的守候，每一个体育明星的出现都是媒介的交流，使得受众早已经习惯体育的图像化存在而无法自拔。正如德波在《景观社会》一书中所说的："现实生活在很大程度上也被景观所侵蚀，并以与景观结成同盟和将其同化与吞噬为终结。客观现实就是景观和真实社会活动这两方面的现状。以这一方式确立的每一概念除了这一基础外，没有任何转向其对立面的通道：现实显现于景观，景观就是现实。这种彼此的异化（alienation）乃是现存社会的支撑与本质。"[1] 这种图像体育与现实体育的切割，使得人类只能在媒介的幻境中越陷越深。目前，图像充斥在人们的世界，特别是移动社交媒介。因此，不仅观看成为人们了解事物的主要方式，而且制作视觉图像已蔓延到全体用户之中，人人都是制作者。

其次，图像神话化让体育幻象进入了人们的世界。从罗兰·巴特的符号学结构图中可以发现，图像体育的第一级符号系统直接指涉现实体育的形式，然而，当体育进入图像第二层，便联合第一层能指和所指，意指出新的意义。因此，电视体育影像及新媒介体育图像或影像的第一层意指是直接表现现实体育，供给人们观看，而第一层意义脱离之后，进入到第二层意义，人们则习惯在图像中通过

---

[1]居伊·德波. 景观社会［M］. 王昭凤，译. 南京：南京大学出版社，2007：4.

偶像崇拜和符号身份消费建构了新的意义，忘却了现实体育本身，使得人们完全习惯沉浸在图像之中。

而此符号系统中，则保留了对现实体育参与的信以为真，却演化出虚假的和欺骗性的体育幻象，特别在新媒介中，图像往往塑造出集体的体育共识，特别是身体呈现。例如，傅园慧在微博中拉长腿的自拍图片，得到1329304个点赞、197430条评论和88296次转发，并引发全民参与拉长腿自拍浪潮。还有，"国民老公"宁泽涛在微博中晒露胸肌半裸露的照片，引发网友热评和追捧。然而，公众正在这种公共消费偶像崇拜及消费诱导的过程中，使得人们开始按照图像的逻辑来发布照片和影像，一方面自我设计图像，另一方面又满足"他者"凝视的需要去生成体育图片，哪怕是体育明星或影像的信息发布，以获得集体的身份认同。但是，在很大程度上，这是一种图像无意识的"驯化"，让人们习惯从在视觉图像上认识、参与体育，进而割裂与现实体育的关系。

三、视觉规训体育：视觉意识形态对体育的改变

视觉文化时代的体育发展与传播不单单是图像组成的新的文化形态，而且图像的媒介话语背后隐藏着文化意义及视觉权力的制约，体育视觉图像在被生产者制作出，其隐藏着生产者的意识形态。现代大众传媒的图像和影像符号建构了庞大的体育景观，以直观化呈现，并驾消费主义，全面渗透到人类生活的每一处，类似全景化、即时性、移动式的视觉呈现与传播改变了人们的生活方式。同时，视觉文化作为一种权力话语和意识形态正在一定程度上规训着体育的发展，并向民众引导了新的主流体育价值观。此外，随着新媒体视觉传媒技术的勃兴，不可避免，其主导的新媒介视觉意识形态引导着用户朝着"他者化"的眼睛里来塑造自己。那么，视觉的意识形态"魔力"究竟是什么呢？又如何规训着现代体育发展和用户的媒介体育活动。

意识形态话题充斥在后现代文化研究的语境之中，成为一种主流的研究议题。意识形态形似"一只看不见的手"管控着人类社会生活，是一种观念和价值观对社会事物的影响作用。因此，意识形态作为一种观念的权力渗透在人类社会中，小到人与人之间的交谈，大到国家政治，都具有某种意识观念的潜在影响。那么，意识形态的观念作用在现实生活中，会直接体现在话语权力的制约、社会秩序，乃至社会结构的变迁。换言之，意识形态含混着主体或统治阶级虚假

的意识价值及统治的权力力量，既在无形之中引导着人们的价值取向，又通过制度、法律以及规约等约束。意识形态对现实社会的人和物有着虚假呈现和颠倒的作用，某种程度上强加了主体的利益于他人之上。那么，意识形态也一定存在于媒介体育的视觉语言之中，才能使得人们完全沉浸在图像体育之中无可自拔。

然而，法兰克福学派早就对媒介的意识形态进行了传播的批判性研究，并创设了"媒介即控制""媒介即意识形态"等观念。他们认为媒介受到国家和商业的双重控制，但最主要是来自国家统治阶级的控制，媒介成为一种国家宣传和舆论的权力实现对社会和人的制约，媒介成为一种工具和手段。媒介的信息和内容有意或无意地夹杂着国家意识形态的诱导和灌输。哈贝马斯也认为这种媒介的工具存在，逐渐在意识形态的熏陶下，使其合法化和合理化。尽管有人认为娱乐信息内容是纯粹的，不夹杂意识形态的渲染，但是马尔库塞却驳斥人类很难将媒介呈现的信息内容与大众媒介赋予操控性的意识形态区分开，他提醒人们要记住大众媒介乍看起来呈现的只是对现实的娱报道，供人们了解社会和提供娱乐，但实质暗含着意识形态引导和政治诱导。因此，意识形态渗透在媒介的内容、语言、过程以及反馈调节等的方方面面，而且意识形态具有典型的迷惑性、强制性以及欺骗性色彩。

20世纪70年代，美国传播政治经济学的奠基人斯迈塞就否定了传播的商品是信息和内容的虚假面目，揭露出商品化社会广电媒体将受众作为商品转卖给广告商的真相，并提出"受众商品"。同时，另一位奠基人席勒从宏观视角探析了美国在全球中的传播动态，他认为媒体管理者凭借先进的技术将信息进行加工、流通和传播，实际上带有浓厚的意识形态灌输，同化并操控人类思想，进而提出"媒介帝国主义理论"。因此，视觉图像作为当代媒介内容、语言以及传播过程的主要形式，具有浓厚的意识形态作用，对体育本身都产生了较大的影响。

视觉文化意识形态的生成是一个较为复杂的过程，视觉行为和视觉技术的意识形态意蕴、意识形态的日常化生活转型、意识形态幻象的生产、视觉消费下的身份认同等因素是其得以生成的关键[1]。首先，观看本身就是有选择性的观看，但却在语言文字、图像及世界景观中被驯化，逐渐从脱胎于生理学意义上的眼睛，赋予了社会学意义建构眼睛，其或有或无地与意识形态挂钩，具有某种观看

---

[1] 刘伟斌. 视觉与意识形态——基于视觉文化意识形态生成机制的批判分析 [J]. 自然辩证法通讯，2019，41（2）：83-88.

的"趣味"。看的行为本身就分出了阶级的差异以及个人的品位。此外,看与被看,亦是一种意识形态的"监控",以至于福柯认为人类受到社会意识形态的视觉性的"全景监控",而大众媒介让意识形态的"规训"更加日常化和普遍化。然而,从图像制作主体来说,媒介体育的图像选取、改变与传播并不是无意识的胡乱生成与传播,其都受到媒介的控制,无疑具有强烈的人和媒介的意识双重控制。因此,图像对体育都进行了规训。

图像对体育的规训。图像对体育的规训则是使得现实体育按照视觉图像的意识形态而改变。从电视影像诞生以来,体育的电视媒介化生存,表现出强烈的视觉意识形态控制色彩,使得体育的比赛时间、规则乃至体育运动形态都发生了改变,特别在当今娱乐审美影响下,体育的形态朝着性感化、暴力化的视觉效果发展,如冰雪项目运动员比赛服饰的变化,乒乓球、高尔夫等不被视觉媒介看好的项目,其运动形态和身体呈现形式也受到视觉图像的波及,类似一种"怎么好看怎么改变"的视觉意识形态的规训。从超短裙、比基尼等比赛服装的不断改进,以及内衣橄榄球、钢管舞、沙滩排球、游泳、跳水等极具女性特色项目的不断走向大众,性感、健美的女性身体不断地冲击着人们的审美视野[1]。图像打破了体育本身的"力与美"的价值,也颠覆了身体的伦理层面,在镜头的不断记录和媒介的呈现下使得身体的"视觉禁忌"也变得合法化。简言之,媒介规训了体育的原始形态,并使其按照视觉逻辑来改变和发展,并赋予其新的价值意义。谨慎地说,凡是不被图像所看好的体育项目,都开始被人们所遗忘,而那深受人们喜欢的足球与篮球等项目,镜头的角度不断在突出暴力化的视觉画面。正如英国学者汤林森所说的:"凡是没有进入电视的真实世界、凡是没有成为电视所指涉的认同原则、凡是没有经由电视处理的现象与人事,在当代文化的主流趋势里都成了边缘,电视是'绝对卓越'的权力关系的科技器物。在后现代的文化里,电视并不是社会的反映,恰恰相反,社会是电视的反映。"[2]

第二节 图像媚俗化:媒介体育内容负面化的审美反思

当今,视觉文化风靡全球,媒介体育业已被高度的视觉化,其结局是媒介体

---

[1] 张大志. 流行文化视野下当代体育的视觉化转向及身体化表达 [J]. 成都体育学院学报, 2014, 40 (4): 1-5.
[2] 汤林森. 文化帝国主义 [M]. 冯建三, 译. 上海: 上海人民出版社, 1999: 116.

育被把握为图像，且媒介体育图像又被转变成商品，形成了消费与再生产的整个符号消费过程。然而，图像作为一种符号并不是一种简单的或孤立的物，而是在媒介的制作与观众的凝视下生产—传播—接受—反馈—再生产的循环反复中，媒介体育图像延伸出多样的意义。因此，媒介的体育图像编码及观众凝视的解码之间产生一种图像表征的意指实践。依据霍尔的看法，表征实际上包含了事物—概念—符号三个要素，它们两两合对构成了两种不同的关联系统[1]。因此，在媒介体育图像生产、呈现与传播的多元形态中，可以瞥见的是当代中国不同的体育价值表征，在市场经济大潮下诱发的大众文化及消费主义文化盛行，媒介体育图像表征越发地不再单纯转播和呈现体育赛事，而是满足人性的欲望，一大堆体育娱乐节目和庸俗取向图像不断涌现并受到热捧，其愈加突出媚俗化的传播取向。媒介体育在商业的诱惑下为最大可能地吸引受众的注意力，不惜突破伦理道德叙事的限度，追求世俗化的叙事方式，进而深刻影响媒介体育乃至现实体育的审美价值。

一、泛娱乐化渲染：媒介体育视觉戏谑化追求

伴随着我国改革开放的深入和市场经济的确立所带来的人民生活水平的提高和新的视野开阔，促发了新的媒介审美文化趣味，不再是单纯地寻求以体育赛事直、转播为主的单向度的媒介宣传和传播思维，而是以受众为中心，满足其休闲娱乐和人性欲望的娱乐化媒介体育制作风格，以电视体育为代表的媒介体育其泛娱乐化趋势正大行其道，成为体育观众最喜欢的节目形式，而此情形下，连赛事解说和镜头聚焦点都开始出现插科打诨诙谐幽默、娱乐搞笑的特殊解说方式和镜头角度。

游戏和娱乐作为人类进行体育的基本属性，从体育的诞生到现在大型体育赛事的举办，其固有的娱乐性吸引着上亿人的簇拥。娱乐是使人身心愉悦、快乐消遣的方式，同时，娱乐是体育中的核心元素，也是人类所孜孜追求的休闲生活样式。因此，体育娱乐性主要是从事体育运动身心快乐，或者是观看体育带来的身心享受。然而，娱乐也是媒介体育传播的主要功能。著名传播学家拉斯韦尔认为大众传播媒介具有三种功能：环境监视、社会协调与遗产传承，而学者赖特则提

---

[1] 周宪. 视觉建构、视觉表征与视觉性——视觉文化三个核心概念的考察 [J]. 文学评论, 2017 (3): 17-24.

出了媒介的一种娱乐功能。电视体育媒介发展到今天,已经脱胎于政治功能,特别在大众文化及文化产业的影响下,娱乐似乎成了媒介体育的唯一功能。娱乐与消费文化的媾和,让娱乐化直接成为媒介体育的常态样式。

当前以电视媒介体育为代表的媒介体育打造了前所未有的娱乐化狂潮,电视体育真人秀及电视体育娱乐节目此起彼伏逐渐地超过了赛事转播类节目的数量和收视率,引发观众强烈反响。我国电视体育娱乐节目从改革开放以后便逐渐兴盛,发展至今更有越演越烈之势,而电视体育节目才真正进入了一个蓬勃发展的新阶段。全国大多数电视台普遍开办了体育专栏节目[1]。发展到今天体育娱乐种类繁多,内容丰富,如世界杯报道期间的《欢乐世界杯》、央视一套的《武林大会》、湖南卫视的《我是冠军》、浙江卫视的《来吧!冠军》、央视在世界杯期间打造的《豪门盛宴》,以及各地方电视台举办的体育游戏与娱乐闯关节目,一时间如雨后春笋,纷纷出现。此外,节目中不断突出个人隐私及提前设计的争吵或温情场景,亦有世俗的无端恶搞场面和突出性感部位镜头,此种已经渗透到体育赛事直播里面,广东卫视体育频道就曾出现过"比基尼播报"等现象。同时,电视体育节目中体育明星的一颦一笑或一言一行都会引发网友热议,甚至登上当时的热搜。因此往往一个媒介体育事件或体育人物的言行引发全媒体的关注。然而,正是这种全民的狂欢使得体育节目出现泛娱乐化和过度娱乐化趋势。

然而,随着体育报纸的寒冬持续存在,几十家体育报刊已经停刊或休刊,仅留下的几家报纸为提高订阅量和关注度,其体育新闻娱乐化现象愈加明显。从标题上看,多采用具有冲击力、诱惑性、文学性的文字,如《南方体育》2004年4月5日第4版的几篇报道题目分别为《一边是冰糕,一边是冷面》《沈祥福:谁主沉浮》(国奥战前训练),第8版的《万马还魂,天机不可泄露》(篮球CBA扩军)[2]。从体育标题到内容制作,从图像新闻到版面设计都彰显出一种泛娱乐化现象。此外,新媒体媒介体育图像表征的泛娱乐化现象可谓"遍地都是",因体育明星的家长里短和八卦绯闻登上热搜榜的新闻远远高于赛事新闻讯息,像"林丹出轨""宁泽涛分手"等,甚至"刘国梁总教练被罢免"一度成为当年十大舆论新闻之一,特别是相关图像和昔日影像遍布整个网络,形成"有图有真相"的娱乐狂潮。

---

[1]张江南. 奥运电视传播娱乐化思考 [J]. 新闻界, 2008 (2): 90-94.
[2]李兴华. 我国报纸体育新闻的娱乐化现象 [J]. 新闻爱好者, 2009 (24): 44-45.

媒介体育图像内容的泛娱乐化渲染主要指的是媒介体育影像节目，以及媒介体育图像新闻的过度泛滥和世俗化倾向，其是在消费文化影响下追求浅显的视觉享受。然而，媒介体育图像的泛娱乐化现象导致人们崇尚庸俗和浅薄的体育文化倾向，进一步影响媒介体育的文化价值取向，正如尼尔·波兹曼在《娱乐至死》一书中说的："有两种方法可以让文化精神枯萎，一种是奥威尔式的——文化成为一个监狱，另一种是赫胥黎式的——文化成为一场滑稽戏。"[1] 显然，媒介体育文化的泛娱乐和滑稽性会让其沦落为下里巴人的文艺风格，使得媒介体育文化同质化和去个性化，同时用户长期沉溺于娱乐体育之中，也会脱离现实体育世界，片面追求娱乐，淡化奥林匹克体育精神，最终也使得媒介体育落入到泛娱乐的浪潮中无法自拔。

二、色情化路线：媒介体育视觉情色化营造

当前，不得不承认的是每当体育明星半裸露着性感的身体或是对"欲遮还羞"式展现隐私部位的，无疑会得到众多用户的关注，引发尖叫。就拿电视体育来说，就算是我国传统优势项目的举重、铅球、标枪、链球等项目都不被国人所关注，甚至是知晓，这些奥运冠军也不为人所知，只是因为其媒介形象难以满足人们的审美需求。反之，跳水、体操、花样滑冰等项目深受广大用户喜欢，其轻盈而优美的动作，伴着半露的身体美姿，总能引发人们的浮想联翩。然而，媒介体育的发展在整个媒介发展史上来说，都在接受这种"身体突出"的改造。早在 20 世纪中期，欧洲报业因枯燥的政治宣传新闻遭到受众厌恶而纷纷面临歇业，电视售卖也因受到单一内容限制而面临困难之时，以默多克为代表的传媒企业家开始着手大肆制作媒介内容，其认为"性、体育与比赛"是报纸行业出奇制胜的绝佳法宝，同时，黄色新闻的始作俑者普利策也认为"体育、绯闻与性"是大众吸引受众目光的绝佳方式。体育与身体与性的天然耦合，成为传媒盈利的利器，一时间各大报纸和电视都充斥着性感女孩与体育的内容，此外就是专业的体育报纸，如美国的《体育画报》每期必以穿着比基尼的性感游泳运动员图片来赚得数亿人的目光，进而繁荣了传媒产业。

当前新媒体的蓬勃发展，一系列新媒体体育新闻、体育直播及社交软件平台

---

[1]尼尔·波兹曼. 娱乐至死［M］. 章艳，译. 桂林：广西师范大学出版社，2004：201.

到处都充斥着运动员的情色和性感取向的照片和影像,而这些情色化的照片和影像颇受用户喜爱。例如,广受媒体和受众喜爱的被誉为"台球皇后"的潘晓婷,总是令媒体广泛聚焦及观众浮想联翩,媒体还制造了"台球皇后的五个性感瞬间""翘臀皇后"等数千条图片新闻和媒体内容。

新媒体中体育可视化表达达到了顶峰,图片、GIF动图、短视频、影像等媒介载体形态数不胜数,充斥在全网中,而明星的半裸照、情色化影像,特别是明星的性感写真,无疑是关注率最高的。著名心理学家弗洛伊德在人的人格结构理论中提出"本我""自我""超我"的概念,而人最初最原本的则是满足生理需要和追求享乐欲望的"本我"。因此,在消费主义文化的刺激下,媒介为满足人们的生理欲望,以情色内容为主线,释放人之为人最原初的需要,在媒介体育的视像化表达中得到彻底释放,视像的情色化表达满足了人作为性的"窥视欲"的快感。正如著名英国女性影评人劳拉·穆尔维在《视觉快感和叙事性电影》一文中说到的:"观众席的黑暗(它与观者彼此隔开)与银幕上光影格局的精彩变换形成的极度反差,有助于促进窥淫分享的幻觉。尽管电影的确放映的是让人在那儿观看的,但是放映条件与叙事常规给了观众一种从里窥伺隐私世界的幻觉。"[1] 因此,媒介体育视像的情色化表达在市场的驱动下,正如火如荼地蔓延开来,在新媒介体育中越演越烈,构成了媒介体育图像的重要表征。

三、暴力化表现:媒介体育的视觉暴力呈现

自从媒介体育诞生以来,其内容主体一直围绕篮球、足球和排球这三大球为主要的报道内容和叙述方式,媒介体育影像里的男性对抗与撞击、怒吼与重扣往往引发无数人的欢呼雀跃,而这主要体现了人类的暴力冲突及男性的霸权性质。因此,体育运动既暗含着突破人类生命的爆发力,又彰显出突破身体极限的竞争力。现代的体育可谓是一场"文明的冲突",有学者认为体育在某种程度上是现代和平年代的"战争",替代了人类天生的暴力本性。在古希腊时代,体育是宣泄人的暴力的出口,是让人的暴力活动成为不流血或者少流血的争斗,也是人类一种自我约束与自我控制的行为,体育从"为战争做的准备",到"模拟战争",再到"代替战争"。据相关新闻调查发现,人们对体育暴力话题关注较正面新闻

---

[1] 陈永国. 视觉文化研究读本 [M]. 北京:北京大学出版社,2009:279.

更受喜爱。

当今的体育运动，视觉媒介将运动员变成了部落图腾的象征，是国民情感的寄托。如前所述，运动比赛，运动队的名字就是国家的名称，运动场上选手间的竞争就是国家间的竞争。而媒体的言辞报道更是带有血腥性和暴力性的偏向，诸如：击溃、征战、碾压等词汇层出不穷，揭示了这是一场饱含部落间无情的搏杀赛。视觉镜头如同一个球场的指挥棒，时刻渲染出一种暴力化的情景画面。无疑，带有强烈的感情色彩去观看比赛的观众们，肯定会因运动场上比赛的变化而点燃部落的激情，从而发生谩骂恐吓，甚至大打出手的场景。西班牙著名社会学家何塞先生这样说道："正是部落情感将足球运动员变成了图腾人物；将某一体育的不偏不倚的观众变成了'球迷'或是发昏狂热的本部落的崇拜者；将裁判员变成了发泄部落失败而引发愤怒和失意的替罪羔羊；将清白的体育比赛变成了情绪非常冲动的部落斗争，有时演变成了暴力事件；将一个没有任何有形的物质利益的、纯体育特点的比赛结果变成一个刻意制作的典仪，在这里发昏的群众狂热和丧失理智地向这些运动员表示崇拜和敬仰，而此刻的球员们已是部落的化身，就是部落的本身。"[1]

然而，不管是电视体育还是新媒介体育其影像和图像化渲染的一种暴力性美学取向，很大程度上是为了满足人类的天性中无意识的暴力本性，提供一个场所或事件，有效地释放观众的暴力本性。当前，一些电子竞技类游戏，像《王者荣耀》所制造的虚拟的暴力和血腥场面，一剑封喉、一拳吐血的场面充斥在画面中，让人们宣泄压抑的欲望和幻想。然而，媒介体育图像的这种暴力美学取向、运动员的图腾化和宗教化，势必会造成人们对体育本质的错位认识，不能很好地理解体育为实现人类自由的真谛。

第三节　恶搞与狂欢：新媒体体育的视觉宣泄

不得不说，新媒体媒介体育已经完全进入视觉媒介主宰和图像表达的时代，已是不可争辩的事实，人们对事物和知识的理解度过了从印刷媒介的抽象文字表达的新媒体的作为具象的影像表达世界，怪不得著名视觉文化研究学者尼古拉斯·米尔佐夫在《视觉文化导论》一书中说道："作为文本的世界已经被作为图

---

[1]何塞·安东尼奥·哈乌雷吉.游戏规则——部落[M].安大力,译.北京：新华出版社,2004：285.

像的世界所取代。"[1] 然而,新媒体时代的到来使得媒介体育图像文化传播的媒介生态发生了翻天覆地的变化,以互联网、手机移动终端为代表的新媒体体育影像呈现与传播的狂飙突进,不仅一改传统媒介体育影像的呈现形式和观看方式,而且还孕育出新的图像形态和内容创造方式。其表现形式上以"短、浅、快、微、娱"的多形式共同存在,并给予了"互动式、全息式"等的传播方式,成为新媒体时代体育图像传播的重要内容,亦构成了典型的后现代体育图像呈现与表达方式。

同时,由于传者身份的隐匿性、"把关人"的缺失及媒介的娱乐化叙事风格,使得新媒体的技术语境和媒介土壤赋予了媒介体育图像表达的新的语境,诸如"恶搞、偷拍、造假、低俗"等问题的出现,也使得用户陷入了自我娱乐狂欢时代,严重桎梏了新媒介体育的发展。

一、视觉之"魅":媒介体育视觉的恶搞化表达

目前,新媒体已然成为人们观看和了解体育的主要方式,据相关调查指出,我国聚集在新媒体上的体育用户截至2019年,已经达到了5.7亿人。新媒体多样化的、叠加性和混合性的多语言叙事风格,催生了复杂多样的媒介体育类型和内容,并开始突破以体育赛事为核心的媒介体育内容体系,向恶搞媒介内容的表达类型转变。然而,正是这种用户自我生产和群体互动传播方式,使得原本"高高在上"的体育落入大众的随意拍摄、制作、剪辑与传播之间,人们更喜欢那种贴近生活的体育世界,于是,体育明星们开始纷纷注册新媒体社交账户,加入短视频制作平台等,以赚取更多的粉丝。因此,新媒介的这种全民生产与传播技术,一方面,用户开始自我解构原来媒介制作体育的权威,通过剪辑、造假及图像对比等方式,让原本严肃的文本变得更加生活化,显得搞笑;另一方面,全民运用新媒体视觉技术,通过用户在线直播、短视频以及图片等方式传递现场体育信息,并自我制作大众体育的趣闻,以此来反抗传统媒介霸权。因此,新媒介的视觉技术实现了体育的"祛魅",让体育回归日常生活之中。

"祛魅"一词是马克斯·韦伯提出的。他在研究西方社会的理性化过程中认为人们应不断把宗教世界观及宗教伦理生活中带有巫术、迷信性质的知识或宗教

---

[1]尼古拉斯·米尔佐夫.视觉文化导论[M].倪伟,译.南京:江苏人民出版社,2006:7.

手段加以祛除，获得自己理解世界、控制世界的主体性地位[1]。"祛魅"也是理解新媒体时代用户如何颠覆传统媒体的"意识形态"和冲击主流媒体"垄断话语地位"的重要视角。新媒体传播技术的快速发展，特别是移动互联网的勃兴，解构了旧的权力格局。那些曾经面目模糊的原子化个体，曾被斥之为"群氓""乌合之众"的群体，在互联网时代以另一种方式连接与聚合，正在改变社会的结构与权力的格局[2]。新媒体时代的"祛魅"延展到体育的文化意识、审美观念和运动方式等。以中国武术为例，新媒体解构了电影、电视所过度驯化的"踏雪无痕，神乎其技"的技击神话和渲染的"盖世英雄，侠之大者"的习武之人形象，落入了追求消费美学的视觉盛宴和狂欢恶搞的世俗影像景观。

此外，媒介体育的形态从产生之初起就源自传媒消费主义的权力诱导，并由此衍生出了赛事转播权等物质交换方式，而新媒体的体育消费方式变得更加复杂多元，媒介直接赋权给用户，使得用户既是生产者又是消费者，而平台不仅牢牢把握住用户，增强了用户黏性，而且还赚取用户的一切"劳动价值"，用户的休闲玩乐变成了劳动。此外，在一些体育明星的加盟下，往往体育明星的日常生活消息发布便会引发上亿的关注量，特别是体育明星的自拍秀、短视频等，不仅使得用户疯狂转发和评论互动，而且还引得全网模仿，如"冰桶游戏"和"A4纸腰围秀"。新媒体也催生了体育网红经济，一些专业健身教练、体育模特，乃至平凡的体育用户运用新媒体视觉技术直播或发布自己体育活动的视觉内容，引发众多粉丝的追捧和围观。因此，新媒体的媒介体育在视觉化的呈现之下，俨然出现了"祛魅"的媒介体育视觉内容和形式。但同时这种新的娱乐化和日常化的媒介体育形式和内容，亦由于用户媒介素养的良莠不齐，却也带来了新的媒介体育之社会伦理问题。

然而，与视觉的"祛魅"相随而来的就是用户的"恶搞"视觉文本。在新媒体平台上，不管是中国武术，还是奥运项目，抑或是体育明星都遭到了恶搞。2017年5月在网络上疯传的"徐晓冬打假事件"影像视频，一度被新媒体社交网络捏造成现代搏击与传统武术的"对决"，跟帖十万余条，新媒体的"祛魅"叙事彻底颠覆了传统武侠小说和电影的神话学叙事的范围，一度将中国武术推向了舆论浪尖上，往昔以"博大精深"和"出神入化"著称的中国武术形象陷入

---

[1]张翼飞.从"赋魅"到"祛魅"——中国功夫电影发展研究[J].文艺争鸣，2016（12）：143-148.
[2]喻国明，马慧.互联网时代的新权力范式："关系赋权"——"连接一切"场景下的社会关系的重组与权力格局的变迁[J].国际新闻界，2016，（10）：6-27.

崩塌。尽管新媒体对武术的"祛魅"叙事，有益于人们重新认识武术的内涵和价值，但在商业利益和意识形态推波助澜下，受众特别是青少年群体更偏向在新媒体社交平台上恶搞与中国武术相关的文字、声音、图片、视频等，出现了恶搞现象。

受众不再是真实地在新媒体平台上传播体育文化的内涵价值和项目特征，而是在原有拳种文字、声音或影像的基础上加以改编，甚至是篡改和戏谑体育文化，进而制作极端狂欢化的文本。类似的文字段子有"武僧一龙疑似回应徐晓冬挑战：无情怀鼠辈不服来战。网友神评：武术是一门语言艺术，讲究说学逗唱。"有的将低俗的大妈街头打架之类照片，配之以"武林高手"等名称，有的将咏春等拳种通过动漫或真人演示做成表情包，附上"知道我九阴真经厉害了吧""我要回家告我妈"等网络调侃，还有对经典武侠电影进行恶搞，特别将电影中的武侠技艺剪辑成低俗段子，更有甚者制作"搞笑武术情景剧短视频"，通过夸张的蒙太奇手法、露骨的身体表现和庸俗的语言，隐喻武术为"假把式"等。

新媒体体育传播实践中，由于新媒体打破了由专业媒体人制作的媒介控制局面，延展到全民参与的图像自制狂欢之中，而且新媒介的多向度传播，隐匿了传播者的真实身份，以符号化和网络虚假身份游弋在新媒体社交网络之中，用户可以随意制作世俗化的体育图像。此外，鉴于新媒体缺乏传统媒介的"把关人"，使得新媒体媒介内容鱼龙混杂，内容繁复，尤其是一些用户在个人身份标出以及消费主义诱导下不断制作低俗和过于煽情世俗的体育图像内容。有的用户在直播或个人社交平台上，为占据更多的浏览量和粉丝量，大肆发布个人性感锻炼图像和视频，不断扭动身躯，露出私密部位，隐喻性的主题意义，以"出位"之制图风格来实现"出名"。还有不法网站和媒介素养较低的用户，喜爱在平台通过突出放大或 PS 来制作体育明星的性感照片和影集获取不法收入。

此外，还有些用户过分打造世俗的图像风格，具有主观意愿地去制作和传递某一类人群的媒介形象，丑化和贬低某些运动和人物。例如，放大和突出体育明星在运动过程中失误出糗的动作，还有的抓拍体育明星日常的表情包。最知名莫过于号称新媒体表情包三巨头之一的"姚明脸"的系列表情包，以其夸张的表情被用户所普遍使用和传播。这些照片具有较强的视觉冲击力，但都严重亵渎了体育明星的媒介形象，表现出传者的低俗。

然而，透析体育文化恶搞传播的原因，主要是新媒体时代的网民对主流文化和父辈文化的抵抗，试图通过恶搞吸引眼球和注意力，寻求一种新的话语表达、认同和权力。在对"父辈文化"的仪式抵抗与网络广场的狂欢中,不能也不容小视的是对以网络"恶搞"美学为代表的媒介文化的收编,即来自意识形态与商业利益的双向归置[1]。

二、众声喧哗：图像刺激体育舆论的群体极化

当下,图像表达盛行在体育社交网络之中,如体育明星的 GIF 动图、明星动作的夸张照片乃至体育运动失手滑稽时刻的短视频,充斥在新媒体社交网络中,每年有超过 30 亿的图像在社交网络上盛传。同时,由于新媒体平台用户生产、发布照片和擅自修改及 PS 图片的简便性,此外,网络体育舆论主体的模糊化和复杂化导致舆论数量急剧爆炸,加之网络传播的即时性,群体数量越发庞大,使得体育信息迅速蔓延,并且大众媒介传播逐渐转向个人情绪的表达,随之而来的是事件的扭曲和碎片化的传播报道,往往一个很小的体育事件,会引起轩然大波。图片的新媒体化直观表达往往直接刺激人们的眼球,引发人们的过度信任感和情感涟漪。在网络上疯传的 30 秒钟"徐晓冬打假太极雷雷"微视频,一度被媒体捏造成现代搏击与传统武术的"对决",网络武术舆论的媚俗化叙述彻底颠覆了传统武侠小说和电影的神话学叙事的范围,最终大多数网民偏向于产生传统武术只是"花架子"的错误认知。

作为 2017 年中国互联网舆情排名第五的"国家乒协风波",由于中国乒协深化改革需要,免去了刘国梁总教练一职,引发教练员和运动员在大赛中集体退赛事件。2017 年 6 月 23 日晚 7 点,包括马龙、许昕、樊振东在内的诸多国乒球员和马琳、秦志戬等教练员放弃当天比赛,并发出了同一条微博："这一刻我们无心恋战,只因想念您,@刘国梁！"并纷纷配上刘国梁的同一张动漫照片及各自与刘国梁的合影照片,随即引发网民热议和几十万次转发和亿次热评,连同《人民日报》等官方微博也随即转发,几度使得此事件刷上热搜,引得网民纷纷讨伐相关部门。

网络体育舆论极化传播是网民理性的缺场,是网上自由发表言论的异化行为,特别在"沉默的螺旋"的影响下个人理性发声屈从于集体情绪而被掩埋,而群体极端的观点极易致使民众在虚拟网络或现实生活中演变成具体的行为冲

---

[1] 刘琛. 新媒体文化的迷思：生于"恶搞",归于何处？[J]. 文艺争鸣, 2015 (10)：176-180.

动,产生违法行为。因此,新媒体主导的后真相时代呈现出典型的真相混乱、本质破裂、舆论主体漂浮及舆论极化等特征。此外,新媒体时代的到来使得人人都是传播者,每个人可以在平台上发布文化内容,故而,海量视觉内容充斥在平台上,并逐渐扩张体育舆论内容的空间,用户的众声喧哗也促使体育舆论的作用逐渐增大。此外,网民媒体和用户为吸引粉丝眼球,常常捏造虚假照片,混淆事实;为了博得众多的流量和眼球,无底线地夸大拍摄视角、拼接照片及多功能制作照片等行为,让图像把真相变得更加扑朔迷离,刺激体育舆论走向极化。

第四节　从受众商品到用户劳工:媒介对体育用户的剥削

在电视等传统体育媒体中,体育电视通过新闻和赛事吸引受众的注意力,进而转换成"收视率",商家打包卖给广告商,获得利润,受众在过程中也变成了商品化存在。但是,到了互联网时代,出现了"人人皆媒"的奇观现象,受众变成了用户,用户主动发布信息和选择喜欢看的体育内容,而盈利全归于平台商,此刻的受众既是生产者,又是消费者,而这种产消者身份却未占据任何交换价值,变成了平台的免费劳工。

此外,随着"免费经济""共享经济"的出现,体育以其独特的魅力召唤着用户不断加入互联网数字资本的大潮之中,用户成了推动互联网体育产业的主导力量。据相关数据显示,截至 2018 年,我国体育用户将达 5.2 亿人。从腾讯体育等的体育类网站到直播吧等体育 App 和社交网络,再到风靡全球的电子竞技产业,用户的"疯狂游戏",任意上传体育娱乐文本和视频,甚至在直播中的"一颦一笑"都成了互联网体育产业的劳动形式。但是,互联网技术带来的体育传播范式和传媒产业的全面变革遮蔽了用户的文化生产、劳动形式、再商品化及数字资本对用户剩余价值剥削的本质。

一、受众商品:电视体育交换价值完成

马克思的《资本论》,其开篇就以商品作为其逻辑起点,叩开了资本主义社会发展的内在本质。因此,媒介体育消费发生的前提条件就是当图像或影像转换为商品,然而媒介体育的消费过程并不是那么简单,除了报刊媒介体育的交换方式是收取订阅费和有一定的售价之外,电视体育和新媒体体育并不是简单的受众

第六章 视觉的限度：媒介体育视觉传播的批判审视

与媒介组织之间的商品交换或购买，而是媒介组织提供的一种免费产品和免费经济，那么用户又通过支付什么东西来实现交换价值，完成整个消费环节的呢？

自1936年，电视录制柏林奥运会伊始，媒介便铸就了以奥林匹克运动会为代表的现代体育神话。现代电视通过特写的镜头、高超的剪辑手法、蒙太奇的拍摄技巧及声影结合的制作方式，特别在今天VR技术的加盟下，打造了一场场运动视觉盛宴，吸引了无数受众的目光和呐喊声，而赛事转播费和电视体育精彩赛事时段的广告费更是数以亿计。

现代大型体育比赛的观看方式从现场到电视，现场观看支付的是门票，而作为电视机旁的观众支付的是什么呢？在回答此问题之前，就需要明确体育电视提供的商品是什么，而又如何实现交换价值的。从传统西方经济学的角度来看，电视体育提供的是与体育相关的赛事节目等商品，并主要通过将部分时间段售卖给广告商获得高额利润，但是广告商消费的并不是体育节目，而是受众商品。加拿大传播政治经济学学者达拉斯·斯迈兹是最早提出受众商品概念的人，他认为："受众商品是一种被用于广告商品销售的不耐用的生产原料，受众商品为买他们的广告商所做的工作就是学会购买商品，并相应地花掉他们的收入。"[1]

然而，体育电视将受众商品转化成货币或利润这个变化却不是那么简单，从现场到电视，电视收视率的获得并不像在运动场馆收取门票那样简便，而电视则是将出于主、客观目的不同的观众聚集在荧屏之下，他们有的是出于热爱，但也可能因赛事不精彩而随时中断节目，同时，还有大量观众只是出于无聊而漫无目的观看。并且，他们在观看的同时，可以进行其他活动，如喝啤酒和吃小龙虾等。如何有效地收编所有不同的观众，建构共同的体育节目的认同感，将其转变成忠实的电视体育迷，实现电视节目的符号商品转化为受众商品，进而打通广告商与受众注意力的界限，这是体育电视面临的一个艰巨的挑战。

当前，电视体育通过打造精彩赛事链，塑造体育明星，搭建电视体育的情感联盟，并在新媒体的融合中，采用数字化和交互化的叙述方法，渲染强烈的现场感，充分调动受众的视觉感官和参与体验，吸引众多的体育迷参与其中。然而，作为电视体育迷的受众，始终未发现自己的商品身份，不仅夜以继日地观看体育电视节目，而且更加疯狂地追星，并购买明星广告代言下的昂贵商品，沦为电视

---

[1] 奥利弗·博伊德·巴雷特，克里斯·纽博尔德.媒介研究的进路[M].汪凯，刘晓红，译.北京：新华出版社，2001：273.

和广告商的商品和劳工。

二、用户劳工：新媒体体育的交换价值实现

如果说传统电视媒体时代传播是单向度的，受众是被动的观看者，在观看体育电视提供免费节目的时候，不得不被动地接受捆绑的广告。那么，新媒体时代受众成了主动的用户，自愿成为内容的生产者。此外，不仅我们的休闲时间和注意力成为商品，而且用户的个人信息、数据资料也变成了商品。然而，用户创造的内容和劳动价值，却被互联网平台完全占据其剩余价值。因此，受众开始向互联网用户商品和数字劳工的双重转变。

当今社会已迈入了以用户为主导的信息内容生产 Web3.0 模式，信息内容在各网站和平台间的整合生产、交互传播成为可能，并生发了新的体育媒体劳动形式和经营模式，体育用户向数字劳工演变日益增多，用户习惯在新媒体观看体育赛事，创作体育内容和娱乐交流。据艾瑞咨询调查的《2016 年中国互联网体育用户洞察报告》指出："2016 年 3 月，主流互联网体育平台的月覆盖人数达 1.36 亿人。"目前，便捷而互动性强的互联网平台已成为体育用户最主流的观看渠道和话题交流的聚集地，吸引到上亿用户参与到互联网体育平台的消费之中，并自愿贡献自己的劳动价值和剩余生产力，成为体育内容生产和内容付费的"产销者"。

新媒体时代体育用户的劳动延伸了马克思的物质劳动观，马克思认为劳动是人类区别于其他物种的本质体现，是人类主动地进行价值制作的生活获得。马克思在《资本论》中说道："劳动首先是人和自然之间的过程，是人以自身的活动来中介、调整和控制人和自然之间的物质变换的过程。"[1] 互联网时代体育用户的劳动方式、场域和生产资料都发生了变化，用户可以在任何时间、任何地域运用手机或电脑等客户端生产作为信息内容的符号产品，这些产品包括用户的观念、文字、图片、影像和其他的象征符号文本，如创作体育内容和制作体育短视频等。当今，用户在互联网的推波助澜下，通过开通体育门户网站、赛事社交渠道以及垂直体育社区论坛和贴吧等新媒体 App 打通了体育与用户的时空之墙，促使平台上每天的发帖、评论和上传文本的数量多达几亿次。据艾瑞咨询统计表明：超九五成用户有重复观看赛事的需求，特别对赛事集锦、往期赛事视频和赛

---

[1] 马克思. 资本论（第一卷）[M]. 中共中央马克思恩格斯列宁斯大林著作编译局，译. 北京：人民出版社，2008：207-208.

第六章 视觉的限度：媒介体育视觉传播的批判审视

事花絮的短视频内容需求强烈，而较多用户也自主参与制作短视频来扩充互联网体育短视频库。然而，用户进行内容生产等的劳动成果几乎被平台霸占。因此，体育数字劳动是新媒体时代一种具体的体育劳动形式，换言之，这种劳动形式和价值是建立在数字化互联网信息时代崭新的劳动形式，称之为"数字劳动"。

然而，体育用户在使用互联网体育媒体进行数字劳动，满足自身的休闲娱乐、日常交往和情感需求的同时，却很难意识到自己受技术的控制已转化为"劳工"的现实。可以说，用户的劳动变成了平台自身的盈利，而在此之前，用户要想进行互动交流和文本上传必须要完成在线注册，进而完全暴露自己的数据，并接受程序上的"默认条款"，将自己的一切劳动形式免费奉献给平台，以换取自由表达和创作的权利。因此，互联网体育数字劳动以一种强制的形式将用户变成了劳工，不仅诱惑用户免费生产，而且售卖用户身份数据，源源不断地榨取用户的劳动价值，使得受众从用户向数字劳工转变。就这样，互联网体育产业强化了体育劳工的核心地位，占据其休闲时间，并将其纳入互联网体育产业运作和发展的全过程，实现了资本增值。互联网体育用户的传播行为亦成了体育数字经济的劳动行为，助推资本扩张。

然而，新媒体体育数字劳工的劳动形式主要包括两个方式，一个是运用"众包"的方式，通过在新媒体社交平台上发布体育信息，号召海量用户参与分享与制作，如关于怀念科比的图像和视频征集，以及中国冰雪奥运的主题图像征集等活动，往往引发几百万的体育用户响应和参加。众包类似一种隐性的雇佣方式，无需对劳动者进行岗前培训、支付稳定工资和福利待遇等，而是面向全世界用户，获取最优质的内容，只需付出微小的报酬即可。无疑，互联网体育平台产业跨越空间的张力，将用户变成了数字的殖民。此外，他们还根据用户的浏览记录探知喜好，投放相关的广告，进一步提高了广告商的投资率。在互联网体育平台中，用户自以为享受免费的体育赛事观看和虚拟社区的互动交流，不断地响应平台号召，纷纷无偿制作文本参与到平台的拟态狂欢中来，最终落入到商家的彀中，而平台营造的情感表达和快乐参与的原则下掩盖了用户的劳工化和被剥削的本质。

另外一个劳动形式是将体育粉丝的情感商品化，进一步提高其对媒介的用户黏性。传统电视体育依赖大型体育品牌赛事的转播以及体育明星的塑造等来吸引受众，但是单向度的传播所培养起来的是松散的、无序的群体。而新媒体体育时代的到来及社交网络平台的搭建，交互式的传播方式使得运营商更加便捷地将用户牢牢地绑定在平台上面，其用户参与方式和盈利模式都发生了重要的变化。当数字资本延伸到网络体育媒体领域，不仅继续发扬了传统媒体以购买赛事版权和兜售广告为主的经营方式，并发展以建设网络体育平台，依靠用户生产体育内容，进一步形成以创新多种广告资源和贩卖用户信息的盈利模式。因此，网络体育传媒建立了以用户生产和消费为核心的获利方式。当然，互联网体育传媒也是煞费苦心，通过多样化的符号运作策略，编织美丽的幻象，增强用户的参与度，提升用户黏性。然而，网络体育媒介织造虚幻的体育空间，吸引体育用户在这空间中自我表达与空间构建。

网络体育传媒使用"先赋权，再收编"的策略营造轻松而愉快的网络环境，吸引用户参与并成为粉丝，进而建设大规模网络用户群。网络体育媒介通过打造网络社区平台，提供NBA等国际精彩体育赛事，依靠技术赋权开放多屏同步弹幕号召亿万粉丝互动交流赛事的精彩瞬间和明星的赛场表现，诱惑用户完善个人身份信息，给予网络身份更多的权力，如使用VIP表情包和个人头像装扮，充分调动用户与用户、用户与媒介之间的认同感。此外，网络媒体搭建社区平台，每日发布多条不同包括赛事和体育明星的媒介体育事件文本，鼓励用户参与自我发布内容，加强社群的讨论，调动用户的情感。同时，媒体也建立多元的体育明星和不同赛事的社区交流圈，呼唤用户的长期情感投入，进而转换成欲望和消费的动力。作为赋权给用户的网络体育传媒，看起来是让用户自由表达，实际是用户的自我展示和表达落入到社区平台毂中。长此以往，在媒体的话题引领和他人目光及消费文化的影响下，用户逐渐去迎合社区固定的议题与意识形态，不由自主地陷入网络体育传媒环境的驯化之中而被其收编。

三、劳工即商品：新媒体对体育数字劳工的剥削

互联网语境下的体育数字劳工不仅保留了受众商品的角色，而且用户又成了平台内容的产销者，导致其数字劳动完全遭受资本的剥削。马克思认为剥削是生产力与生产关系发展到一定阶段的产物，资本家通过强制手段无偿侵占劳动者的劳动成果，以获得利润。然而，互联网时代的到来，传统现实工厂工业下的雇佣劳工转换成了互联网下的数字劳工，用户劳动形式的变化也产生了新的剥削形式。

首先，互联网时代的剥削看起来是用户自愿参与到剥削之中，其实是大多数服务商通过提供"免费服务"来诱惑用户，要想获得更多的使用机会就必须无

条件地接受服务商的"条款",用户被强制性地接受广告投放和个人信息收集。其次,服务商不仅将用户所生产的体育内容产品商品化,而且将其用户本身商品化,主要体现在无偿占有用户的劳动力和个人信息商品化,进而产生了用户的劳动异化现象。用户自身运用互联网终端和数据流量作为生产资料,并生产内容文本符号,其一切劳动成果均被平台所拥有,这本质是服务商与用户关系之间的异化。剥削的最终目的是为了实现服务商的盈利。马克思认为资本的实现是建立在剥削劳动者的剩余价值,体现在把工人的劳动力转化成商品的基础上。马克思的剩余价值理论中,利润率与利润和投资成本相关:即利润率=剩余价值/(不变资本+可变资本),我们可以基于这一公式来讨论社交媒体公司的资本积累策略[1]。互联网体育平台经济的收入凭借赛事内容生产和游戏体验等吸引用户,并通过广告收入和用户支付服务费用赚取盈利,用户越多,广告商的投入越大,用户支付的可能性也越大,而剩余价值部分则是通过剥削用户平台使用时间而产生。服务商在开发、维护和升级互联网体育平台这类不变资本一定的情况下,通过剥削用户工资的可变资本,实现资本增值。现实情况是,服务商运用众包的方式将内容生产或游戏体验外包给了用户,并无须承担任何费用,那么可变资本逐渐降低,甚至趋向于无,则利润率趋于无穷大,剥削率也无限增大。

随着后互联网时代的到来,新媒体体育平台或社交网络对于用户的剥削水平不断扩大。因为,智能化平台以大数据和新闻算法为核心的技术自动监控用户的浏览轨迹,准确收集用户信息,追踪用户的需求爱好,精准投放内容和广告,建设庞大的新媒体体育用户群。正如福柯说的:"我们的社会不是奇观社会,而是监视社会……我们既不在露天剧场,也不在舞台上,而是在全景机器中,被它的作用力消耗,我们自作自受,因为我们是整个机制的一部分。"[2]

总的来说,当代以图像为主的媒介体育文化强化了视觉在其中的主体地位,也可以说,媒介体育文化就是一种体育图像文化或视觉文化。同时,当代的媒介体育文化亦属于典型的媒介文化之一,以视觉为导向的表现特征使得媒介体育文化趋向后现代媒介文化的发展特征,即:体育话语趋向从私人空间转向公共空间,从精英体育文化转向大众体育文化,从为国争光转向日常娱乐,从注重赛事报道转向娱乐绯闻。媒介体育文化是当代媒介文化重要组成部分,深刻影响人们

---

[1] Christian Fuchs,陈婉琳,黄炎宁. 信息资本主义及互联网的劳工 [J]. 新闻大学,2014 (5):8-24.
[2] 米歇尔·福柯. 规训与惩罚:监狱的诞生 [M]. 刘北成,杨远婴,译. 北京:三联书店,2007:243.

当下体育接触、认知和行为方式,表现出强烈的后现代文化特征。因此,媒介体育文化也出现了后现代媒介文化的现实困境,而要解决此问题,则需要先理解后现代媒介体育以及媒介体育文化的内涵,明晰其出现问题的原因。

20世纪20年代,法国法兰克福学派最早注意到了媒介文化的相关研究。霍克海默和阿多诺等文化批判学家意识到大众传媒开始受到商业的蛊惑和意识形态的控制大规模、标准化、复制化及工业化地生产媒介内容产品,这些产品看上去内容多样,实则千篇一律的制作风格和艺术特性,并且带有一种浓厚的流行文化气息来麻痹大众,这种看似专门为受众所生产的内容,实际上却是资本主义商品需要的结果,因此他们把这称作媒介文化的"文化工业"取向。媒介的文化工业的生产机制是在利益的追逐下,将资本主义意识形态和泛娱乐文化灌输给大众,制作出虚假的幸福。到了英国的伯明翰学派,像霍尔等文化研究学者提出了媒介文化的"编码/解码"理论,其认为人们对电视文化所提供的内容,观众会产生主导与霸权、协商式接受、抵制与对抗的三种解码方式。然而,欧美传播政治经济学派则将媒介文化置于马克思主义政治经济学语境中来谈,其认为资本主义媒介文化的实质是将受众商品化。约翰·菲斯克在分析电视文化时候,认为电视文化是动态的文化,一种观众可以选择的文化形态,其生产的是快感和意义。而鲍德里亚则认为媒介文化是一种仿造现实的虚拟文化,最终使得主体走向消亡和离散。

然而,直到1995年美国学者道格拉斯·凯尔纳才正式提出"媒介文化"这一概念,并撰写出《媒介文化》一书,其认为媒介文化是一种复杂文化,包容着社会、科技以及消费主义等的文化属性混杂而成。他说道:"媒体文化是一种图像文化,常常调度人的视觉与听觉。形形色色的媒介——电台、电影、电视和包括像杂志、报纸和连环漫画册在内的印刷品,要么以视觉为主或以听觉为主,要么两者兼用,同时对方方面面的情绪、情感和观众等产生影响。媒体文化是一种产业文化,是依照大规模生产的模式加以组织的,同时它也要遵循惯例性的程式、法则和规定等,分门别类地为大众制作产品。因而,它是一种商业文化的形式,其产品就是商品,试图吸纳那些对资本的积累感兴趣的大公司所查的私营利润。"[1]

因此,凯尔纳认为后现代媒介文化是一种视觉文化、技术文化与商业文化的混合体,是一种媒介文化的呈现方式以及对社会的直接影响。然而后现代的媒介

---

[1] 道格拉斯·凯尔纳. 媒介文化——介于现代与后现代之间的究、认同性与政治[M]. 丁宁,译. 北京:商务印书馆,2013:9-10.

第六章 视觉的限度：媒介体育视觉传播的批判审视

文化主要是依靠于人类视觉观看体验的图像文化。当下，从报刊到电视以及新媒体，其呈现方式随着视觉媒介技术的进步已经发生了重大的改变。媒介体育这一以呈现身体运动为主的文化正在展示出高度的形象化表达，其倡导一种简单的、感性的、浏览式的，甚至时空都分离的体育形象，同时，体育的价值和意义都依赖图像来赋予，媒介体育的文化表达和意义也都靠图像来表征。并且，在媒介将图像内容等同于真实体育，一方面，图像内容的偏见、剪辑篡改以及虚拟现实分了能指与所指；另一方面，媒介通过视觉消费，不断扩大人们的欲望和快感，消弭了现实与媒介虚拟的距离。无可避免地是，媒介体育文化会陷入后现代性的困境，诸如上文所阐释的图像对体育的围困，图像本身的媚俗与恶搞对媒介体育的负面影响，进而阻碍媒介体育本身发展。总的来说，媒介体育视觉文化的当下症结与媒介文化的症候具有很大的共性，并显现出后现代性文化的发展危机。然而，追究媒介体育视觉文化发展困境的成因，不免从人性、审美文化流变以及消费主义这三个方面来寻求答案。

首先，人类先天对图像的偏爱。纵观大众媒介技术的发展史可以表明，不管是内容生产方式还是传播呈现形式都在有意无意地突出视觉追求，强化一种直观的、超真实的叙述方式，而现代性大众传媒产业的发展也证实了传统报刊媒介的衰落正是文字表现让位于图像表达的视觉现实。那么，大众媒介体育的图像传播为何受媒体与大众所独爱呢？媒介体育中视觉获得的意识形态和霸权地位的根本原因是什么呢？那就是人类天生对图像的偏爱。首先，图像作为感性表达的形式，人类本性就相信视觉所看到的即为"真实"，国外学者研究指出，人类接触外界和学习知识百分之七十五是通过视觉来认识。其次，不管是凝固的图像还是流动的影像都控制了人类的时空感，并转化为人们的即时感。最后，图像更易于人们接触和唤醒内心的快感，正如斯肯特在《看的实践：视觉文化导论》一书中所说的："人们在探究图像的社会、文化和历史意义的时候，总是没有意识到，凝视图像本身就是一个愉悦的过程。"[1] 后现代媒介体育的视觉化发展解放了哲学认知史上对理性的崇拜以及对感性的压抑，打破了柏拉图以来那种宣称身体感官是罪恶的说法，回归后现代的身体哲学，迎合了人性的欲望和凝视的快感，充分解放人的视觉，将可看的和不可看的都可视化，制作出一个当代世界的视觉体

---

[1] Marita Sturken, Lisa Cartwright. Practices of Looking: An Introduction to Visual Culture [M]. Oxford: Oxford University Press, 2001: 31.

育景观。因此，媒介体育视觉文化之所以在当代越加强化，乃至于视觉内容泛滥冲击人们的眼球，是因为人性本身的视觉偏爱，而图像体育则满足了人类身心感性的需求，其观看欲望在媒介体育图像表达中得到充分释放。

其次，后现代体育审美的转型。每个时代的理论都深深地镌刻着那个时代精神和社会现实的烙印，而新的理论并不是"弑父式"的否定前人的思考，而是从前人的思维框架中生发出新的符合这个时代的理论范式。消费时代的到来，文化工业的大批量生产及大众传媒的推波助澜，艺术走入日常生活，这直接标志着康德美学的黄昏和新的社会学美学时代来临。美学发展大体上已经走过了神学美学与哲学美学两大阶段，在当今时代已经逐渐步入科技美学与社会学美学并驾齐驱的共时性发展阶段[1]。

着眼于体育的现实情境考察体育审美的时代变迁，揭示背后的审美逻辑，显得尤为重要。然而，后现代体育美学逐渐消弭了体育审美的神圣性和为娱神而存在的宗旨，转向到大众的感性狂欢审美之中，特别是媒介体育的视觉审美冲破了理性的压抑，倡导感性的自由解放和欲望的释放，尤其是足球世界杯等重大赛事直播的时候，数以亿计的球迷打开啤酒、赤裸半身在媒介旁边聚集，一起为运动而呐喊怒吼。同时，新媒体在线用户通过弹幕助力、社区话题讨论、朋友圈发图等多种方式参与到媒介体育的视觉狂欢当中来，媒介体育审美变得日常化，渗透在人类生活的每一处。

最后，消费社会的影响。众所周知，都市化、后工业化及市场经济的快速发展催生了消费社会时代的到来，摆脱了传统农耕文明所依赖的自给自足和以生产为核心的时代，迈向了工业化大规模批量生产以及产品过剩所引发的以消费为主体，生产与消费相分离的消费社会。然而，随着物质产品的极大丰富以及品牌产品的产生，使得人们不再注重商品的使用价值，而是更加注重商品的交换价值，尤其是商品的文化学意义，以及对人的身份认同和地位彰显的符号价值。可以看出，消费社会的到来对媒介体育的视觉消费、视觉价值产生了极大影响，也为媒介体育的产生与发展提供了丰硕的土壤。然而，消费社会在给媒介体育带来一个良好发展空间，为其生产了庞大的媒介体育产品内容和海量的体育用户的同时，围绕消费社会所带来的消费至上理念，媒介欲望化生产及炫耀性消费等消费刺激

---

[1] 傅守祥. 欢乐之诱与悲剧之思——消费时代大众文化的审美之维刍议 [J]. 哲学研究, 2006 (2): 85-90.

等策略也对媒介体育困境的形成产生了很大的影响。

那么何为消费社会呢？鲍德里亚在《消费社会》一书中认为："存在着一种由不断增长的物、服务和物质财富所构成的惊人的消费与丰盛现象……富裕的人们不再像过去那样受到人的包围，而是受到物的包围……制约它的不是自然生态规律，而是交换价值规律……在丰盛的最基本的而意义最为深刻的形式堆积之外，物以全套的或整套的形式组成。"[1] 消费社会最典型的特征的商品的空前堆积以及对人的围困，特别是物以符号价值的形式出现来实现商品交换，尤其是广告、电视等媒体渗透使得商品的交换价值不断扩大。因此，在消费社会里，人与商品之间的关系已经超越了人对物的使用价值的基本需求，而是转向要求使用价值和符号价值的多重消费关系，且人在商品交换过程中获得一种自我身份认同，而在此过程中，媒介体育的视觉消费同样会产生体育内容产品泛滥挤压人的生存空间，而且媒介消费不仅追求的是体育产品的视觉效果和比赛本身的精彩度，而是代之以人本身欲望的宣泄，使得产品本身开始夹杂着情色及暴力元素，以满足人们的需求。但是，消费社会对媒介体育困境的影响，不仅是外在社会因素的影响，还包括消费本身的消费文化所产生的影响。例如，费瑟斯通在其著作《消费文化与后现代主义》一书中曾提到，"消费文化这个词是强调商品世界及其结构化原则，对理解当代社会来说具有核心地位。首先，就经济的文化维度而言，符号化过程与物质产品的使用，体现的不仅是实用价值，而且还扮演着沟通者的角色；其次，在文化产品的经济方面，文化产品与商品的供给、需求、资本积累、竞争及垄断等市场原则一起，运作于生活方式领域之中。"[2]

消费文化与媒介体育视觉文化的紧密结合，使得观看体育本身就成为消费，而且一切按照市场的逻辑运转，使得生产的内容产品渗透着浓厚的商业价值，媒介体育的成果全部归为媒体商，其给媒介体育带来了深远的影响，渐渐远离了体育的本质，形成特色的商业体育气息，由此媒介体育的视觉内容不断涌现，批量生产，并通过符号形式逼近受众，其虚拟性和欲望化表达激发了人类无尽的欲望，模糊了人们对体育真实的需求。日常生活中的体育被虚拟的媒介体育视觉产品符号所代替和统治，而媒介体育视觉内容本身亦被商业所绑架，陷入无限的视觉困境当中。

---

[1] 让·鲍德里亚. 消费社会 [M]. 刘承富，全志刚，译. 南京：南京大学出版社，2008：3.
[2] 迈克·费瑟斯通. 消费文化与后现代主义 [M]. 刘精明，译. 南京：译林出版社，2000：123.

CHAPTER 07 第七章

超越视觉：当代媒介体育的理性重构

作为当今形象世界的常态表征，无疑，视觉图像和影像已经在现代体育形象和表意中占据主导地位，而且，图像也成了媒介体育的主要表达方式和叙述方式。当下在新媒体视觉媒介加入下，不仅超越了现实体育的意义，并且出现了新的媒介体育内容和形式，逐渐成为当今媒介体育呈现和叙述的基本逻辑。诚如米歇尔所说："21世纪的问题是形象的问题。我们生活在由图像、视觉类像、脸谱、幻觉、拷贝、复制、模仿和幻象所控制的文化当中。"[1]

视觉文化的本质是一种感性的、商品化的、图像形式的、可供日常消费的、充分依赖视觉技术的大众文化[2]。因此，以图像和影像为主体的媒介体育呈现形式在当今社会已几近泛滥，直逼媒介体育的现代化发展。诚然，视觉文化时代视域下的媒介体育图像表达集中反映了后现代的体育文化症候，其与消费主义、文化工业等的高度联姻，夹杂着后现代体育审美的日常化转变因素，改变了人们的体育观看方式和运动行为，削弱了传统媒介体育的意识形态主导地位，并引发了图像泛滥、恶搞狂欢及视觉消费异化等的诸多问题。因此，立足于后现代视觉文化时代背景，直面视觉文化时代所带给媒介体育的现实问题，从媒介体育视觉文化的内在超越和现实策略寻找解决视觉文化给媒介体育所带来的围困，从而推动媒介体育视觉传播的良性发展。

---

[1] W.J.T.米歇尔.图像理论[M].陈永国,译.北京：北京大学出版社,2006：2.
[2] 刘伟斌.当代视觉文化意识形态治理路径研究[J].四川理工学院学报（社会科学版）,2018,33(5)：48-58.

第七章　超越视觉：当代媒介体育的理性重构

第一节　内在超越：媒介体育视觉传播的游戏回归

从20世纪60年代东京奥运会利用同步卫星直播奥运会伊始，媒介体育从萌芽发展至今天已近60年，其深刻影响了体育传播生态和体育本身的发展。而回首我国媒介体育发展的历史，从20世纪80年代央视转播世界杯决赛开始到今天，也走过了四十个年头，毋庸置疑的是，媒介体育俨然成为中国生活方式很重要的一部分。在当今全球化不断加快的背景下，体育与媒介的紧密联姻使得媒介体育发展迅猛。然而，媒介体育良好发展的同时，也伴生出诸多问题，特别是商业经济的夹杂，媒介体育呈现出碎片化的审美体验，使人们不知媒体到底是在讴歌体育之美还是丑化体育之恶。而媒介体育本身出现的视觉体育内容过载、内容庸俗化和媒介体育过度奇观化等现象则深刻误导人们对体育的认知。

因此，要想实现媒介体育视觉困境的后现代性救赎，就需要改变图像对体育及体育用户的围困，重建新型的媒介体育视觉文化生态，回归体育及媒介体育传播的本质，以做到媒介体育文化的内在超越，希冀实现和谐、健康的媒介体育未来图景。

一、媒介体育回归游戏传播本质

当前媒介体育的视觉内容泛滥及图像的庸俗化、媚俗化倾向已是越演越烈，逐渐演化成全民的狂欢和恶搞，媒体在迎合用户的需要过程中，不断升级视觉观看和呈现技术，大规模生产体育视觉内容，制造媒介体育文化产业，使得媒介体育充斥着低俗、泛娱乐等内容，严重影响受众对体育和媒介体育的认知和行为。尽管媒介如此偏爱媒介体育的视觉传播，以及商品形象化的塑造会招揽海量体育用户，乃至于增强了用户黏性，但是长此以往，随着用户的媒介素养提高及对于高质量体育内容需求，未免会造成人们对媒介体育的厌恶及对现实体育的错误理解。因此，当下我们需要重新审视媒介体育、人与体育三者的关系，明确媒介体育传播的本质、体育的本质，以及媒介应建构何种体育生态契合人的现代化体育发展，减少图像对体育和人的围困，进而回归良性的媒介体育传播生态。

要走出媒介体育的视觉文化困境，首先就是要回归体育与媒介体育传播的本质，倡导理性回归积极向上，以及多元体育价值的体育文化传播内容，引导视觉回归正确的报道引导。然而，何为体育、媒介体育传播的本质呢？目前，关于体育本质的言说，学者们莫衷一是。然而，后现代哲学并不寻求一种固定的、确切的本质哲学说法，而是超越主客观外在的影响，回归事物本身，由此延伸出哲学诠释学。诠释学（Hermeneutik）的最大特征就是对事物进行解释，不断探寻人类一切理解活动。诠释学的词根"Hermes"是希腊神话中一位信使的名字——赫尔墨斯，而赫尔墨斯的职责就是向人类解释上帝的神祇。一如它神话般的词源名一样，诠释学在经过狄尔泰、施莱尔马赫、海德格尔和伽达默尔等人的铸造之后，一度成为指导精神科学的方法论哲学，而诠释学代表人物伽达默尔在其著作《真理与方法》中运用游戏理论叩开了诠释学和艺术本体的大门。通过阐明伽达默尔诠释学游戏理论的内涵和实质可以更好地解读伽达默尔游戏理论对体育本质的思考。

伽达默尔认为游戏的本质就是游戏本身，不局限在主体人的范围之内，而游戏者仅仅是游戏的外在表现，游戏本体独立于人之外的特殊行为和属性。游戏优先于人类而存在，游戏的规则和情景是事先设计好的，而人是按照规则和游戏方式进行活动的。此外，游戏的最终目的是自我表现，游戏的这种循环反复的重复性，并不依赖于某个游戏者个体而存在。因此，伽达默尔说道："游戏也是一种自行运动，它并不通过运动来谋求目的和目标，而是作为运动的运动，它也可以说是一种精力过剩的现象，亦即生命存在的自我表现。"[1] 游戏的本体论意义在于其作为艺术作品的存在方式，现实中的艺术文本只有在接受他者的感知时才能被理解，而艺术与游戏就在这重复的自我表现与他者对话中获得完满。因此，理解事物就是要绕开主体的自在世界，回归到事物本身，由事物向我们诉说而不是我们解释事物，进而在"解蔽"与"去蔽"的过程中理解。然而，探寻体育是什么，就是在解答体育存在的根本问题。多年来体育学界关于体育本质的讨论，实际上沿袭了传统本体论中追问隐藏在事物现象背后的那个抽象本质理论，采用的是自然科学"主客二分"的认知模式[2]。将体育作为对象中的客体，从主体的理解过程中探析体育的固有属性，鉴于主体的理解视角多样，故而引发不同的体育本体观。因此，需要从诠释学视角直接追寻体育的"存在方式"，通过伽达默尔游戏论回应"理解体育如何可能"这一话题，引导体育回到运动本身的

---

[1] 伽达默尔. 美的现实性：作为游戏、象征、节日的艺术 [M]. 张志扬, 译. 北京：生活·读书·新知三联书店, 1991：34-37.
[2] 刘一民, 刘翔. 现代本体论视界中的体育本体探源 [J]. 北京体育大学学报, 2016, 29 (5)：18-24.

对话。

理解活动是人类经验的构成部分，是一种本体论意义上的存在方式。对于如何实现理解的过程，伽达默尔采用"游戏"的理念超越主客体的二分逻辑，建立一个开放的对话情境，进一步阐释理解活动的对话性和实践性等特点，进而在游戏中实现对世界的理解。体育的本体，从诠释学看，超越于主体视域进入主客体间的理解活动之中，并以运动所表现的行为与世界进行对话，在对话的过程中搭建自我的空间结构。同时，作为媒介，通过直观的体育行为实现主客体间的对话，而直观的体育行为即以身体为载体所表现出的专门的身体活动。伽达默尔认为游戏的本体具有先在性特征，同样，体育的本体也在于其先在性。首先是体育规则的优先存在，其次是发生学意义上的体育行为和规则的"优先性"和"统摄性"。这种逻辑先验性表明体育是先在的，是在无意识当中发生的，进而到文化层面上的体育，尔后才出现运动的人。但这并不是抹杀运动中人的价值，反而恰恰是强调体育与人的同一性。体育过程中，人的行为亦是体育行为本身，而且体育只有依靠人的参与才能产生意义。现代的竞技体育混杂了过多的输赢标准，学校体育过多强调统一的评价体系，媒介体育更是渗透着媒体的意识形态气息，过多地娱乐化和庸俗化内容，偏离体育的本质。

伽达默尔对游戏本体的回答最终落脚到对其存在方式的探寻，这也启示人们对体育本体的认识要追问体育的存在方式。游戏通过循环反复的过程不断表现自己，主体指向游戏自身，而存在方式亦是自我表现。反观传统体育本体观，过去有教育说、社会现象说、人的自然化说和人体活动说等，一定程度拓展了体育本体研究的视角，但都是从人的目的衍生出的思维路线，忽视了对体育存在方式和人的生存关系的深切关注。因此，应从诠释学的视域，回归体育本身，强调体育的存在方式指向自我表现，倡导体育的"我者"与表现的"他者"交互作用。体育作为自身的主体，在其秩序中不断重复运动，表现出体育特有的行为。体育赋予人以任务和目的，通过人的身体活动凸显体育。同时，体育行为是人的对象性活动，为了满足人自身的需求，进而发挥本质力量。此时，体育与运动者共同存在，相互体现，互相创造自身并显现自身存在。总之，体育的本体是其体育行为与人的生命存在相互作用的结果。

二、媒介体育游戏本质的回归路径

诚然，体育在人类社会发展进程中不可或缺，并被深深地打上了社会意识形态的烙印。然而，体育在人类文明的进化过程中，面临着异化、功利化和工具化等与本体分离的现象。因此，应从伽达默尔游戏论视角探索体育本体，并由此引发媒介对体育报道、媒介体育本身的多维反思。当前，体育受到媒介权力的约束和桎梏，特别是对视觉内容的曲解、改变使得体育偏离本来的面目，往昔那一种强调力与美、自由与崇高的体育业已渐行渐离，代之以视觉享乐以及全民狂欢的低俗化功能取向。因此，对于媒介体育的视觉文化产品，应强调媒介是为了更好地展示体育本身，倡导积极向上、追求身体极限的身体张力，进一步弱化视觉技术的过度滥用所产生的摧毁体育的原本样貌，尤其那些备受媒介所青睐的足球、篮球、排球、花样滑冰和体操等项目，减少对其的暴力化和情色化渲染，摆脱对视觉图像的过分依赖，展示出运动本身的魅力，那一种身体的轻盈与强壮的美感。当下体育图像的泛滥和视觉化呈现，伴随着一种文化工业的机械复制和大工业化生产，其体育媒介视觉内容源源不断被生产出来，但海量内容在满足人们的审美需求下又显得千篇一律，丢失了体育各个项目的独立性。而当下应该回归不同项目的运动特点和身体展现方式，突出运动本身的美感。特别是媒体商及制作商应生产与传播"原味"、健康、纯净和优美的体育图像，减少对视觉媒介的过分迎合，还原体育的本来样貌。

同时，媒介学家史蒂芬森曾提出游戏传播理论，其认为媒介所提供给用户的信息的目的是满足人类的消遣娱乐，而人类的媒介活动就是一种游戏活动，用户在参与制作生产、阅读、共享与传播媒介文本等活动中，获得一种集体身份认同和快感，实质是传播的一种非功利化和自发的活动。而且，从游戏传播理论来看，人类进行媒介观看和消费，实际是一种技术革命带来了更多的休闲时间的"盈余"，使得人们有时间和精力进行媒介活动。当前，人工智能及新媒介视觉技术的革新满足了人类"玩乐"的需求，充分满足感官享乐，构建出巨型的沉浸式的视觉体育传播格局，为的是取悦用户的个性化需求和直观享受。史蒂芬森认为游戏传播伴随着人们休闲时间的增加，以及后工业社会人类从重劳动工作中解放出来，人们开始追求一种娱乐消遣，而媒介也正在迎合人类的这种需要，提供休闲娱乐的传播内容，但是受众不仅观看信息享受快乐，而且在传播的过程中也获得了快乐，如用户在新媒体中自发主动地转发与评论相关新闻等。其认为用户从传播内容到传播过程的整个参与，目的就是自我取悦，进而形成了以个人兴趣爱好为核心的游戏场域。当下新媒体为了增强用户黏性，迎合这个时代的泛娱乐审美需求，满足用户的玩乐诉求，大肆生产脱离体育本来面目的媒介体育形态,并且提升沉浸式的观看水平,却使得媒介体育的功利化大于公共性,情感快感大于理性观赏。因此,媒介体育的游戏传播应是挖掘人们内心深处的游戏情节,调动用户的媒介参与情绪,强调有趣的视觉传播内容和过程而不是媚俗和庸俗的内容,注重的是非功利化和多元化价值,建立触及人类心灵及正确健康的内容生产与传播机制。

第二节 制度层面:强调法律规范,完善媒介体育的把关机制

当今媒介融合的不断推进和数字媒介的裂变式变化深刻地影响着媒介体育图像内容生产质量和价值导向,海量"庸俗、媚俗和低俗"内容遍布在体育媒介之中,其发展速度之快与泛滥范围之广已远远超乎人们的想象和媒介管理者的制约,其内容不仅扭曲体育的形象,而且毒害青少年对体育的认知和价值取向,极大地改变了传统媒介体育的传播环境。因此,认清和理解当下媒介体育的传播规律和特性,积极主动地构建新的媒介体育传播环境,迫在眉睫。

媒介体育传播从单向度和线性转向非线性和多向度的传播方式,使得人人都是传播主体,导致海量体育图像内容泛滥。传统电视媒介体育均由专业的媒体人发布并传播体育信息和影像等内容,受众是单纯的接触者。而新媒体时代的来临,突破了由单一媒体制作人传播的束缚,人人都是图像的生产者和传播者,给予了用户更大的自主选择权,不仅自我决定观看和传播什么内容,而且决定自我生产或接受什么内容。此外,由于传播的低门槛,任何人都可以生产体育内容置于媒介体育场域之中,一时间生产者与传播者鱼龙混杂,素养不一且内容多样,难以分辨真伪。

由于传播的开放性和自由性,加之内容之海量,传播环境之复杂;同时,传播媒介体育影像内容向新媒介的搬迁和重新生成与组合,在新媒介把关人的缺失或媒介话语管理的缺位的状况下,使得媒介本身对碎片化的图像内容的控制能力较低,导致图像内容本身的负面化和窄化不断加剧,也使得体育舆论管理工作出现危机。随着体育赛事的移动互联网化的转播方式,以及体育舆论场向网络媒介场转变的重大变革,网络媒体成为主要的传播平台,同时也成为不良舆论的制造者。当前我国在应对网络体育舆论方面经验不足,对体育舆论的危机传播监测机制不够灵敏,特别是突发体育事件发酵快、传播迅速,极易引起舆论哗然。因此,运用政策引导作为解决网络体育舆论的"硬约束",引导受众的刻板思想,

则在网络体育舆论监管工作中显得尤为重要。

一、完善媒介体育图像内容监督

归根结底,媒介体育图像内容泛滥、真假难辨、质量不一,其主要原因为传播主体的多样、把关人的缺失、监督和审查体系不完善等多重因素所造成。因此,当务之急是要从制度上确立媒介体育监督和审查体系。假图像体育新闻和庸俗内容挤压传播环境的后真相时代,对体育图像内容的监督和审查显得尤为重要。当前,我国主要是依靠国家有关部门来约束和监管媒介体育内容,面对新媒体传播环境的复杂性,不仅需要设立专门的部门来管理和监督媒介内容,更应要求不同的媒介管理者来管理和审查媒介体育,甚至呼吁用户自身提高媒介素养来自我审查和举报。

2018年4月20日,习近平总书记在出席全国网络安全和信息化工作会议的座谈会时指出:"提高网络综合治理能力,形成党委领导、政府管理、企业履责、社会监督、网民自律等多主体参与,经济、法律、技术等多种手段相结合的综合治网格局。"因此,要警惕不法网民和新闻素质低下的媒体工作者利用图像或影像内容构建媒介体育舆论,特别是常常在微信、微博等新媒体中出现的所谓拍摄到体育明星的八卦绯闻,以及所谓的体育幕后真相等信息所构造的舆论,不仅传播速度快而且影响大。故而要完善对体育视觉内容的监督和审查工作,形成国家层面、媒介层面和社会层面的多层面的管理工作,建立制度性的文件纲领。

同时,要做好体育视觉内容的检查机制和体育舆论的监测工作。当前,在面对纷繁复杂的视觉体育内容泛滥的时代,需要进一步在立法上明确政府、媒介运营者及个人的相关法律责任,建立视觉内容信息的检查机制。同时,在现实中,往往很难掌握体育舆论潜伏期和爆发期的边界。政府或媒介管理者要从技术上及时掌握热点体育话题并辨析体育虚假视觉内容信息,要多管齐下监控体育舆论,防患于未然。因此,建立一整套的媒介体育视觉内容和体育舆论的检查、监督、审查和预警机制变得刻不容缓。各级政府或不同体育媒介的主管者要明确职责、统一领导、协同管理。并且,要建立维护公众信息安全的法律法规,畅通民意表达渠道,保障公众言论自由。

二、构建全媒体体育综合治理体系

目前,伴随着媒介融合上升到国家战略层面,其发展势头不断迅猛,已经从内容、用户、媒介和制度方面实现了媒介融合的深入发展,基本打造出全媒体矩阵,其特征是所有媒介和内容的在线化、交互化与视觉化。然而,由于全媒体媒介体育传播环境中的主题多元性、渠道多样性和内容复杂性,也导致了恶搞和负面视觉内容远远超过正面内容,一些八卦体育明星绯闻喧嚣尘上,屡屡占据媒介体育的热搜榜和媒介的头版头条,引发了全民的狂欢娱乐。因此,当前应深入推进体育媒介的融合发展,发挥主流媒体的意见领袖作用,引领正确和积极向上的价值观。针对即时、在线和互动性的全媒体体育传播环境,因其视觉传播内容的多样性和传播方式的碎片化,需要进一步建设新型主流媒体,发布权威图像内容,解读时事真相,提升体育舆论的引导力和影响力。此外,要依靠全媒体体育的平台共存、内容共享和资源要素整合优势推进不同媒介体育的深度融合,发挥不同体育媒介的优势,创造新的体育传播内容、用户和业态等,壮大主流体育价值思想的平台和内容阵地。同时,在先进的技术和制度优势基础上,着力打造精品体育图像和影像内容,既综合用户喜闻乐见的娱乐内容,又重视培育正确的体育思想价值观。

当前,全媒体体育传播背景下存在着管理主体不明、监督与审查权责不清和效率较低等问题,因此要提高全媒体体育的综合治理能力,形成政府领导、社会履责和用户参与的基本治理格局。建立健全针对媒介体育的治理法规或条例,营造健康的传播场域。同时,当媒介图像或影像泛滥与真相不明所引发的舆论爆发时,应该及时发布正确的体育视觉内容,给予民众以直观的真相解释,引导正确的体育舆论导向。而且,加强与传统媒体的融合,多媒介共同在第一时间运用视觉传播方式报道事实真相,增强信息的说服力。

三、建立媒介体育的视觉内容把关制度

传统媒体的传播内容有着严格的"把关人",而网络媒介迥异于传统媒介,其零门槛使得人人都有麦克风。网络媒体摆脱了把关人的控制,在娱乐和商业的推波助澜下,受众不再沉迷于体育赛事本身,而是陷入了视觉狂欢与恶搞之中。因此,当下如何强化"把关人制度",规范良性的视觉传播空间,并引导由"把

关人"走向"引路人",引领用户主动构建健康、和谐的媒介体育空间,迫在眉睫。把关人理论最早是美国心理学家莱文提出的,其认为信息传播的过程中,有一个传播渠道,或者称作某种"守护人"的意愿,进行信息的沟通与流通。然而,把关人成为传播学的重要议题是传播学者怀特将其引入到新闻传播领域之中,其认为新闻信息从生产到输入与输出,存在一个媒介组织或者无形的管理机构等,对信息进行过滤把关,甚至是修改。换言之,现代媒介把关人已呈现多元主体化,既包括专门的信息生产者,信息传播中的媒介把关,又包括政府机构的行政把关人以及部分用户的随时举报与投诉性的把关。

然而,新媒体体育的把关人已经十分弱化,源于人人都是生产者,同步且即时的生产方式,加上新媒体视觉内容的过载泛滥和真相迷失,给把关人制度带来了巨大的局限性,致使把关变得滞后,其功能局限在删帖和封闭账户等。微博、微信和网络社群等的出现一定程度上解构了把关人制度,出现把关人和把关对象的混同现象。同时,微博和微信等自媒体后台和运营商对信息缺乏筛选,把控又有一定的滞后性。因此,当前应进一步强化把关人制度,体育部门应与新媒体运营方建立合作伙伴关系,对平台上发布的体育信息进行及时而有效的监控和筛选,并积极与运营方合作,对工作人员加强岗前培训,让平台的把关人既要做"监管人",又要做"保洁员",不仅是监控信息的发布,更重要的是剔除虚假和不良信息。当下媒介体育的把关人模式建立,需要明确谁来把关、把关什么、如何把关,以及如何弥补不良视觉体育内容的影响。因此,当下需要建立专门的媒介体育把关人,准确识别体育视觉内容信息,而把关人的选择应是多方联动,包括政府层面的行政人员介入、社会力量的媒介把关和用户把关。同时,加强人工智能的机器审核,人机联动,层层把关,提升把关和审核的效率,加强视觉内容的发布前、传播中、发生后的审核,强调对生产者、内容和账户的审查。把关人需要明确媒介体育视觉内容讯息的真假性、善恶性、美丑性以及舆论影响性,做到有的放矢。在把关方式上,既要采取删帖、封号的方式,又要对真相进行"正本清源",且视情节严重性移送相关法律部门处理。

第三节 受众层面:提高媒介素养,提升公众视觉批判意识

媒介体育变革的背景下,媒介载体从纸媒体育到屏媒体育,其表达方式从文字走向了图像符号,呈现形式也走向了多元符号的转变,媒介体育已经全方位步

入"视觉时代",深刻影响着体育用户的体育认知。此外,随着媒介的交叉融合,媒介体育也迈向了全媒体化发展趋势,体育传播生态发生了巨大的转变,由此而产生了新的媒介体育文化内容体系,特别在商业和政治意识形态的诱导下,其媒介体育内容的色情化和庸俗化取向,以及新媒体体育用户自我的恶搞狂欢,严重危及体育本身和用户的价值取向和体育审美经验。

因此,不管是媒介体育的表现形式,还是人类的媒介体育接触方式始终离不开视觉观看与视觉能力,但是人类并不是天生就拥有使用、理解与创造体育视觉内容的能力,而是经过后天培育和教育而来。当今,伴随着低俗媒介体育内容的泛滥,以及媒介赋权给用户的自主制造恶搞内容的喧嚣甚上,体育媒介素养教育和视觉素养的培育与教育就显得弥足重要。新时代赋予媒介体育传播新的任务,同时对媒介体育的视觉内容治理提出了新的要求,如何讲好体育故事,宣传积极向上的体育价值观,防范不良视觉体育内容,创造良好的媒介体育传播生态,显得尤为重要。故而,加强编辑者和体育用户的媒介素养培育刻不容缓,教育界应以系统化的课程或训练,培养青少年的媒介批判意识,使其能够辨别和抵御大众传媒的不良影响。

然而,随着媒介形态的迭代更新及传播方式的变化,对媒介素养概念和内涵的认识也不断转变和深入。在1992的时候,美国媒介素养研究中心将其界定为:"媒介素养是指在人们面对不同媒体中各种信息时所表现出的信息的选择能力、质疑能力、理解能力、评估能力、创造和生产能力以及思辨的反应能力。"[1] 这种定义偏向于公众对媒介内容的辩证审视教育,而随后开始从媒介信息的呈现形式的角度分析媒介素养,美国媒介素养联盟认为:"媒介素养是指:通过利用越来越广泛的图像、语言和声音等媒介信息,使人们成为能够具有批判意识的思考者和具有创新性的创造者。"[2] 由此表明,学者们开始关注不同媒介表现形式本身对受众的影响,由文字阅读到广播收听,再到电视和互联网的图像观看,媒介素养教育方式也随之改变。当前随着媒介融合的进步,全媒体时代的多屏传播赋予体育媒介素养以复杂和新的教育理念。在基本明确媒介素养的内涵以及媒介体育开展媒介素养重要性的同时,更进一步提出当前媒介体育的媒介素养教育应培养什么和如何培养的问题,并尝试从三个方面明确体育的媒介素养内容,强调体

---

[1] 姜文琪,贾宁,刘超. 基于SSCI数据库的媒介素养文献综述[J]. 教育传媒研究,2017,(1):51.
[2] 陈晓慧,王晓来,张博. 美国媒介素养定义的演变和会议主题的变革[J]. 中国电化教育,2012,(7):20.

育用户的媒介认知与接触、解读图像体育的所指及其图像体育与现实体育的关系、自主参与和批判媒介体育的能力。

一、强调体育用户良好的体育媒介接触

在西方媒介素养教育的初期，一些西方学者曾提出媒介培养理论，其认为因为电视等传统媒介的单向度生产与传播，受众的媒介素养是电视媒介所培养出的，而电视本身内容的好与坏直接影响受众的媒介素养。在此基础上，欧美学者也提出了应强调受众对电视庸俗内容的"抵制"与"自我免疫"。然而，早期我国的体育媒介素养教育并未受到相关机构和人员的重视，伴随着 NBA 篮球赛和奥运会等大型体育赛事的输入，唤起了全民的收看热情，掀起了人们对西方体育明星和赛事的追捧热潮。然而，以商业性职业体育为核心的媒介体育内容夹杂着暴力与色情的情节，不免对青少年体育认知产生了极大的影响。同时，早期以电视为主的单一媒介体育形式，受众就像"靶子"一样，被动接受其内容传播，其媒介教育更多的是强调受众的自我辨别与抵抗。

然而，步入全媒体时代，其传播者与传播渠道变得复杂和多样，而且海量体育信息不断涌现，无疑加大了对体育内容质量管控和辨析的难度。一些传播来源纯粹出于商业动机，大肆制作和传播庸俗体育内容，媒介体育的这种社会属性让受众很难抵制其庸俗的娱乐内容和暴力化快感。使得受众产生媒介成瘾和依赖。此外，全媒体时代的媒介体育，已经无法割断和控制受众与媒介的接触方式，且由于缺乏一定的传播制造门槛，其体育内容迭代和传播源更新极其快速。因此，当下体育的媒介素养教育应呼吁受众去选择权威且专业性的体育传播渠道来源，抵制低俗内容的传播渠道源，减少对其媒介接触及内容观看和使用，提高对不良体育媒介及其视觉内容的辨识能力，进而强调用户对其媒介传播源的自我决定和选择。而且，受众需要加强现实体育与媒介接触的区隔，养成良好的媒介接触习惯和现实体育参与生活方式。

二、培养用户解读图像体育的能力

谨慎来说，视觉文化时代的体育媒介素养教育实际是一种视觉文化素养教育，即以图像符号为基础，以图像符号的对象、能指、所指及表征等的意义、情感和价值分析和辨识。莫萨里斯曾将视觉文化素养定义为："在认识到图像表现

和客观世界存在诸多差异的基础上,通过静态或动态图像来把握整个世界的能力。"[1] 当代媒介体育的视觉素养教育不仅强调看懂体育图像内容中的运动特征,还要求把握媒介体育图像、图像与现实体育世界的关系,因此作者试图把媒介体育的视觉素养教育集中在两个部分,一个是用户解读图像体育所指的能力,包括对图像中运动项目的认识、内容制作、仪式传播与体育广告等的理解,一个是把脉图像与现实体育世界的关系。当今媒介体育图像取代文字成为媒介体育主要表达方式,充分唤醒了人们的身体快感与感性情感,但体育图像内容在商业和政治意识形态的渗透下,或多或少过度制作或强调超越体育赛事本身,以及非伦理道德的低俗内容,一些举牌女郎、性感宝贝和恶搞体育内容充斥在荧幕中。因此,体育的视觉素养教育要求用户在读懂体育图像赛事和图像能指的同时,也要理解图像背后的所指,其蕴含的意识形态渗透、媚俗内容倾向,进而提高解读图像的能力。

此外,伴随着图像制作与呈现技术的不断进步,体育用户不自觉地认为图像反映的就是现实体育生活。但是,事实是媒介呈现的体育与现实体育差距甚远,且不论虚拟现实体育与人工智能体育的出现,增强了观看的逼真感,其也很难反映现实体育世界,媒介总是有所突出有所弱化现实体育的某个肢体动作或人物,而就在其中图像建构了体育现实,受众的主观感受及其价值感觉都随着传播者的编码而解码。用户首先要知道媒介体育图像只是压缩、改造乃至在新媒体技术下改变了现实体育,图像是在时间上呈现现实体育的一个点或者一个片段,并在使用蒙太奇和分镜头等方法串联现实情节。因此,媒介图像再现体育并不是完全依靠现实体育世界来刻画,而是表现其部分或瞬间。同时,在商业的参与下,有专门的媒体组织通过编排与设计,融合了镜头闪回、新闻叙事、政治色彩及商业气息等多种价值形态渗透在图像体育之中。质言之,受众接受的是媒介包装、剪切和编码过的体育。因此这就需要体育用户细心留意现实体育活动的特征,并适当掌握媒介制作体育的背后逻辑,在接受视觉体育形象的同时,领略其中所掺杂的传播意图,提高欣赏体育比赛的审美趣味,理性判断媒介所建构的体育形象,做到不盲目沉溺于媒介体育和追星。

---

[1]陈龙,陈一.视觉文化传播导论[M].上海:上海三联书店,2006:251.

三、呼吁用户提升批判媒介体育的能力

随着科技的发展,媒介体育的视觉化呈现和表达将越来越丰富和加强,媒介体育视觉化传播也完全渗透在人们的日常生活之中。所以,我们并不是反对甚至是抵制这种视觉化潮流,而是在其中寻求更好的优化路径和解决之道,而媒介素养的培育就是试图解构隐匿在媒介背后的机制,让体育用户更好地理解媒介体育,正视图像文本的传播特征,进而主动观看、使用和批判媒介体育视觉内容,将其贯穿在整个观看行为和互动参与中。目前,我国新媒体体育用户达到5亿多人,在线体育赛事直播用户规模达到3亿人,每天的新媒介体育内容访问量和话题参与超过1亿次,这表明我国网民在的媒介体育参与率较高,特别是电子竞技的勃兴,一度引发了青少年的媒介成瘾。长时间观看与参与媒介体育活动,势必被媒介体育所涵化,而这要求公众应增强媒介体育的控制意识和使用习惯,理解媒介体育图像叙事的能指,并培养主动搜索和辨别视觉体育内容的能力,在鱼龙混杂的视觉内容中理性寻找与辨识。

第四节 媒介层面:创新新型人才战略,引领健康体育传播空间

当前,媒介体育的发展已经迈入了新的历史时期,表现出强烈的视觉化生产与传播以及多媒介的融合,新媒体也正以摧枯拉朽之势搅动整个媒介体育的传播格局。然而与此同时,体育媒介也正呈现出以利益为导向,以用户为核心,多媒介体育的内容融合、终端融合与生产传播机制的融合的巨型全媒体格局。一方面,媒介融合背景下使得传统媒体与新媒体都聚集在新媒体这一媒介载体之上,无疑导致体育视觉内容信息的巨大堆积,使得体育用户迈入了视觉信息爆炸的时代;同时媒介体育的视觉化倾向让人们产生了深刻的媒介依赖,使其习惯并乐此不疲在媒介体育上浏览体育视觉内容。这种体育视觉内容的过载,既淹没了积极健康和重要的体育视觉内容的传播,又造成视觉内容的真假难辨和隐喻复杂,受众对此若不能及时甄别和理解,则很容易迷失在海量的媒介体育视觉内容之中。体育视觉信息的产生与传播,不仅有现实事件的诱发,还包括体育媒介本身的运作和自我虚假构建和创设所决定,发展到现在网络体育媒介已经逐渐脱离现实体

育世界与人物，制造出子虚乌有的媒介体育事件。另一方面，新媒体体育整合了图像、影像、文字、音频等多维的、立体性的视像传播阶段。此外，新媒体体育打破了传统媒介的单向度传播方式，并高度整合了传统媒体和新媒体，实现了信息的综合传播。而且，新媒体打破了信息传播由政府和媒介操控的局面，且由于网络媒介的交互性使得传播者与受众的界限模糊，隐藏了受众的真实身份，使得网民以"符号化的身份"游弋于各大网络平台，尽情地发出声音。然而网民在极端夸张言论的煽动下，亦不断对原有视觉信息进行跟帖或再加工发表激烈言语，致使信息"泛滥"，而海量信息又趋向于同一种极端观点，导致信息观点的"窄化"，新的文本无限制地传播下去，往往一个很小的事件即会引发"蝴蝶效应"。

因此，当媒介体育进入多屏及新的视觉传播时代，在提升受众媒介素养的同时，更要呼吁培养新型媒介体育人才，成为当下乃至未来媒介体育的"生产者""守护者"和"把关者"，甚至是"引导者"。因为，尽管新媒体体育时代，海量用户成了生产者，但是权威媒介体育文本的挖掘发现、制作生产与话题营建，特别是运用媒介手段建构舆论新闻等，更多在于专业媒介体育制作人和新闻生产者，其引导海量用户进行文本的生产、议题点赞、评论与转发的传播行为。故而，当前亟须培养媒介体育的专业人才，构建新型传媒教育理念和方式。

一、培养综合素质和提升业务能力

媒介体育本身就是融合了媒介传播与体育的双重知识体系，再加上用户的综合性与专业性的体育需求，特别在多媒介融合的背景下，要求媒介体育的工作者有着牢固的业务能力，适应当前新型视觉传播时代和体育用户的阅读习惯变迁。无疑这需要大力加强对体育传媒人才的综合素养培育。当前鉴于相关大专院校的专业体育新闻传播人才的招生和培养缺乏，体育报纸和电视等传统媒介体育的新闻制作人和生产者大多是专门的传播人才，缺少对体育相关知识的了解，因此，培养其综合素质，其核心层就是加深体育知识与新闻的学习。传播知识的同时学习，双管齐下，互为渗透。把脉好体育运动的专业性及之于人的魅力，并且深入其中，参与体育，养成一个或多个体育运动的参与习惯，成为体育的爱好者，而不是简单的"看客"。与此同时，掌握好坚实的新闻与传播知识，明晓媒介的运作机制与新闻传播规律，进而能够较好地懂得体育新闻传播的法则。要有多学科交叉的知识储备，特别在当今媒介体育与社会、文化、法律乃至政治的高度融合下，任何一个媒介体育事件的发生或新闻信息的产生都有着强烈的时代背景，需要跨学科思维来整合理解。当然，媒介体育人才还需要有一定的生理和心理知识储备，还需要掌握相关媒介的实践运用技能，进而形成综合性的知识体系。换言之，完整的综合文化素质和知识储备，全面的体育、新闻与传播的专业素养，加上熟练的体育新闻传播业务能力，是当前媒介体育人才所必备的素养。

二、强调社会责任和践行新闻专业主义

当前，体育受众呈现低龄化特征，特别是网络体育用户多是青少年群体，而部分媒介体育工作者为了满足受众的猎奇心理，常常任意扭曲事实，为了博取民众眼球，与商业沆瀣一气，追求点击率和商业最大化，将视觉议题聚焦在体育明星的家长里短和体育部门的"黑幕"，无底线地对体育事件进行夸大其词的报道。深究原因，不乏专业的媒介体育制作人挖出或制作虚假体育信息，生产偏离真相的体育新闻信息，呈现幻象视觉图像，剪切或恶搞视觉文本，引诱广大网友热烈参与。因此，这需要媒介体育工作者具有较高的公共价值观和社会责任感，恪守新闻传播伦理，遵守社会道德，真实报道和传播健康且真实的体育事件，远离不良视觉体育内容，主动担当媒介体育的"净化器"和"引领者"。与此同时，体育传媒工作者应遵守职业道德，坚守新闻专业主义的职业素养。总的来说，媒介体育的从业者大多是专业的新闻从业人员，应强调公共利益，忠于事实报道，做好把关人工作，提供真实且客观的体育报道。

三、发挥意见领袖作用和引领健康传播空间

当前媒介体育普遍存在视觉内容泛滥及真假难辨，很重要的原因是新媒介体育采用众包的经营方式，用户几乎无注册门槛和发布内容禁止权限。传播主体的多元化势必带来信息泛滥，无疑使得平台充斥着浩瀚的内容，导致信息产能过剩和平台维护成本的增加，而信息本身的真假难辨且专业性新闻价值较低，直接使得无法有效吸引受众的注意力，以致无法建立稳定的用户黏度，最后重伤平台本身。因此，媒介体育从业者应在党和国家的领导下，占据视觉生产与传播的主阵地，强调传播的主体地位，积极参与到维护健康和和谐视觉媒介空间建设之中，担负起保障媒介体育良性发展的责任，传播正确且积极向上的体育文化。这就需要媒介在考虑自身发展以及利益追求的同时，顾及媒介安全与用户利益。首先，

媒介切实发挥意见领袖作用，通过及时的话题引领和真相报道，渲染健康体育舆论空间。其次，媒介应加强议题设置的功用，减少不良内容的议程设置与传播引领。最后，积极主动地设置人们喜闻乐见的体育视觉信息内容，引领用户参与到和谐健康的媒介体育视觉传播话题的建设中来。

参考文献

一、著作类

[1] 周宪. 视觉文化的转向 [M]. 北京：北京大学出版社，2008.

[2] 周宪. 当代中国的视觉文化研究出版社 [M]. 南京：译林出版社，2017.

[3] 赵晓芳. 视觉文化时代文学图景——世纪之交中国文学的图像化审美与传播互动 [M]. 北京：中国社会科学出版社，2017.

[4] 陈永国. 视觉文化研究读本 [M]. 北京：北京大学出版社，2009.

[5] 付晓静.1990 年代以来媒介体育传播的民族主义话语建构 [M]. 武汉：华中科技大学出版社，2014.

[6] 肖胜伟. 视觉文化与图像意识研究 [M]. 北京：北京大学出版社，2011.

[7] 曾一果. 媒介文化理论概论 [M]. 北京：中国人民大学出版社，2015.

[8] 赵毅衡. 符号学：原理与推演 [M]. 南京：南京大学出版社，2016.

[9] 周翔. 传播学内容分析研究与应用 [M]. 重庆：重庆大学出版社，2014.

[10] 郝朴宁，李丽芳. 现代影像理论的文化阐释 [M]. 北京：科学出版社，2008.

[11] 余艳青. 身体、体育比赛与电视传播 [M]. 北京：中国广播电视出版社，2017：54.

[12] 单波，石义彬. 跨文化传播新论 [M]. 武汉：武汉大学出版社，2005.

[13] 张珂，张云，石磊. 当代体育与大众传媒 [M]. 北京：中国传媒大学出版社，2011.

[14] 北京大学哲学系外国哲学史教研室. 古希腊罗马哲学 [M]. 上海：三联书店，1957：90.

[15] 罗钢，王中忱. 消费文化读本 [M]. 北京：中国社会科学出版社，2003.

[16] 周宪. 中国当代审美文化研究 [M]. 北京：北京大学出版社，1997.

[17] 赵智，彭文忠. 解码影像：影像与文化传播 [M]. 长沙：湖南人民出版社，2009.

[18] 汪民安. 后现代性的哲学话语 [M]. 杭州：浙江人民出版社，2000.

[19] 匡文波. 新媒体概论（第四版）[M]. 北京：中国传播电视出版社，2012.

[20] 郝勤. 体育新闻学 [M]. 北京：高等教育出版社，2011.
[21] W.J.T. 米歇尔. 图像理论 [M]. 陈永国，胡文征，译. 北京：北京大学出版社，2006.
[22] 尼古拉斯·米尔佐夫. 视觉文化导论 [M]. 倪伟，译. 南京：江苏人民出版社，2006.
[23] 理查德·豪厄尔斯. 视觉文化 [M]. 葛红兵，译. 桂林：广西师范大学出版社，2007.
[24] 布雷特·哈金斯，大卫·罗伟. 新媒体与体育传播 [M]. 张宏伟，译. 北京：中国传媒大学出版社，2016.
[25] 乔治·维加雷洛. 从古老的游巧到体育表演：一个神话的诞生 [M]. 乔咪加，译. 北京：中国人民大学出版社，2007.
[26] 乔治·维嘉雷洛. 体育神话是如何炼成的 [M]. 乔咪加，译. 北京：中国人民大学出版社，2015.
[27] 托尼·柯林斯. 体育简史 [M]. 王雪莉，译. 北京：清华大学出版社，2017.
[28] 布尔迪厄. 区隔——判断力的社会批判 [M]. 刘晖，译. 北京：商务印书馆，2015.
[29] 何塞·安东尼奥·哈乌雷吉. 游戏规则——部落 [M]. 安大力，译. 北京：新华出版社，2004.
[30] 马歇尔·麦克卢汉. 理解媒介 论人的延伸 [M]. 何道宽，译. 南京：译林出版社，2011.
[31] 詹姆斯·凯瑞. 作为文化的传播 [M]. 丁未，译. 北京：中国人民大学出版社，2019.
[32] 海德格尔. 林中路 [M]. 孙周兴，译. 上海：上海译文出版社，2008.
[33] 本雅明. 机器复制时代的艺术作品 [M]. 周颖，译. 天津：天津人民出版社，2010.
[34] 斯坦利·巴兰，丹尼斯·戴维斯. 大众传播理论：基础、争鸣与未来 [M] 曹书乐，译. 北京：清华大学出版社，2015.
[35] 丹尼斯·麦奎尔. 麦奎尔大众传播理论 [M]. 崔保国，李琨，译. 北京：清华大学出版社，2006.
[36] 约翰·费斯克. 视文化 [M]. 祁阿红，张鲲，译. 北京：商务印书馆，2005.
[37] 本尼迪克特·安德森. 想象的共同体——民族主义的起源与散布 [M]. 吴叡人，译. 上海：上海人民出版社，2011.
[38] 柏拉图. 法律篇 [M]. 张智仁，何琴华，译. 上海：上海人民出版社，2001.
[39] 皮埃尔·布尔迪厄. 关于电视 [M]. 许钧，译. 南京：南京大学出版社，2011.
[40] 詹姆斯·库兰. 大众媒介与社会 [M]. 杨击，译. 北京：华夏出版社，2006.
[41] 汤林森. 文化帝国主义 [M]. 冯三建，译. 上海：上海人民出版社，1999.
[42] 沃尔特·李普曼. 舆论学 [M]. 林珊，译. 中国人民大学出版社，1984.
[43] 尼尔·波兹曼. 娱乐至死 [M]. 章艳，译. 桂林：广西师范大学出版社，2004.
[44] 格雷姆·伯顿. 媒体与社会：批判的视角 [M]. 史安斌，译. 北京：清华大学出版社，2007.

[45] 马克斯·霍克海默，西奥多·阿道尔诺. 启蒙辩证法：哲学断片 [M]. 渠敬东，曹卫东，译. 上海：上海人民出版社，2006.

[46] 奥利弗·博伊德·巴雷特，克里斯·纽博尔德. 媒介研究的进路 [M]. 汪凯，刘晓红，译. 北京：新华出版社，2001.

[47] 丹尼尔·贝尔. 资本主义文化矛盾 [M]. 赵一凡，译. 上海：三联书店，1989.

二、期刊类

[1] 郝勤. 从体育媒介到媒介体育——对体育新闻传播发展的思考 [J]. 体育科学，2018，38（7）：22-24.

[2] 郭晴，郝勤. 媒介体育：现代社会体育的拟态图景 [J]. 体育科学，2006，26（5）：21-24.

[3] 张德胜，张钢花，李峰. 媒体体育的传播模式研究 [J]. 体育科学，2016，5（36）：3-9.

[4] 邓星华. 现代体育传播研究 [J]. 体育科学，2005（10）：23-31.

[5] 易剑东，洪建平. 从里约奥运看媒介融合时代央视体育的传播创新 [J]. 电视研究，2016（10）：7-9.

[6] 薛文婷，李倩雯.《人民日报》世界杯报道中的中国叙事及背后话语 [J]. 北京体育大学学报，2016，39（10）：31-37.

[7] 毕雪梅. 体育关系：体育参与实质、传播关系与互动内涵 [J]. 北京体育大学学报，2015，38（12）：10-14.

[8] 王庆军，杨万友. 被改写的体育：当下体育媒体化现象透析 [J]. 成都体育学院学报，2007（5）：9-13.

[9] 劳伦斯·文内尔，郭晴. 媒介体育、性别、体育迷与消费者文化：主要议题与策略 [J]. 成都体育学院学报，2012，38（3）：7-15.

[10] 潘陈青，付晓静. 从受众到用户："互联网+"时代体育传播转型路径初探——基于传播游戏理论 [J]. 体育科学，2018，38（5）：17-24.

[11] 王章明，冯现玲，杨蕾. 中国媒介体育：失真与规避 [J]. 体育科学，2012，6（33）：31-35.

[12] 高巍，万兴亚. 全球化背景下媒介体育拟态环境的建构 [J]. 武汉体育学院学报，2013，47（1）：32-34.

[13] 金青云. 体育传播媒介、体育观赏与体育再消费意识的关系探索——以延边地区足球观众为例 [J]. 北京体育大学学报，2014，5（37）：28-36.

[14] 董青，洪艳，崔冬冬. 符号、涵化与景观——批判视野下的消费主义与体育文化奇观 [J]. 武汉体育学院学报，2010，44（10）：20-23.

[15] 于德山. 媒介奇观与商业神话：当代体育文化传播的特征分析 [J]. 体育科学，2007

（3）：22-25.

[16] 刘红霞. 媒介体育中国家认同的再现与建构 [J]. 体育科学, 2006 (10)：3-14.

[17] 董青, 洪艳. 媒介体育接触与中国文化认同研究 [J]. 北京体育大学学报, 2015, 38 (11)：43-49.

[18] 刘凯, 姜勇. 西方媒介体育中的女性困境及研究现状分析 [J]. 体育与科学, 2012, 33 (4)：66-68.

[19] 张铁玲, 丛明滋. 媒介体育全球化对竞技运动发展的影响——以 NBA 为分析个案 [J]. 体育与科学, 2012, 33 (3)：61-63.

[20] 王真真, 王相飞, 李进, 等. 人民网体育频道在对里约奥运会报道中的国家认同建构 [J]. 体育学刊, 2019, 26 (2)：21-26.

[21] 孙起. 体育奇观的生产与消费——以女子网球运动员李娜为例 [J]. 新闻界, 2015, (15)：37-44.

[22] 杨剑锋. 体育的拟像：体育电子游戏研究 [J]. 成都体育学院学报, 2019, 45 (2)：15-21.

[23] 王宏江. 我国当代体育报纸现状分析 [J]. 成都体育学院学报, 2002 (4)：19-22.

[24] 安福秀, 黄丽娟, 宁猛. 中国体育电视媒体发展困境与出路——以体育版权为视角 [J]. 成都体育学院学报, 2014, 40 (11)：1-6.

[25] 冯雅男, 孙葆丽. 变迁的解构：后奥林匹克主义下四个议题的思考 [J]. 武汉体育学院学报, 2017, 51 (7)：26-31.

[26] 魏伟. 解读神话：南非世界杯电视转播的符号学研究 [J]. 中国体育科技, 2011, 47 (2)：47-51.

[27] 刘伟斌. 视觉与意识形态——基于视觉文化意识形态生成机制的批判分析 [J]. 自然辩证法通讯, 2019, 41 (2)：83-88.

[28] 于德山. 新型图像技术演化与当代视觉文化传播 [J]. 现代传播（中国传媒大学学报）, 2018, 40 (4)：21-25.

[29] 张大志. 流行文化视野下当代体育的视觉化转向及身体化表达 [J]. 成都体育学院学报, 2014, 40 (4)：1-5.

[30] 黄耀东. 电视体育节目的娱乐化发展探析 [J]. 体育与科学, 2013, 34 (1)：118-120.

[31] 孟祥武, 张永龙. 现代传媒对女性运动员性别角色与身体形象的构建 [J]. 体育与科学, 2014, 35 (2)：88-91.

[32] 李仪. 社会变迁对当代体育视觉文化发展的影响 [J]. 体育与科学, 2010, 31 (5)：76-79.

[33] 冯雅男, 孙葆丽, 毕天杨. 新媒介对奥林匹克文化传播的影响 [J]. 体育学刊, 2018, 25 (6)：18-24.

[34] 柴葆青. 试析 VR 技术在传统体育传播形态中的影响 [J]. 电视研究, 2017 (8)：77-78.

[35] 顾韶勇, 宋卫东, 孟欣欣. 审美泛化——大众文化视野下现代体育的视觉化转向 [J].

体育与科学,2011,32(4):43-46.

[36] 李翠霞,赵岷,常乃军.西方体育竞赛表演的文化探析[J].成都体育学院学报,2017,43(2):30-36.

[37] 徐利刚.体育与传媒的天作之合[J].新闻记者,2004(6):16-19.

[38] 田恩庆,仇军.西方女性体育与传媒研究[J].体育科学,2017,37(8):81-89.

[39] 张红学.论媒介体育的意义消费[J].体育与科学,2012,2(33):84-88.

[40] 王章明,冯现玲.媒介体育的拟态真实及其影响——以南非足球世界杯为例[J].体育文化导刊,2011(5):135-138.

[41] 陈杏兰."传播+"的"洪荒之力"是怎样炼成的——以傅园慧爆红现象为例[J].传媒,2016(17):81-83.

[42] 孙妍,肖焕禹.视觉传播时代背景下报纸奥运会图片报道的演变特征——基于《中国体育报》8届夏季奥运会图片报道的内容分析[J].南京体育学院学报(自然科学版),2015,14(5):125-132.

[43] 吴文峰.我国体育大众传播中泛娱乐化的传播学解析[J].武汉体育学院学报,2008(4):30-34.

[44] 刘凯,姜勇.西方媒介体育中的女性困境及研究现状分析[J].体育与科学,2012,33(4):66-68.

[45] 涂传飞.中国最早的体育报刊《赛胜猎报》考述[J].体育科学,2016,36(3):74-88.

[46] 李颖.美图的视觉魅惑:神话化身体的表征、展演与超载[J].中国青年研究,2017(3):25-30.

[47] 周宪.视觉建构、视觉表征与视觉性——视觉文化三个核心概念的考察[J].文学评论,2017(3):17-24.

[48] 韩丛耀.图像的传播形态及场域研究[J].中国出版,2014(11):13.

[49] 陈卫星.媒介域的方法论意义[J].国际新闻界,2018,40(2):8-14.

[50] 黄旦.媒介变革视野中的近代中国知识转型[J].中国社会科学,2019(1):137-158.

三、论文类

[1] 王庆军.消费时代的电视体育研究[D].南京:南京师范大学,2015.

[2] 孟欣欣.大众文化视野下现代体育的视觉化生存[D].北京:北京体育大学,2011.

[3] 张帆.解构与重塑——拟态环境中的媒介体育[D].兰州:西北师范大学,2009.

[4] 王宏江.我国体育报纸的现状与发展前景研究[D].成都:成都体育学院,2001.

[5] 刘畅.《人民画报》(1978—2012)封面图片对国家形象的建构与传播[D].昆明:云南大学,2015.

[6] 李亚琴. 消费文化批判视野下的媒介体育 [D]. 兰州：兰州大学，2007.

[7] 刘红霞. 媒介体育中国家认同的再现与建构 [D]. 沈阳：辽宁大学，2006.

[8] 尹恒. 视觉文化时代的武术传播研究 [D]. 苏州：苏州大学，2017.

[9] 冯玲. 视觉文化时代的音乐"景观" [D]. 南京：南京艺术学院，2019.

[10] 余聪聪. 后现代视觉文化语境中的艺术"超真实"研究 [D]. 武汉：华中师范大学，2019.

[11] 吴杨波. 伯明翰学派与视觉文化研究 [D]. 北京：中央美术学院，2017.

[12] 李德清. 视觉性与看的权利 [D]. 长春：吉林大学，2018.

[13] 刘伟斌. 后现代视觉文化研究 [D]. 长春：吉林大学，2011.

[14] 李冠林. 中德当代海报视觉文化比较研究 [D]. 西安：西安美术学院，2016.

[15] 刘晋晋. 图像与符号 [D]. 北京：中央美术学院，2014.

[16] 李然. 视觉文化视野中的视频游戏研究 [D]. 上海：华东师范大学，2013.

[17] 郭红梅. 二十世纪早期西方视觉文化研究 [D]. 北京：中央美术学院，2012.

[18] 杭迪. 米歇尔的图像理论和视觉文化理论研究 [D]. 济南：山东大学，2012.

[19] 俞玮娅. 视觉文化视野下的上海漫画艺术研究 [D]. 上海：上海戏剧学院，2012.

[20] 刘超. 视觉与欲望——视觉文化范式演变下的视觉观念 [D]. 上海：复旦大学，2011.